新中国法制建设与法治推动丛书（第一辑）

林仪明 著

新中国公诉制度史

——以上海检察机关的实践为中心

上海人民出版社

目　录

导　论

公诉制度是国家追诉犯罪的法律制度,在我国当前的司法体系中,公诉制度既是检察制度的核心内容,也是刑事诉讼制度的重要组成。1979年,《刑事诉讼法》实施以来,我国公诉制度获得了显著发展,逐步形成了与世界现代法制进程协调发展,同时又具有一些中国元素的现代公诉制度。深入研究这一时期公诉制度的变迁,不仅有助于我们从历史的维度更加理性地回顾和评价我国公诉制度的相关问题,同时也可以从中管窥四十年来中国刑事诉讼制度的深刻变革,体察我国检察制度的不断完善,感受中国特色社会主义司法制度的日臻健全,发现我国人权保护与社会理念的巨大进步。对过往制度的回顾与反思,对于指导当前和今后的公诉制度改革也具有积极意义。近年来,公诉制度研究成为学界感兴趣的问题之一,相关学术成果不少,但这些研究多站在宏观角度论述现行公诉制度的问题及如何完善,较少对公诉制度历史沿革及其规律进行深刻分析和思考,更少有文章从某个地区检察机关公诉实践的微观视角对公诉制度的变迁进行系统研究。为此,笔者以上海检察机关在1979—2015年期间的公诉实践活动为主要研究对象,尝试从微观视角对公诉制度的变迁以及与此相关的问题进行论述。

第一节　相关概念与研究背景

概念乃思维的一种基本形式,它是人类在认识事物的过程中,将感觉到的事物的共同属性抽取出来,并将之加以抽象和归纳的结果。概念是所有严谨学术研究的先导,只有在明晰基本概念问题的基础上,才能找准研究对象,明确研究范围,找到准确的研究方法。在本书中,也存在一些关键性的概念问题,包括公诉、制度、变迁等,正式开始探讨之前必须对这些概念予以清晰、准确的定义。

一、公诉、制度与变迁

1. 公诉

通常认为,公诉是一个与私诉相对应的追诉犯罪的概念。现代意义上的公诉通常是指检察机关代表国家对刑事案件提起并实施刑事控诉,要求受诉法院追究被控诉人刑事责任的法律活动。[①]古今中外不同国家追诉犯罪的方式大体上可以划分成两大类:第一类是私诉,追诉犯罪的主体是被害人以及与被害人存在利益关联的其他人,私诉的主要特点为:是否追诉犯罪主要取决于被害人以及其他利益相关人的主观意愿以及他们所处的境遇,追诉犯罪的目的是对被害人的利益予以维护,私诉制度下能否成功追诉犯罪没有切实可靠的保障。第二类是由国家专门机关作为追诉主体对犯罪进行追诉的方式,通常称之为公诉,公诉的主要特点为:是否对犯罪进行追诉,不完全或者完全不受被害人或者其他利益关系人的意愿所牵制,相反主要取决于国家和社会公益的实际需要;追诉犯罪的主要目的是维护国家利益和社会公益;而且,追诉犯罪通常都能得到国家强制力的保障。[②]以国家作为主体提起公诉是国际社会中各国刑事起诉的主要方式。[③]

2. 公诉制度

关于公诉制度的概念,目前并没有形成完全统一的认识,有定义为

---

① 龙宗智:《论我国的公诉制度》,《人民检察》2010 年第 19 期。
② 参见傅宽芝:《公诉制度研究》,《检察理论研究》1992 年第 2 期。
③ 姚莉:《论我国公诉制度的若干问题》,《法学评论》1998 年第 3 期。

"行使公诉权的国家机关代表国家向法院提起追究被告人刑事责任请求的一种诉讼制度,简单地说,即公诉权运行的制度";①有定义为"有关国家追诉犯罪的、规范行使公诉权活动的法律制度";②还有的定义比较简单,如公诉制度"是关于国家追诉犯罪的刑事诉讼法律制度"。③这些概念,虽然在具体表述上不完全相同,但在概念核心内涵上并无二致,综合起来,可以认为公诉制度指的是国家设置公诉机关,通过公诉人队伍,代表国家对刑事侦查所调查收集的证据进行审查,对证据确实、充分的犯罪,将犯罪人提交给具备管辖权的法院,请求法院对其定罪处刑的一种诉讼制度。公诉制度应包括以下一些基本内容,如侦查与公诉的关系、公诉人的地位、起诉与不起诉制度(或称起诉裁量制度)、出庭公诉制度,以及不服一审裁判后的上诉与抗诉制度等。

3. 公诉制度的变迁

任何一项社会制度都有其产生、发展和消亡的过程,在此过程中其具体形态将受政治、经济、文化等多方面因素的影响而发生变化,社会学上称之为"变迁"。公诉制度作为一项社会制度,必然遵循社会制度的基本规律,其产生也是人类对于犯罪问题的本质属性在认识上逐渐深化的必然结果。在早期社会,犯罪仅被视为对个人权利的侵犯,人们普遍认为犯罪本质上是私人之间的纠纷冲突,因此,国家普遍采用私人控诉犯罪的制度,而非由专门的起诉机关行使指控犯罪的权力,刑事诉讼与民事诉讼没有太大区别。但后来,随着犯罪的大量出现,由于私人控诉力量有限,许多犯罪最终没有得到有效惩罚,社会秩序受到威胁,此时,人们逐渐意识到,犯罪不仅仅对个人权利造成侵害,同时也对国家安全和社会公共利益造成了侵害,刑罚权应当由国家来行使,而不能将其完全托付给受害人。到了封建时代,在 14 世纪的法国,国王作为

①　郑丁足、陈双喜:《公诉制度的利益衡平论》,《湘潭大学社会科学学报》2003 年第 2 期。
②　杨诚、单民:《中外刑事公诉制度》,法律出版社 2000 年版,第 1 页。
③　莫洪宪、高锋志:《论我国的公诉制度》,《人民检察》2009 年第 9 期。

国家的最高代表任命保护其私人财产利益的官员为检察官,检察官作为国王的代表对犯罪行为予以追诉。但由于纠问式诉讼盛行,法官在刑事诉讼过程中仍扮演积极角色,往往主动查案、自行公诉,正所谓"任何法官都是检察官"。[①]1789 年,法国爆发波澜壮阔的大革命,刑事追诉权作为人民挑战王权的胜利成果,开始被赋予给选举产生的公诉官,从此公诉权从审判权中分离出来,现代公诉制度由此诞生。1808 年,法国《刑事诉讼法典》明确规定由检察官行使追诉犯罪的职权,开创了现代检察制度的先河。[②]

而在古代中国,政刑合一,行政官员同时也是司法官,并无专门的起诉机关。到了清末,在改制的过程中,清政府参照德日制度,引入现代公诉制度。1906 年,清政府颁布了《大理院审判编制法》,第一次确立了由检察官专门负责对刑事案件提起公诉的原则。此后一年,清廷在《各级审判厅试办章程》当中规定,除了"亲告罪"之外,均由检察官提起公诉,采用检察机关提起公诉为主、私人起诉为例外的刑事诉讼原则。法院对公诉案件不能无故予以拒绝,而被害人在公诉案件中也不能随意自行和解。对于那些属于公诉范围的刑事案件,不论被害人愿意与否,检察官都必须提起公诉。1949 年,新中国成立之后,在废除伪法统的基础上,建立具有社会主义性质和特点的公诉制度。1954 年,《中华人民共和国检察院组织法》颁布,为新中国成立初期的公诉活动提供了重要的法律依据。1979 年,《中华人民共和国刑事诉讼法》颁布,直接推动我国公诉制度进入新的发展阶段,并在司法实践的过程中,逐步形成了较为完备的制度体系。尤其是国家在 1996 年、2012 年先后两次对《刑事诉讼法》进行了大幅修改,推动了我国公诉制度进一步深入发展,在向世界通行的刑事司法

---

① 〔法〕卡斯东·斯特法尼:《法国刑事诉讼法精义》,罗结珍译,中国政法大学出版社 1999 年版,第 79 页。

② 桂万先:《公诉制度的起源及其对近代司法发展的意义》,《学理论》2009 年第 1 期。

规则看齐的同时，也形成了一些自身的特色。从我国公诉制度产生和发展的规律来看，它是随着我国政治、经济、社会的发展而不断发展变化的，当前公诉制度与其初创之时相比，在一些具体制度上早已相去甚远，即便是与改革开放之初相比，也有相当大的差别，折射出法治的巨大进步。

二、研究的背景

本书将1979年以来公诉制度的发展变化作为研究对象，主要是因为在这段历史时期中，随着改革开放的深入和经济社会的发展，国家的法治建设也真正步入正轨。公诉制度作为国家法治的重要组成部分，得到了长足发展，逐步走向成熟，初步形成了一套具有中国特色的刑事公诉制度。

（一）改革开放与经济社会发展

起始于1978年的改革开放是新中国历史上极其重要的事件，不仅极大地改变了中国的面貌，甚至也影响了世界的格局。改革开放解放和发展了生产力，促成了中国经济的高速发展，并取得了世界经济发展史上的奇迹，公众物质生活水平得到了显著的提升。改革开放促进了中国市场经济的发展，促使中国逐步深度融入世界经济和贸易体系，加入了世界贸易组织，成为国际贸易规则的重要参与者和维护者。根据马克思"经济基础决定上层建筑"的经典理论，四十多年来经济方面的高速发展必然对中国社会产生巨大的影响。一方面，物质的富足为社会层面的各类改革创新提供了最基本的前提条件，①促进了国家治理

---

① 经济基础对于司法制度的作用和影响无疑是根本性的，没有充足的经济基础作为支撑，现代司法制度是难以真正有效建立，司法改革也无从谈起。回眸近代中国法制发展史，清末民初在"西法东渐"的过程中引入了西方法制，开展了大量立法修法工作，描绘了近代中国法制发展的宏伟蓝图。然而，由于国贫民弱、国库拮据、战乱频繁，当时的人们关于司法制度的美好设想最终都只能躺在纸上。改革开放后，国家在经济上取得了长足的进步，业已成为世界第二大经济体，国家财政充裕，这为司法改革、法治发展提供了最基本的物质基础。同时，随着市场经济的发展，市场经济本质是法治经济的天然属性也要求国家不断推进法治建设、不断完善司法体制。

体系逐步完善;另一方面,经济的发展开阔了人们的眼界,公众对于社会公共产品的需求也与日俱增,对政府依法行政和司法机关严格执法提出了更高的要求。

(二) 法治进步与司法改革

1949 年,中华人民共和国的成立翻开了古老中国新的一页,在国家建设方面取得了举世瞩目的成就。然而,令人遗憾的是,新中国在废除国民政府旧法统、学习苏联经验的基础上,在推动国家法治建设方面却步履维艰、历经周折。由于种种原因,从新中国成立到改革开放之时,法治建设从未成为一项独立的任务,仍然是重人治、轻法治的阶段。①改革开放成为中国法治发展的重要契机,改革开放四十余年来中国法治迎来了巨大的进步,表现在如下四个方面:首先,法治理念产生了巨大进步。党的十一届三中全会的召开,成为法学界思想解放的重要起点,也是四十余年来法治历程的开端。人民民主、法律至上、平等保护、程序法定、无罪推定、依法行政等法治理念逐步提出并深入人心。依法治国得到前所未有的高度重视,成为党领导人民治理国家的基本方略。其次,立法、司法和行政取得了长足的进步。涵盖各个方面的法律部门齐全,每一个法律部门的基本法律制定完成,国家经济、社会、政治以及生活的方方面面都基本上做到了有法可依。中国特色社会主义法律体系已经初步形成,依法行政也日益向制度化、程序化以及民主、平等、公平、公正、公开、透明之方向发展。②在司法制度方面,通过几轮的司法改革,逐步走上了成熟稳健的发展之路,审判制度、检察制度、侦查制度、律师制度等都日渐完善。在追究刑事犯罪方面,既强调惩罚犯罪,也注重保障人权;既强调实体正义,也注重程序正义。再次,法学教育得到了迅猛的发展,培养了大量法学专业人才,产生了大量的法学研究成果,既挖掘了本土法律文化资源,也积极吸收和借鉴了其他国家的

---

① 侯欣一:《改革开放以来中国法治进程与回顾》,《天津法学》2011 年第 4 期。
② 何勤华:《改革开放 30 年与中国的法治建设》,《法学》2008 年第 11 期。

法治成果,在法治建设上更加自信开放,努力探索实践了一条具有中国特色的法治发展道路。最后,民众的法律意识也得到了极大的提升,人权意识、法治意识已经深入人心。

（三）上海的法治水平与开拓精神

上海是一个具有影响力的国际化大都市,从全国来看其城市的法治水平始终处于前列。与此同时,上海作为中国最大的经济中心城市,被定位为"改革的排头兵、发展的先行者",在改革探索中不断遇到新的问题需要解决,促使这座城市采取更加积极开放、务实高效的态度来对待改革发展中的各种难题。上海是一座具有创新意识和探索精神的城市,从1843年开埠时起,在中国的经济、社会、文化、生活等许多方面,都能引领风气之先。体现在司法改革领域也是如此,在国家推进司法改革的进程中,上海司法机关勇于担当,积极扮演先行者、探路者的角色,为国家司法改革的顺利推进提供了大量实践样本和可复制、可推广的经验。

（四）上海检察改革的全面深入推进

上海检察工作既有厚重的历史,也有创新的传统。特别是1978年上海检察机关恢复重建以来,面对着改革开放、创新发展的任务,上海检察干部在工作中积极开拓、奋发有为、敢为人先,主动承担司法改革的重任,在依法履行检察职责的同时,主动发现检察工作中的体制性、机制性问题,采取切实可行的措施,不断探索实践,推进检察制度的持续完善,创造了许多个"最早"和"第一",不少方面在全国检察系统处于领先位置。比如,上海检察机关最早开展主诉检察官、主任检察官的探索试点;最早探索未成年人刑事检察制度并成立了全国第一个未成年人刑事检察部门;最早开始刑事和解的司法实践;最早开展量刑建议的探索实践,等等。在这一轮司法改革过程中,上海检察机关作为试点单位之一,承担了司法人员分类改革、落实司法责任制、完善检察官遴选考核、人财物统一管理等方面的重要任务,为全国司法改革工作提供了大量有益经验。

（五）刑事诉讼与公诉制度的发展

1978年检察机关恢复重建以来,公诉制度经历了不断完善和发展的过程,走出了一条公诉制度的"中国道路",其背后存在诸多推动因素,其中至关重要的一条便是刑事诉讼立法的逐步完备,在过去四十多年间《刑事诉讼法》经历了四次大的调整变动（全国人民代表大会于1979年颁布了新中国第一部《刑事诉讼法》,奠定了当代刑事诉讼的基本框架,之后又分别于1996年、2012年和2018年作了三次重大调整）,从理念到制度都发生了许多变化,这些对于公诉制度的变迁产生了重要的甚至是根本性的影响。与此同时,刑事诉讼实践活动同样也起着重要的推动作用,司法机关不单纯是法律和制度的执行者,相反常常有意识地通过自身的实践活动影响刑事诉讼制度的发展进程,比如,刑事和解制度于2012年才正式写入新修订的《刑事诉讼法》,然而,事实上,在此之前十多年时间里,全国不少地方的司法机关就已经在司法实践活动中开始探索类似制度。例如,2002年7月30日,上海市杨浦区司法局和杨浦公安分局共同制定了《关于民间纠纷引发伤害案件联合进行调处的实施意见》。2006年5月,上海市公安局、人民检察院、高级人民法院和司法局四个部门共同签署了《关于轻伤害案件委托人民调解的若干意见》,对办理轻微伤害案件适用轻缓刑事政策作了相关规定,这些探索的背后包含着司法实践中对于刑事诉讼价值理念的深刻调整,是对社会发展、观念变迁和司法环境的能动呼应,最后为立法所吸纳,成为中国刑事诉讼的一项具体制度。某种意义上讲,正是中国刑事诉讼活动中大量的丰富实践,造就了当前这种既有西方刑事诉讼程序一般特点,又有自我特质的刑事公诉制度。研究公诉活动在实践层面如何推进公诉制度发展,有助于更好地理解我国刑事公诉制度的变迁及其背后的深刻原因。

■ 第二节　研究现状和意义

一、研究的现状

（一）关于公诉制度历史沿革的研究

近年来,学界对于公诉制度的历史研究成果已有不少,相关研究成果散见于检察学、刑事诉讼法学等学科的著述中。

首先,关于公诉制度的起源研究,国内学者作了大量研究。主流观点认为,现代意义上的公诉制度起源于欧洲(具体源自英国还是法国尚有争议),始于资产阶级革命胜利之后,如在曾宪义主编的《检察制度史略》、刘方的《检察制度史纲要》、何勤华主编的《检察制度史》、张穹主编的《公诉问题研究》、桂万先的《公诉制度的起源及对近代司法的影响》等著述中,对公诉制度在西方的起源作了不同程度的论述,在此不一一列举。

其次,关于中国公诉制度的起源和历史沿革问题,学界也开展了一些研究。对于我国公诉制度起源于清朝末年的结论较为一致,如谢程如《清末检察制度及其实践》、詹建红《权力的扩展和运行机制平衡——历史向度中的公诉制度》等著述中都表达了这一观点。通过这些著述基本可以梳理出如下脉络:中国现代公诉制度源于西方,起于清末,在民国时期得到继续发展,形成了具有大陆法系特征的公诉制度。中华人民共和国成立以后,废除国民党"六法全书",并大量借鉴苏联司法制度,建立了新中国的检察制度,其中包含公诉制度的相关内容。然而,由于历史原因,与其他司法制度一样,公诉制度在很长时间里并没能得到真正的发展,至少在理念和制度层面上,与现代刑事诉讼体系相去甚远。1978年,司法机关恢复重建,法治建设重启并取得了长足进步,初步建立了中国特色社会主义法律体系,而公诉制度作为检察制度和刑事诉讼法律体系的组成部分,也得到了长足发展。

再次,关于刑事诉讼制度的发展沿革问题。由于公诉制度是刑事诉讼制度的重要组成部分,从这种意义上讲现代刑事诉讼的历史,其实也就是公诉制度的历史,因此研究公诉制度的变迁,不可避免地需要研究我国刑事诉讼制度变迁的相关问题。关于刑事诉讼制度的变迁学界已有不少研究,如张爱军的《建国初期刑事诉讼制度研究》对新中国成立初期的刑事诉讼制度进行了研究,左卫民的《当代中国刑事诉讼法律移植:经验与思考》对我国刑事诉讼制度如何移植西方刑事诉讼制度予以阐述,从一个侧面反映了改革开放以来我国刑事诉讼制度变迁的规律,同时左卫民的另外两篇文章《刑事诉讼制度变迁的实践阐释》《中国道路与全球价值:刑事诉讼制度三十年》则分析了推动我国刑事诉讼制度变迁的主体力量,认为多种实践主体的共同参与造就了当今的刑事诉讼制度。孙锐《中国社会的转型与刑事诉讼法的修改》提出我国刑事诉讼理念从国家本位主义向社会本位、人文本位主义转变的观点,从价值观念转变的层面解释了我国刑事诉讼制度变迁的原因。梁欣《当代中国刑事诉讼模式的变迁》在回顾新中国成立后刑事诉讼发展三个历程的基础上,分析了中国刑事诉讼模式变迁及其动因,分析了社会转型和价值观念变化对刑事诉讼模式的影响。卞建林在《改革开放30年中国刑事诉讼制度发展之回顾与展望》一文中从强制措施制度、辩护制度、起诉制度、审判制度等几个方面对改革开放以来刑事诉讼制度的发展特点予以高度概括。

结合上述几个方面的文献分析,可以推导出以下结论:与1979年之前的公诉制度相比,今天的公诉制度也许在表面和形式上保留了不少相似之处,但事实上无论是从公诉的理念还是从具体制度和程序的设置上,都已发生翻天覆地的变化。在这变化背后,根本原因是改革开放和经济社会的发展,直接原因是法治建设的进步和司法体系的完善,但是还有一些不可忽视的因素起着重要的推动作用。有三个方面的因素值得深入分析:第一,法学教育和法学研究的发展。改革开放以来,法学教育蓬勃发展,一方面带动了法学研究的兴起,诉讼法学成为独立的部门法(与此同时检察学的研究也得到长足发展),作为刑事诉讼法学研究范畴的公诉制度也日益成为研究对象,推动了研究范围的不断扩大和研究领域的不断深入,使公诉理论和实践取得显著进展。另一方面,法学教育的发展培养了大批司法实务人才,由于接受了正规的法学教育,特别是在学习过程中接触和了解一些先进的法治理念,他们的加入使司法队伍发生了积极变化,为公诉制度的发展变革提供了源源不断的动力。第二,对西方刑事诉讼制度的吸收和借鉴。改革开放以来,司法系统的面貌焕然一新,在具体制度的革新上不遗余力。随着观念的开放,立法者和司法者都能够重新审视西方法律制度的价值,在此基础上有选择地借鉴和吸收当代西方各国刑事司法制度中的有益经验。改革开放以来我国公诉制度的发展,是一个与世界刑事诉讼中普遍的价值理念相协调的过程。当然值得注意的是,当代公诉制度对于西方理念和制度的学习借鉴并非盲目为之,相反学习借鉴植根于中国国情和司法实践活动,从而逐步形成了具有中国特色的现代公诉制度。第三,司法实务领域的实践推动。改革开放以来,无论是司法体制改革,还是刑事诉讼制度革新,都有一个共同的特点,即大量新制度的形成往往始于基层的实践,经过试点向更高层面的推广,最后成为全国性的制度,有的被直接写入法律法规。公诉制度的历史变迁也符合这一规律,为数不少的公诉制度改革是由地方检察机关率先发动的,动因主要有几种情况:一是现行法律在执行中遇到障碍,实践证明法律规定与现实脱节,无法达到法律设定之目的;二是现行法律的规定过于原则,实践中难以操作,必须制定更进一步的实施细则和程序规范;三是国际先进司法理念对司法实务活动的影响,比如,保障人权、维护公平正义、控辩平等、轻刑主义等理念逐渐深入人心,促使一些基层检察机关在公诉实务活动中主动启动改革程序;四是中央司法机关的交办和推动,比如,最高人民检察院从更好地执行刑诉法的需要出发,指定个别地方检察机关开展某项公诉制度的试点(比如,2000年推动建立主诉检察官制度),继而推广到全国范围并形成制度。这几个因素之间存在逻辑联系,而最终起直接、关键作用的因素是司法机关的实践活动,因此本书聚焦的重点也放在公诉实践活动上。

（二）关于公诉制度改革的研究

"变迁"与"改革"虽是两个含义不同的概念,但不少时候其实是从不同的角度看待同一个问题,在内容上存在诸多重叠交叉之处。因此,研究公诉制度的变迁也需要了解公诉制度改革方面的研究成果。公诉制度改革既是理论界,也是实务界很感兴趣的问题。近年来相关的研究比较频繁,以公诉制度改革为题的专著有:李斌的《能动司法与公诉制度改革》、潘金贵的《公诉制度改革:理念重塑与制度重构》;硕士论文有:师庆泉的《公诉制度改革若干问题研究》《检察官、公诉权和公诉制度改革》《试论我国公诉制度的改革和完善》、冯宁的《我国公诉制度改革研究》,相关的学术论文更有不少。这些研究各有特点、各有侧重,李斌的《能动司法与公诉制度改革》主要特点是运用司法能动主义的观点来解释我国公诉制度改革的动因,同时以司法能动主义的标准和要求提出推进公诉制度改革的设想,其间对公诉若干具体制度的起源和发展进行了考证,有不少可取之处。潘金贵的《公诉制度改革:理念重塑与制度重构》从我国公诉制度目前存在的问题入手,运用比较分析方法,从诉讼理念和制度建构两个方面对我国公诉制度改革方向和相应的建设路径进行了论证,有一定的参考价值。从我国目前对于公诉制度改革的研究情况来看,多数研究视角都是着眼于对公诉制度现状的分析,在此基础上或借鉴国外有关经验的做法,或结合实务经验和实证分析,提出完善公诉制度改革的设想。相反,很少有著述对我国近年来各项公诉制度为何改革、如何改革、改革成效等问题作深入的研究和评价,即便有些论述涉及上述问题,也多是蜻蜓点水、一掠而过。

（三）关于刑事诉讼改革的研究

如上所述,公诉制度改革是刑事诉讼改革的组成部分,因此研究公诉制度改革必然应对刑事诉讼制度改革的相关研究进行考察。1996年以来,随着《刑事诉讼法》的三次修订,围绕刑诉法修订引发的对于我国刑事诉讼制度改革的探讨比较热烈,目前已经有了不少的研究成果,直接以刑事诉讼制度改革(变革)为题的专著有:李春雷的《中国近代刑事诉讼制度变革研究(1895—1928)》、万毅的《程序如何正义——刑事诉讼制度改革纲要》。李春雷以详实的史料为依据,将考察视角放在历史延续性和文本关联性上,对中国近代刑事诉讼制度的变革作了一个远景化、立体式的勾勒,尽管其所研究的历史时期不是本书研究的重点对象,但其写作的方法值得借鉴。万毅的《程序如何正义——刑事诉讼制度改革纲要》以程序正义作为中国刑事诉讼制度进一步改革的中心议题,以如何体现和保障刑事诉讼程序的正义性和正当性为经纬,按照"立法现状""主要问题""改革方案"的体例,依次对我国现行立案、侦查、起诉、审判、执行等程序的改革问题进行了较为深入的研讨,指出了现行制度的不足之处,并就此提出了有针对性的改革方案。此外,李乐平的《现行刑事诉讼制度检讨与完善》也是基于对 1996 年《刑事诉讼法》颁布后刑事诉讼制度的现状,研究这个时期刑诉制度的不足并提出改进方案。以刑事诉讼制度改革为内容的论文也有不少,如左卫民的《范式转型与中国刑事诉讼制度改革》一文,在对"比较法学"和"新意识形态法学"两种研究范式评述的基础上,提出"实证研究"范式,认为实证研究对于推动中国刑事诉讼制度改革具有积极意义,实证研究方法将在本书中被大量采用。张智辉的《检察改革与刑事诉讼法制度的完善》一文,对检察改革的历程与成效进行了概述,同时论证了检察改革对刑事诉讼制度改革的实践意义。宋英辉的《论我国刑事诉讼改革的目标模式》一文发表较早,从世界刑事诉讼制度发展趋势的角度对1996 年《刑事诉讼法》修订之前的我国刑事诉讼制度进行批判并提出了改革的方向。黄太云的《刑事诉讼制度的重大改革——刑事诉讼法修改的几个重要问题述要》以立法者的身份对 1996 年《刑事诉讼法》修订的几个重要问题予以介绍并分析了修订的原因，具有一定的史料价值。总之，关于刑事诉讼制度改革的研究，与上述公诉制度的改革研究存在同样的问题，即多数研究成果立足于现状分析，研究范式上多少脱离不了"比较法学"和"新意识形态法学"，较少从实证视角出发研究细致而具体的问题，较少细致地作历史沿革的梳理。

（四）关于上海检察史（含公诉史）的研究

公诉史是检察史的组成部分，因此需要对上海检察史有所了解。就目前收集的资料来看，还没有专门研究上海检察史的专著或学术论文，除了一些零星的、片段式的历史信息散见于各类档案、文件、文章中之外，研究的主要参考资料是《上海检察志》。《上海检察志》编撰于1995 年，记载了我国检察制度在上海产生、发展的情况，从内容上看比较全面，对于本书的写作来说是重要的参考资料。但也有不利于研究的方面，主要包括：一是存在明显的档案空缺，由于当时整理时无法找到丰富的史料，因此对于民国时期的记述相当简单；二是从研究具体制度的角度来说，需要尽可能丰富的信息，但《上海检察志》中对于公诉制度（相关内容在《上海检察志》中对应审查起诉、二审、未成年人检察等内容）的描述只有薄薄的几页，多为重要事件的记载，对于某项制度的描述不是特别具体，不利于作深入研究；三是记载只到 1995 年，之后的检察史资料需要通过上海检察机关每年编撰的《检察年鉴》等获取。

二、研究的意义

从当前对于公诉制度的研究情况来看，主要存在以下几个方面的不足：一是从研究的内容上看，研究"静态"公诉制度的多，研究"动态"公诉制度的少，大量的研究重点放在对公诉制度的现状分析，而对其的历史沿革问题缺乏兴趣。即使是研究公诉改革的著述，对于公诉制度发展沿革的细节性问题也不甚关注。二是从研究的方法上看,对公诉制度的研究往往脱离不了"比较法学"和"新意识形态法学"的范式,有些研究没有深入分析我国国情,没有结合我国检察制度和刑事诉讼制度的特点,而是简单地照搬照抄西方的刑事诉讼经验,总体上看,从法律文本、逻辑结构、价值理念出发所作的研究比较多,进行有深度的实证研究的相对比较少。三是从研究的方向上看,对若干具体制度的研究相对比较多,对公诉制度进行整体研究的比较少。四是从研究的视角来看,多数是从刑事诉讼法学的视角进行研究,从法制史的角度进行研究的相对较少。五是对公诉制度史的研究,主要集中在清末民初的那段时间,间或有对新中国成立初期刑事诉讼制度的研究,但从 1979 年《刑事诉讼法》颁布至今,对公诉制度发展史进行全面梳理、系统分析的不多,说明当代史的研究不被重视。六是研究国家公诉制度的比较多,从某个地方的角度,通过地方实践的视角研究公诉制度变迁的比较少。因此,本书在研究方式和内容上存在一定的价值,期待通过本书进一步丰富上海检察史和公诉制度史的研究。

第三节　研究方法和创新点

一、研究方法

本书主要采取资料分析、实证分析、比较分析的研究方法,具体如下:

1. 从档案资料和个别访谈入手,全面归纳和分析 1979—2015 年期间上海检察机关在司法实践中试点或推动形成的一系列重要的公诉制度,对上海公诉制度的历史沿革进行线性梳理。

2. 从档案资料和刑事诉讼卷宗入手,研究 1979—2015 年期间上海公诉制度在各个不同历史时期实际运作的情况,对各项制度的运作效果及影响进行客观评价,对公正、效率、惩治犯罪、预防犯罪、保障人权等基本价值在公诉制度运作中的具体体现进行客观分析。

3.从上海公诉制度与刑事诉讼法律、《刑事诉讼规则》、其他地区的公诉实践、国外相关制度等多个角度的比较研究入手,分析上海公诉制度的若干特征,对上海公诉制度实践在推动中国刑事诉讼法制发展中的意义进行客观分析。

4.借鉴相关学者的研究成果,通过法律社会学等分析工具,对推动上海公诉制度产生的政治、经济、社会、人文等方面的具体原因进行分析。

5.通过对公诉制度的历史梳理,研究公诉制度今后的发展方向。

二、主要创新点

1.从微观的视角对公诉制度近年来的发展进程进行了全面客观的梳理,既分析了公诉制度取得的进步,也客观反映了存在的不足与问题。

2.运用法史学的研究方法和视野考察变化中的公诉制度,坚持辨证的联系的观点,力求从公诉制度的发展沿革中发现我国刑事司法制度发展变化的规律,管窥其未来发展的方向。

第 一 章
我国公诉制度的起源与发展

通常认为,我国有文字可考的法律制度史开始于夏商时期。"刑民不分,实体与程序不分"是我国古代法律制度的重要特征。中国古代没有独立的刑法典,没有独立的民法典,也没有设置专门的法律部门用于解决诉讼程序当中的相关问题。然而,在法律制度实际运行中,甚至在其背后起指导作用的基础理论上,刑事与民事的法律是有重要区分的。①至于实体法与程序法的区分,虽然未能产生专门的诉讼法典,但是,在高度集权的体制之下,仍存在着适用于刑事诉讼启动与运行的程序制度,以供给参与到诉讼当中的有关主体(如有关国家机关、官员和个人)遵行。我们在对历史的考察中,会发现在中国古代刑事诉讼中,虽不明确区分"公诉"与"自诉",但事实上在追究和控诉犯罪的过程中,确实存在着以国家强制力推进的追诉和仅以私人力量启动的追诉的差别。

■ 第一节 古代"官纠举"制度

我国古代的刑事诉讼,虽未出现专门的国家机构或特定的国家官员专司公诉职权,然而,作为一种以国家强制力对犯罪实施追诉的权力

---

① 参见李交发:《中国诉讼法史》,中国检察出版社 2002 年版,第 148 页。

形式,公诉权实际是存在的。当然,若是与现代意义上的公诉权相比,准确而言,这种权力只能被认为是一种带有公诉权属性的国家追诉权,因为它既无独立性,也无专业性,相反不过是官员的各项综合权力中的一项内容而已。为方便论述,在对中国古代社会司法制度的考察中,笔者姑且仍以"公诉权"称之。

我国古代公诉权主要是以"官纠举"(也有称为"官吏举发")的形式存在,这是一项官员对发现的犯罪进行告发检举的制度,与被害人告诉、一般人告诉、犯罪人自首等形式一起构成古代的刑事起诉制度。而"官纠举"由于同其他三种起诉形式在手段和效果上有不同之处,在维护阶级统治秩序、保证专制法制统一方面发挥了重要的作用。"官纠举"制度被认为起源于西周,经秦汉发展,唐宋完善,至元、明、清时基本完备。若根据官员纠举的犯罪内容和主体的不同,"官纠举"大体可分成两部分,即一般官吏对普通犯罪的纠举和监察官员对官员犯罪的纠举。在我国古代,司法权并不是一项独立权力,相反不过是隶属于行政权的官员权力中的一项罢了。因此,"官纠举"所包含的公诉权,多数情况下是由行政官员行使的,也就是说行政官员对辖区内的犯罪发现后可以自行侦查、审判,公诉权与审判权实际集于一身。若是认为在中央国家机关中还存在着司法权与行政权的若干区分的话,那么,地方政权连这种形式上的区分都没有,因为地方行政官员同时也是审判官员。在刑事诉讼模式上,这是一种典型的纠问式诉讼。

一、一般官吏对犯罪的纠举

《周礼·秋官·司寇》中有关于"禁杀戮"官的记载,该官吏的职责是在有人向行政官告发刑事犯罪而被拒绝的情况下,必须查明事实,并向司法官——司寇提起诉讼。《周礼·秋官·司寇》中还有关于"禁暴氏"官员的记载,该官员负责禁止人们对他人实施暴力,对于横行霸道、诈伪欺骗、造谣生事等行为,"禁暴氏"必须在查明事实真相后向司法官员——司寇提出诉讼。可见,西周时便已建立了官吏对自己负责监管的犯罪,于发现后尽快向司法官检举的制度。到了秦朝时期,法律规定官吏对于犯罪,必须向司法官举告。比如在《睡虎地秦墓竹简》中记载,各县、道官吏若是对犯罪没有觉察或不进行举告,则是一种严重犯罪。而《法律答问》中也规定基层官吏负有举告犯罪的义务。《封诊氏》也记载有亭长和官员送抢劫犯和其同伙的首级报案的案例。汉朝与秦朝的官吏纠举制度相差不大。《汉书·高帝纪》记载"求盗者,亭卒"。"亭"乃是汉代的基层政权,负责管理基层治安,"求盗"是"亭"里面的官吏,主要职责是负责缉拿盗贼。至唐宋时期,官纠举制度已逐渐趋于完善,这在《唐律疏议》《宋刑统》等法典中多有体现。《唐律疏议》规定,"监临""主司"等官员,以及里正、村正、坊正等人员,对于所辖地区、部门中的犯罪要及时检举起诉,若有懈怠,则负责的官员需担责任、受刑罚。《宋刑统》传承唐律,对主管官吏纠举犯罪的职责规定与唐律并无二致。到了明清时期,官纠举制度更详细地出现在有关法典、法律、条例中。比如,《大清律例》中甚至专门针对讼师教唆百姓打官司、扰乱社会秩序的行为,对地方官员科以缉拿起诉之义务,如果官员失察或者虽觉察而没有追究,官员便可能遭到法办。

二、监察官员对官吏犯罪的纠举

设置监察机关是中国古代政治法律制度的一大特色,监察机关在国家机构中的地位是重要而独特的。其主要职能是对法律、法令实施情况进行监督,对于违反了朝廷纲纪的政府官员实施弹劾,实际就是告发和起诉,参与并监督中央司法机关审判重大案件,监督和检查全国范围内或特定地区的司法情况。[①]普遍认为,作为专司监督、纠举官吏职责的监察机构早在秦朝时期就已出现,监察官吏——御史对于社会和

_____

① 参见陈光中、沈国峰:《中国古代司法制度》,群众出版社 1984 年版,第 30 页。

官吏的犯罪有起诉的职责和权力。汉朝几乎完全继承了秦朝的相关制度,因而御史制度也大致与秦朝相同,御史纠举官吏犯罪的事例在史书上的记载不少。至唐宋时期,御史监察制度已日臻完善。唐代监察机关的"纠弹"之责更趋强化,推行"风闻弹劾"制度——监督官员可以出自公心,将听闻而来的事情向皇帝奏报,而不需要事先核实清楚事实再行报告。宋朝进一步扩大了监察机关的纠举职能。至明清时期,监察制度进一步完备,明代将监察机构改名为都察院,统治者试图通过大力加强监察机构以实现维护封建专制之目的。清朝时期,在都察院之下设道,每道又设监察御史十人左右,监察御史活动直接受皇帝节制。而除都察院外,明清两朝还设立了六科给事中,主要负责对六部进行监督,向皇帝报告六部的活动,监督朝政得失、百官贤佞。

此外,在官方所行使的追究、指控犯罪的公诉权之外,我国从春秋时期开始便存在着一种特殊的起诉制度,即国家对普通人强加以告发、检举犯罪的义务的制度。特别是对严重危害政权安全等犯罪进行检举揭发,是普通人必须履行的一项严苛的义务,如不履行,只要是知情的人都受到严厉处罚。《史记》中就有记载,商鞅在秦国实施变法时"令民为什伍而相收司连坐,不告奸者,腰斩,告奸者与斩敌首者同赏,匿奸者与降敌同罪"。《唐律疏议》中规定,同伍保内,有人犯罪,根据犯罪的严重程度,对邻人知而不纠者科以相对应的刑罚。《宋刑统》要求民众必须告发谋反、谋大逆、谋叛等重大犯罪,宋神宗时期,王安石实施变法,于保甲制度之中复又规定,同保人中若有犯强盗、杀人、放火、强奸等罪的,知情却不告者,加以处罚。明清时期,《大明律》《大清律例》中也都设定了奖励告发、惩处不告的条文。我国古代这项"起诉"制度,表面上看似乎是私人的起诉,但其基础非权利而是义务,并且依托于严厉的国家惩罚制度作为保障与威慑,因此,起诉的实质推手乃是国家,起诉体现国家意志,可以认为是国家公诉制度的一种补充。

■ 第二节　近代的公诉制度

一直到了清朝末年,在千年未有之大变局中,在内忧外患的强大压力之下,封建司法制度才开始逐步彻底瓦解。1906 年,清政府在考察西洋之后,模仿资本主义国家"三权分立"制度,建立了立法、行政、司法分立体制,并引入大陆法系的法律结构模式,对传统法律体系加以改造:将原来的刑部改为法部,命其掌管全国司法行政,同时不再兼理审判;将原来的大理寺改为大理院,大理院成为国家最高审判机关,并负有解释法律、监督各级审判机关之责。与此同时,在各级审判厅之下还相应地设置了各级检察厅,确立了由检察机关专门行使公诉权的体制。可以说,我国真正意义上的公诉制度是从这个时期开始逐步形成与发展起来的。

一、清末修律与近代公诉制度的形成

（一）清末上海检察机构的筹建

上海地区近代意义上的检察制度创立于清末民初,近代意义上的公诉制度也肇始于此。1906 年,面对内外压力,清政府为挽救岌岌可危的统治局面,终于下了决心启动预备立宪。是年,颁布《大理院审判编制法》,中央将大理寺改为大理院,地方则在省设置高等审判厅,在府、直隶州设置地方审判厅,在州、县设置初级审判厅。与此同时,还规定各级审判厅内部设检察局,一般配置一名检察长,负责提起刑事公诉以及监督审判和判决的执行。这被认为是我国司法制度史上检察与审判职能的第一次分离,打破了审检不分的传统司法格局,可以看作是近代中国检察制度的开端,当然也是我国近代公诉制度的历史起点。[1]

21

---

[1]　参见李春雷:《清末民初刑事诉讼制度变革研究》,中国政法大学 2003 年博士论文。

1910 年 10 月，鉴于上海华洋混居、诉讼活动较多的情况，江苏巡抚根据《法院编制法》中有关设立高等检察分厅的规定，上折朝廷，提出在上海设立"江苏高等检察厅分厅"一处。①但是，上海地方检察机关在清王朝时期并没有事实成立。

（二）清末修律中关于公诉制度的设定

清政府 1907 年制定了《各级审判厅试办章程》，其中有一章专门规定了"各级检察厅通则"，规定只要是刑事犯罪，全部由检察官通过起诉的方式向法院提起公诉，"凡起诉时，或应付预审或应付公判由检察官临时酌定……凡经检察官起诉案件，审判厅不得无故拒却，被害者亦不得自为和解"。②透过这些规定，可以发现检察厅的公诉权已经基本确立，而我国传统的诉讼模式也正在发生改变。1909 年颁布的《法院编制法》进一步对检察厅的公诉权作了规定，检察官的职权包括根据刑事诉讼律和其他法令的规定，搜查证据、提起公诉，并监督法院裁判的执行情况。1910 年，在《刑事诉讼律草案》起草时，沈家本等在向朝廷的上书中强调，刑事起诉应当采取告劾的方式并由检察官作为国家的代表对犯罪人提起诉讼。该草案虽未正式颁行，但涉及起诉的相关规定基本上被后续历届政府所沿用。

清末修律过程中移植了法国、德国、日本等一些国家的公诉制度，因而，行使公诉权的检察官是附属在审判厅衙署里，但是，其法律地位是以独立检察官的身份代表社会公共利益参与刑事诉讼，提起诉讼并监督审判活动，纠正审判官的裁判谬误。公诉权的设置包括：(1)检察厅公诉、被害人自诉、审判厅可不经公诉而直接预审公判三项制度同时并存。《各级审判厅试办章程》规定了检察官提起公诉制度，同时也规

---

① 参见《江苏巡抚程德全奏筹办省城各级审判厅开庭日期折》，《政治官报》第 11—50 号(宣统二年十二月八日)，第 11—12 页。

② 转引自赵晓耕、刘涛：《法律监督的渊源——以中国法制近代化为视角》，《法学家》2007 年第 4 期。

定了亲告制度,另外,还规定在个别案件中,在检察官没有提起诉讼的情况下审判厅也可以直接预审或判决,这说明在当时的制度设计中,并未让检察厅垄断刑事案件的起诉权。(2)起诉条件。《各级审判厅试办章程》设置了起诉的条件,规定所有案件起诉的时候,都必须有明确的被告人并有初步的犯罪证据。(3)规定了对于检察官提起公诉的案件,法院必须进行审理并且被害人也不得自行与被告人和解。(4)规定了审查起诉的期限,检察官在收受诉状后,必须在二十四小时之内移送法院进行审判。

二、民国时期检察机构的建立与公诉制度的发展

(一)民国时期上海检察机构的建立与变化

1911 年 10 月 10 日,辛亥革命爆发。上海于 11 月 3 日宣布独立,此后成立了沪军都督府和上海县司法署。1912 年初,上海司法署实施改组,成立上海地方审判厅,附设检察厅,称为上海地方检察厅。①当时,上海地方检察厅隶属于江苏省高等检察厅,管辖浦东、闸北等地。上海地方检察厅内设了检察长、检察官、主簿、典簿和司法警察等职位。检察官统属于法部大臣,对于审判厅独立行其职务,检察官肩负收受诉状、提起公诉、指挥司法警察、调查事实和搜集证据、监督判决和执行等职责。②在这个时期,上海地方检察厅办理的一起案件引起举国震动。1913 年 3 月 20 日晚,宋教仁在乘坐沪宁列车赴京的过程中被刺杀身亡,相关调查将犯罪嫌疑人指向时任北洋政府国务总理的赵秉钧。4 月 29 日,上海地方检察厅对赵秉钧发出传票,要求其到上海应讯。赵秉钧不愿意来上海,而要求在其居所地接受讯问。上海地方检察厅坚持要对赵秉钧直接质询,于 5 月 6 日再次发出传票委托京师地方检察厅代为传唤。赵秉钧最后只好出具答辩书,并托京师地方检察厅邮

---

① 参见胡康:《清末上海筹办审判厅考析》,《消费导刊》2009 年第 24 期。
② 参见《上海检察志》编委会:《上海检察志》,上海社会科学院出版社 1999 年版,第 42 页。

给上海地方检察厅。虽然在此案办理中,赵秉钧没有到上海应讯,但地方司法官公布国务总理与杀人嫌犯密切来往的证据,地方检察厅两度以传票传唤其到庭接受讯问,实为 20 世纪中国司法史上引人注目的一页。①

1914 年,北京政府调整清末建立的"四级三审"体制,废除地方初级审判厅和检察厅。此后,北京政府又将全国三分之二的地方审检厅裁撤,在这些地方的所有民事和刑事诉讼案件"均由县知事兼理或设审判处管辖之"。②上海初级检察厅全部裁撤后,其管辖事项全部由县知事兼理。

1927 年,南京国民政府实行审检合署制度。上海地方审判厅及检察厅于同年 11 月 1 日改组为上海地方法院,在其中配置有首席检察官 1 人、检察官 6 人,以首席检察官的名义对外行事,首席检察官统率办理刑事侦查暨执行一切事务,检察官依法独立,不受法院牵制。此后,1935 年颁布的《中华民国法院组织法》在检察官提起公诉、搜查处分等职权的基础之上,又进一步增加了检察官协助自诉、担当自诉等职权。③

1937 年,淞沪会战爆发。不久后,上海沦陷于日寇之手,上海地区检察机构亦为日伪政府接管,变成伪司法机构。1943 年,汪伪政权召开"全国司法行政会议",规定自 7 月 1 日起,各级汪伪法院检察处全部改称"检察署",首席检察官改称"检察长"。7 月 30 日和 8 月 1 日,汪伪政府先后"收回"法租界和公共租界后,将上海地区检察机构合并改组为上海地方检察署、上海高等检察署,管辖全上海的犯罪侦查起诉和执行刑罚,将其认为犯罪的案件向汪伪上海地方法院起诉,法院审判判刑后由该检察署执行。④

1945 年,抗日战争胜利后,国民政府接收汪伪上海司法机构,分别

---

① 参见马晓莉:《宋教仁被刺案》,《中国审判新闻月刊》2008 年第 2 期。
② 参见谢振民编著:《中华民国立法史》,中国政法大学出版社 2000 年版,第 310 页。
③④ 《上海检察志》编纂委员会编:《上海检察志》,上海社会科学院出版社 1999 年版,第 44 页。

成立上海地方法院、上海地方法院检察处、上海高等法院与上海高等法院检察处四个司法机关。1948年,国民政府在上海成立高等特种刑事法庭,设首席检察官一人,检察官二人。该法庭不办理一般刑事案件,绝大多数案件都是所谓的"资匪""内乱""危害民国""妨害秩序"的案件,其中不少案件是特务机关移送来的。

(二)北洋政府时期的公诉制度

在北洋政府时期,其实行的是"审检分立"的制度,检察官行使公诉权,代表国家作为原告检举与控告犯罪,认为判决有误的有权提起上诉,同时检察官还有权对政府及官员的违法行为实施监督。北洋政府的《刑事诉讼条例》与清末《刑事诉讼律草案》相比,更为详备,也更加便于操作。主要有下列内容:

1. 起诉书的形式。在提起公诉的时候,检察官应当向法院提出起诉状,记载犯罪事实、有关证据以及相关法律依据,同时移送起诉书的时候还需将卷宗、物证等一并送至法院。需要指出的是,其所采取的卷宗随案移送的方式,使法官在开庭前便掌握了案件材料,从而在法庭辩论之前就对案件有了自己的裁断意见,难免产生"先定后审"的弊端。

2. 起诉的约束力。"不告不理"是近代各国大多采取的诉讼模式,"无原告即无法官"是国际通则。为此,《刑事诉讼条例》规定对于检察官没有起诉的犯罪行为,法院不得自行审判;对于检察官没有提起公诉的人,法院也不能对其进行审判。

3. 起诉的撤回。《刑事诉讼条例》规定,检察官起诉后在第一审审判开始之前可以撤回,但是起诉撤回之后检察官就不得再次起诉,这符合近代各国刑事诉讼的通行规则。

到了北洋政府时期,检察官在职权上有权力增大之势。在一些特定案件的办理中,检察官拥有不起诉的权力;在刑事简易程序案件中,检察官被赋予认定权、速诉权和定案权,主要目的是快速地打击日益扩张的各类轻微犯罪;检察官甚至对一些案件有直接定案的权力,"地方审判厅简易厅对于五等有期徒刑拘役或罚金案件,得因检察官之申请不经审判,径以命令处刑",①如此检察官则集侦、控、审三项权力于一身,导致司法机关相互监督、制约的关系丧失。另外,军人对司法活动的干预,也极大地冲击了司法秩序。

(三)南京政府时期的公诉制度

南京国民政府时期,实行的是"审检合署"的制度,但这并不影响检察官独立行使检察权,检察官享有独立的侦查权、公诉权以及刑罚执行监督权。在公诉制度的设定上,南京政府继承并发展了清末以来法制变革的成果。

1. 起诉对审判具有拘束力

"法院不得就未经起诉之行为审判,若对于未受请求之事项,予以审判,即属违法","起诉之效力不及于检察官所指被告以外之人"等的规定延续了清末修律所确立的"审判范围受起诉范围限制"的原则。

2. 明确提起公诉的条件

大清《刑事诉讼律草案》对公诉条件未予具体明确,而到了民国时期,公诉条件开始明确,根据1928年《刑事诉讼法》的规定,检察官根据侦查过程中获得的证据,足以断定被告人有犯罪嫌疑的时候,应当向法院提起公诉。这与我们当下"犯罪事实清楚,证据确实充分"的起诉要求甚是不同。

3. 完善提起公诉的程序

根据1928年《刑事诉讼法》的规定,起诉时应当提出起诉书,起诉书应当记载姓名、性别、年龄等被告人的基本信息,载明其犯罪事实、所触犯的罪名以及相应的证据,同时还规定起诉时应将案卷卷宗和证据材料一并移送法院。

① 黄荣昌编:《最近新编司法判解法令分类汇要(第四册)》,中华图书馆1923年版,第241页。

4. 形成不起诉制度

不起诉分绝对不诉与相对不诉,绝对不诉制度在清末修律中就有涉及,①国民政府时期的法律在延续类似规定的同时,还进一步扩展了相对不起诉制度。1928 年《刑事诉讼法》规定,在一些情况下,比如犯罪情节轻微不起诉更加合适的或者被害人提出不希望司法机关对被告人进行处罚的,检察官可以作出不起诉处理。1935 年《刑事诉讼法》对该制度进行完善,明确对轻微犯罪可以通过考察其犯罪的动机和手段,综合考量犯罪人品行、生活状况以及悔罪态度,如果检察官认定作不起诉处理更加合适的,则可以不起诉。此后,1945 年《刑事诉讼法修正案》又补充规定,检察官作不起诉决定之前,要征求告诉人的意见,命令被告人向被害人道歉、具结悔过以及支付被害人适当的赔偿金。

5. 不起诉决定配备一定的救济程序

国民政府对不起诉的救济程序作了较为完备的规定,告诉人如果对不起诉决定不服的,可以在七天之内通过书面方式向作出不起诉决定的检察官提出再议申请。作出不起诉决定的检察官如果认为他的再议申请理由成立的,就应当撤销原先所作的不起诉决定,继续开展侦查或者提起公诉。如果检察官最终还是维持原来的决定,那么他应该把案件提交给上级检察机关的首长进行审查,这类似于我们今天的不起诉复核制度。

6. 扩大自诉案件范围

1935 年《刑事诉讼法》极大地扩张了自诉案件的范围,规定有行为能力的被害人都有提起自诉的权利。但也作了一些限制,比如对直系尊亲属或配偶,不可以提出自诉;比如对同一案件,如果检察官已经侦

---

① 清末《刑事诉讼律草案》第二百七十九条规定有下列情形者不起诉:(1)案件不为罪;(2)判决确定;(3)犯罪后之法律已废止该罪之刑罚;(4)法律全免刑罚;(5)大赦;(6)提起公诉权之时效;(7)被告人亡故;(8)亲告罪无人告诉;(9)亲告罪撤销告诉;(10)案件在审判衙门现行审理及裁判尚未确定;(11)被告人不属中国审判权;(12)被告人不属通常审判衙门审判权。

查终结的,当事人便不可以再进行自诉。之所以扩展自诉案件范围,根本原因在于当时检察官人手严重不足,对轻微刑事案件,只要不威胁到统治的安全,司法机关能放则放,以减轻负担。与此同时,还基于刑事诉讼程序相对复杂、适用法律专业性较强、自诉人法律知识较弱的考虑,对检察官协助自诉作了规定。但协助自诉是权利而非义务,是否给予协助,检察官享有自由裁量权。

（四）租界内的检察制度与公诉活动

1911 年,上海公共租界会审公廨里第一次出现由工部局高等警官（熟悉公廨事务和上海情形的外国人）担任的检察员,检察员负责监督管理民事、羁押场所以及女监狱的有关事务,甚至还包括公廨内的相关行政事务。辛亥革命后,上海租界会审公廨开始设置检察处,设检察处长 1 人,检察员 12 人,全部由工部局推荐的外国人担任。1915 年北洋政府提出改组上海租界内的司法机关,要求会审公廨及其附设之检察处、监狱、押所等一律交还中国政府,但未能如愿。1925 年"五卅"惨案发生后,中国外交部、司法部派出代表,与诸列强商谈,终于当年 8 月 31 日签订《收回上海公共租界会审公廨暂行章程》,上海公共租界会审公廨于 1927 年 1 月 1 日改为临时法院及上诉法院。临时法院及上诉法院依照《收回上海公共租界会审公廨暂行章程》的规定应于 1929 年 12 月 31 日届满。经与相关国家磋商一致,在南京签订《关于上海公共租界内中国法院之协定》,撤销临时法院及上诉法院,并于 1930 年 4 月 1 日,成立江苏上海特区地方法院检察处和上诉机关江苏高等法院第二分院检察处。1931 年 6 月,中法双方在南京开始讨论,议定《关于上海法租界内设置中国法院之协定》,撤销法租界内的会审公廨,成立江苏上海第二特区地方法院检察处和上诉机关江苏高等法院第三分院检察处。① 同时,公共租界内的江苏上海特区地方法院检察处改称江苏上海第一

① 参见姚远:《上海公共租界特区法院研究》,华东政法大学 2010 年博士论文。

特区地方法院检察处。

上海特区法院中虽设置了检察处,但检察官的职权受到种种限制,没有实权,除办理辖区内的检验事项外,仅对《中华民国刑法》第一百零三条至一百八十六条的案件,履行检察官职权,但如果这类案件是工部局捕房或关系人已经起诉的,检察官就不能再起诉。其他案件,由工部局捕房起诉,或由关系人提起自诉,检察官无需再行起诉,只能到庭陈述意见。特区法院的上诉法院江苏高等法院第二分院所办的政治性案件均由公共租界工部局法律部律师出庭起诉,分院的检察官只能出庭陈述意见,无起诉权。因此,总的来说,对于上海租界内发生的大部分案件,检察机关都没有权力参与。可以认为,租界检察机构存续的多年时间里,几乎被闲置。1941 年,随着太平洋战争爆发,日军侵入上海公共租界,公共租界内的中国特区法院检察处成为日伪检察机构。1943 年 8 月 1 日汪伪政府将租界中的检察机构撤并入上海地方检察署、上海高等检察署。①

■ 第三节　新中国公诉制度的建立与发展

从法制史来看,起诉权与审判权的分离,以及专门的国家公诉机关的设置,是检察制度产生的基本标志之一。新中国检察公诉制度,经历了相当艰难曲折的发展历程。

一、废除"六法全书"与新中国公诉制度的建立

中共中央于 1949 年 2 月发布《关于废除国民党的"六法全书"与确定解放区的司法原则的指示》(以下简称《指示》),从马克思列宁主义、毛泽东思想的国家观和法律观的角度,揭示了国民党旧法统所代表的

---

① 参见《上海检察志》编纂委员会:《上海检察志》,上海社会科学院出版社 1999 年版,第 45 页。

阶级本质与新中国政权性质的矛盾,指出"国民党的'六法全书'应该废除……应该以人民的新的法律作依据"。另外,《指示》还规定,在新的法律没有系统发布前,应以政策、纲领、法律、条例、决议等作为依据,这些也成为检察工作和公诉活动的依据。

新中国成立初期,面临着复杂的外部环境,西方国家政治上对我孤立、经济上对我封锁、军事上对我进攻。在此严峻形势之下,我国对苏联采取了"一边倒"的外交政策。中国人民政治协商会议 1949 年 9 月通过的《共同纲领》,以准宪法形式将这一外交政策固定下来。1950 年签订的《中苏友好同盟互助条约》再次巩固了"一边倒"外交方针。彼时,苏联作为社会主义强国、国际共产主义运动的领导者,对我国的社会主义建设给予了较大的支持,其中也包括对我国检察制度的建设提出相关意见和建议。国家派出大量人员赴苏学习检察制度,并邀请大批苏联专家来华教授列宁检察思想。新中国检察制度因此受到了苏联检察制度的深刻影响,1950 年第一届全国司法会议明确提出:"人民检察机关不仅在任务和组织制定方面,应当根据中国的实际情况来学习苏联检察制度的经验,而且要在检察工作方法、作风和方式上,也学习苏联检察人员的精神。"①对于检察机关和公诉制度而言,苏联检察制度所产生的重大影响之一便是将诉讼监督权与公诉活动紧密结合,检察机关是国家公诉机关,同时也是法律监督机关。这便导致了作为公诉方的检察机关在刑事诉讼程序中具有双重角色,长期以来这种双重角色饱受诟病。比如,有人认为,公诉权与监督权合一的机制有违刑事诉讼活动规律,因为"在现代刑事诉讼结构中,检察官的基本职能就是代表国家承担控诉职能,如果再将法律监督权赋予检察官,那么,就好比足球比赛一样,检察官既是裁判员又是运动员,能确保结果公正吗?"②有人认为,公诉权与监督权合一的机制无法使被告人的人权得

① 陈卫东:《程序正义之路》,法律出版社 2005 年版,第 123 页。
② 郝银钟:《检察权质疑》,《中国人民大学学报》1999 年第 3 期。

到充分保障。在刑事诉讼的过程中,控方不但拥有法律强制力,还享有监督权,相比之下,辩方的权利显得弱小无力,律师的辩护作用难以得到有效发挥。[1]

自新中国建立检察机关时起,检察机关便被赋予了提起公诉的职权。1951 年 9 月,中央颁布了《最高人民检察署暂行组织条例》《各级地方人民检察署组织通则》两个文件,其中都规定"对反革命及其他刑事案件,实行检察,提起公诉"。然而,由于检察机关在当时还没有普遍建立,即使是已建立的也不甚健全,同时,公诉案件与自诉案件的范围划分也不甚明确,因而总体上并没有形成完善的公诉制度。当时,刑事案件起诉权分散在各个方面:一是已建立了检察机关的地方,重大刑事案件由检察机关提起公诉。二是多数刑事案件通过公安机关向法院起诉。根据《最高人民检察署暂行组织条例》规定,尚未设立检察署的地区,得暂委托该地公安机关执行提起公诉职务,但须受上级检察署的指导,即是说,公安机关受检察机关委托实际行使了公诉职权。三是在政府机关、人民团体和企业、事业单位发生的刑事案件,本单位也可以向法院起诉。[2]四是刑事案件的受害人也可以向法院提起诉讼。此外,根据 1951 年 9 月通过的《中华人民共和国人民法院暂行组织条例》规定,人民法院对刑事案件也可以选择直接调查审判。上述将起诉权分散的做法,保留了新民主主义革命时期农村革命根据地的司法习惯,也符合当时的实际情况。

1954 年,第一届全国人民代表大会召开,先后颁布了《宪法》和其他重要法律,这对于推进社会主义法制建设起到了积极的作用。其间制定了《人民检察院组织法》,对公诉权与审判监督权进一步作了规定,

---

① 蒋庆红:《论公诉职能应当是我国检察机关的基本职能——以检察权的产生发展为视角》,《广西政法干部学院学报》2007 年第 3 期。

② 1955 年 5 月 17 日,中央司法部在给上海市司法局的批复中指出:"在检察院尚未建立或不健全的情况下,政府机关、团体、企业的刑、民案件,各该单位可以原告身份直接向法院提起诉讼,但不是代表国家提起诉讼。"

即侦查刑事案件、提起公诉和支持公诉,同时检察机关还对法院审判活动的合法性实施监督。此后,随着检察机关普遍建立,至1955年年底,全国各级检察机关已基本全面行使了刑事案件公诉权,新中国公诉制度至此可算正式建立。20世纪50年代后期,由于政治运动对法制的客观冲击,公诉制度受到显著削弱。

新中国成立以后的公诉制度,与当代各国公诉制度既有相同,又有差异之处。当代各国刑诉制度,大体有三类:第一种是公诉为主,自诉为辅,这种制度为多数国家所采用;第二种则以自诉为主,公诉为辅,典型国家如英国;第三种是全部实行公诉,典型国家如法国,在此制度下被害人的权利仅仅是提起附带民事诉讼。我国的近邻日本采取的是"起诉垄断主义",即所有刑事案件必须一律由检察官提起公诉。各国采取不同的起诉制度,是与各国的历史特点和国情相适应的。新中国成立之初之所以对绝大多数刑事案件都实行公诉,只对少数案件实行自诉,主要是因为在社会主义社会,国家利益、人民利益具有根本一致性。对刑事案件实行公诉,是国家履行追究犯罪、保护人民的责任,这是必须履行、不能回避的。新中国公诉制度的另一特点,是公诉人的法律地位不同。有些国家将检察官当作一方当事人对待,检察官实际上处于原告的地位。而在我国,出席法庭的检察人员具有双重身份,既作为国家的代表在法庭上指控犯罪,又作为国家法律监督机关行使监督职权,成为社会主义法制的维护者。

二、新中国成立初期上海检察机关公诉活动的开展

1950年7月,根据《最高人民检察署1950年工作计划纲要》,上海开始筹建人民检察署。次年1月,正式成立。1954年12月,上海市人民检察署根据中央的统一部署更名为上海市人民检察院。1964年,上海市人民检察院内部机构改设二室三处,即办公室、研究室、第一处(审查批捕、审查起诉检察处)、第二处(劳改检察处)、第三处(自办案件

处），审查起诉工作由第一处负责。自侦案件的审查起诉部门经历了一个变化的过程。1950年代初，上海检察机关在机构不全、干部尚少的情况下，办理了少量贪污贿赂案件，起诉工作都由刑检部门负责。1955年5月，《上海市人民检察院第二处试行工作细则》明确规定，侦查终结后确定构成犯罪的案件，应制作起诉意见书连同全部案卷移送刑事检察部门审查并向人民法院提起公诉。但1956年，在最高人民检察院下发的《各级人民检察院侦查工作试行程序》中规定，自侦案件侦查终结以后，如果认为应当追究刑事责任的，由侦查人员制作起诉书直接起诉到法院，不再由刑检部门负责该类案件的审查起诉工作。

新中国成立初期，初步形成了审查起诉的基本程序。随着检察机关机构设置和人员安排的逐步完备，刑事案件中除自诉案件外，多数案件由检察机关提起公诉，[①]公安机关对于其侦查终结的案件，一般移送检察机关进行审查起诉。检察机关作为法律监督机关，既要追究犯罪，与犯罪行为斗争，又要重视维护法制，保障宪法设定的人民合法利益不被侵犯。与犯罪分子进行斗争是一个复杂的过程，一旦追诉错误，不仅会对人民的权利造成严重侵犯，而且也必将严重损害法律的严肃性和政权的威信。所以，"人民检察院在提起公诉以前，对于侦查人员（检察机关与公安机关的侦查人员）提出的起诉材料（包括起诉书以及所附的侦查材料等），就必须进行严格的审查"。[②]在实践过程中，对于那些判处管制的刑事案件，可由公安机关直接移送法院进行审判；一部分公安机关侦查的简单刑事案件，也可以不经过人民检察院审查起诉，而直接移送人民法院审判。其他公诉案件一般都要经过审查起诉阶段。在当时司法人员的观念和认识中，人民检察院的审查起诉工作应当严格遵

---

① 1956年，最高人民检察院制发《各级人民检察院侦查工作试行程序》规定检察院自行侦查的刑事案件，侦查终结后应追究刑事责任的案件，由侦查人员制作起诉书向法院起诉。是年8月，根据最高人民检察院这一规定，侦查部门办理的刑事案件，侦查终结后由侦查部门直接起诉，不再由刑检部门审查起诉。

② 李实育、高鑫田、王俊常：《人民检察院对起诉材料的审查工作》，《政法研究》1955年第2期。

循党的方针政策,服务于当地的政治斗争和中心工作,还要求在起诉工作中贯彻群众路线,依靠群众进行起诉工作以便于核对犯罪事实,了解民愤,争取群众支持,准确打击犯罪,同时也教育群众。1951年4月,上海各界群众1万余人在逸园举行扩大联席会议,上海市人民检察署在会上公诉了9名罪大恶极的反革命分子,收听公诉公判大会广播的群众近300万人。当时的公诉活动大体有以下一些规范性要求:

第一,公诉活动中对案件的审查既要审查犯罪事实,也要审查适用法律和政策。

1. 审查犯罪事实。就事实材料的审查而言,主要看犯罪事实是否清楚,证据是否确实、充分。既要审查起诉材料的完备性,也要审查起诉材料的真实性。主要审查活动包括:(1)审查案卷。首先,审阅公安机关起诉意见书,以便对被告的犯罪事实和犯罪性质有个概括的了解,然后再审阅全部案卷材料,逐一找出认定这些罪行的根据,审查事实是否清楚,证据是否充分。为审查清楚犯罪材料的真实性,需要查清案件材料来源,从各种材料的相互关系及其与其他有关材料、有关情况的相互关系中,进行深入的、具体的分析和研究。在审查时要求坚持客观、全面原则,既要考虑不利于被告的事实和证据,也要注意有利于被告的方面。(2)讯问被告。审查起诉前,须了解被告认罪情况,听取其申辩和申诉。审查起诉时,对某些犯罪事实认定有问题的案件,必须直接讯问被告,核对有关情况。对已羁押被告的讯问,可直接到看守所提审,对未羁押被告的讯问,可通过传票传唤到检察院讯问。讯问被告应当制作笔录,并应告知被告案件已由公安机关移送检察院审查起诉,听取被告的申辩意见。(3)实地查对。对于某些重大复杂、情节不清或材料中尚存疑点、矛盾的案件,应该进行必要的实地查对,以进一步核实犯罪事实,从而使审查起诉工作建立在可靠的事实基础之上。在进行实地查对时,应制作笔录或一定的书面材料。

2. 审查适用的法律、政策是否正确。查清案件事实后,对被告行为是否构成犯罪,所认定的罪行性质是否正确,有无从宽、从严的情况以及起诉意见书中引用的法律、政策是否恰当等进一步加以审查,以确定应否起诉。在审查案件时,应注意公安机关的侦查活动是否合法;各种证据材料和证物的获得是否具备了应有的法律手续;各项应有的法律文书是否完备。如发现公安机关在侦查活动中有明显的违法行为,经调查属实后,应按一文一事的原则,制作纠正违法通知书,发给公安机关要求纠正。对于在侦查工作中某些不当措施,可以口头或在会议上提出,也可综合一定时期内所发现的问题,书面向公安机关提出改进意见。对发现案卷内缺少应有的法律文书或在证据材料中有手续不完备的地方,应及时与公安机关联系后,请他们补办。

第二,在审查案件的基础上,制作法律文书并根据情况决定是否移送起诉、作出不起诉、免诉处理或者退回补充侦查。

对应予起诉的案件的处理:(1)对应予起诉的案件,经侦查监督单位审查后,即可将审查起诉意见书随卷移送审判监督单位,由审判监督单位拟写起诉书报请检察长决定后,向法院起诉。市院审查后交由分院起诉的案件,填写移送起诉通知,连同案卷材料和审查起诉过程中调查收集的有关材料,一并移送分院,由分院制作起诉书,向中级人民法院起诉。(2)侦查监督单位移送起诉的案件,经审判监督单位审查决定不起诉、免予起诉或退回公安机关补充侦查的,应当会同侦查监督单位研究后,由审判监督单位拟写法律文书报请检察长最后决定。市院移送分院起诉的案件,经分院审查认为不能起诉,而需决定不起诉、免予起诉或发回公安机关补充侦查者,可提出意见和理由,退回市院办理。有不同意见时,应共同研究解决,并报请市院检察长最后决定。

对决定不起诉和免予起诉的案件的处理:(1)经侦查监督单位审查认为没有构成犯罪,或者被告未达应负刑事责任的年龄以及患有精神病等原因而不应起诉的案件,应报请检察长决定后,制作不起诉决定书。不起诉决定书的内容:除应写明被告姓名、性别、年龄、籍贯、职业、有无反动经历,是否受过刑事处分、何时由何机关逮捕,以及于何时侦查终结移送审查起诉等情况外,还应着重写明已查明的事实及决定不起诉的理由。(2)经侦查监督单位审查认为虽已构成犯罪,但确有悔罪、立功的表现或者具备其他方面的原因,根据法律、政策可以免除其刑事责任的案件,应当报请检察长决定后,制作免予起诉决定书。免予起诉是新中国成立初期在对敌斗争中的一项创造,是我国对反革命分子的"惩办与宽大相结合"政策的具体贯彻和体现。在当时,免予起诉主要针对少数有特殊政治意义的案件,为了分化瓦解敌人,才可免予起诉,而在一般情况下,不宜采用免予起诉的办法。免予起诉制度设立,相对赋予了检察机关起诉裁量权,实质上主要是配合政治斗争,按照党的政策来适用的,显现出司法工具的灵活性和以之进行社会控制的弹性。免予起诉决定书中,应将已查明的罪行加以肯定,并写明决定免予起诉所依据的事实、理由和政策精神。(3)不起诉决定书或免予起诉决定书应送达被告及移送审查起诉的公安机关(连同原案卷宗全部材料一并发还),在送达时,应附去送达回证,由收到的单位及被告人在回证上签章。

需要发回补充侦查的案件的处理:(1)经侦查监督单位审查认为犯罪事实不清、证据不足、侦查不完备、影响到起诉判决,需要发回补充侦查的案件,应制作补充侦查意见书,将原案卷宗(留下起诉意见书)发回公安机关补充侦查。补充侦查意见书上应写明发回补充侦查的理由和需要补充查明的问题与要求。(2)发回公安机关补充侦查的案件,承办人员应经常注意了解和督促。公安机关补充侦查后再度移送审查起诉的案件,一般只要将补充侦查的结果以书面告知检察院即可,但案情出现重大变化而影响到原起诉意见时,应请公安机关重新制作起诉意见书。如果公安机关经补充侦查后,认为不需要起诉的,退还公安机关办理撤销起诉意见书的手续。

在公诉活动中,对不服免予起诉、不起诉决定的,还设置了救济途径:(1)公安机关对检察院所作不起诉或免予起诉的决定有不同意见时,可依法向上一级检察院提出意见或控告。上级检察院接到下级公安机关的控告意见后,应对案件进行审查。如认为下级检察院不起诉或免予起诉的决定确有错误时,可撤销下级检察院不起诉或免予起诉的决定,并将案卷发交下级检察院重新审查起诉,同时抄复提出控告意见的公安机关;如认为公安机关的控告意见无理由,应书面驳回控告,并抄送下级检察院。(2)有关单位、群众或者被告人,对于检察院作出的不起诉或免予起诉决定提出申诉,经过审查认为检察机关的原决定确实存在错误时,检察院应当撤销原决定,重新审查起诉;倘若认为申诉确实没有充足理由,应予驳回,如申诉人仍不服,应告知其可再向上级检察院提出申诉。上级检察院接到有关单位、有关群众或被告人对下级检察院不起诉或免予起诉决定所提出的申诉,经审查认为下级检察院的决定确有错误时,可撤销下级检察院的决定。

三、公诉工作曲折发展、中断时期

从 1957 年的下半年到 1977 年,我国检察工作经历了曲折发展甚至中断的时期。1956 年召开的党的第八次全国代表大会,提出公、检、法三机关应当分工负责、互相制约,但不久之后,分工负责、互相制约的原则便被"支持第一、制约第二"的原则所取代。1957 年下半年,由于我国政治生活中"左"的思想盛行,使国家包括检察制度在内的法制建设遭到重创。

1966 年"文化大革命"开始以后,检察机关受到相当大的冲击,各项检察工作陷入瘫痪状态。1968 年,大批检察干部被下放到农村、工厂劳动,而检察职权被公、检、法军管会正式行使。1975 年《宪法》规定公安机关行使检察机关的原有职权,检察机关实际从法律上被取消掉。

第 二 章
公诉办案组织制度

公诉办案组织制度是公诉权运行机制的重要方面,对于检察机关依法、独立行使公诉权,切实提升检察机关的司法公信力具有积极意义。构建一套科学、合理、专业、高效且权责统一的办案组织方式很必要,这既是司法体制改革顶层设计中的一个关键性问题,也是切实提高检察机关公诉办案质量与效率的一个重要途径。近年来,在司法改革的大背景下,上海检察机关在公诉工作中不断完善办案组织形式,深化检察官办案责任制改革。

■ 第一节　传统的公诉办案组织方式

公诉办案组织是公诉权运行的载体,虽然长期以来,其概念内涵一直不甚清晰,但公诉办案组织在司法实践中确是现实存在的。公诉办案组织有其特殊性,不同于法院独任庭、合议庭等法定办案组织,公诉办案组织形式在《刑事诉讼法》和《人民检察院组织法》等法律规范中都没有得到十分明确的规定;公诉权运行过程中长期实行"检察人员承办、部门负责人审核、检察长或检委会决定"的三级审批制,办案权与定案权分离,没有形成类似于法院独任庭或合议庭的固定办案组织。①公

---

① 参见姚莉、张柳:《两岸主任检察官制度比较与借鉴》,《中南大学学报(社会科学版)》2015年第5期。

诉权长期以来是通过检察机关内设机构（处、科、组）为基本单元运转的，公诉机关最基本的办案单位是"处、科、组"。以"处、科、组"为基本办案单位的公诉权运作模式，难免会弱化公诉检察官对案件办理的主导作用，办案中出现事事请示报告、遵从上级指令的"非司法"现象。

在这种"三级审批制"的办案模式中，将案件办理分为承办、审核、决定三个阶段，案件决定权赋予检察长，是上命下从的行政化权力运行模式。①客观上说这种办案模式有利于集中统一行使检察权，然而，随着我国法治进程不断深入，其弊端也逐渐暴露出来：承办人普遍不愿担责，而惯于依赖部门负责人、检察长，乃至检委会来定案，缺乏充分发挥主观能动性的意愿和动力。具体表现如下：

（一）有行政化倾向

行政化的主要特征包括：办事上需要层层把关；工作人员不区分部门与工作性质，实行一揽子管理；工作主要根据行政首长的意志进行。在过去很长的时间里，我国检察机关的公诉管理和运行机制中带有行政色彩，具体表现有：

（1）管理模式行政化。公诉人尽管有着不同的法律职务和检察官等级，然而与工作权限以及政治经济待遇并没有完全挂钩，真正关键的是行政职级。而在行政职级的升迁方面，公诉人与其他人员并无实际区别，甚至法律职务的任命也以行政职级提升为前提。因而，行政职级高的公诉人在个人待遇方面肯定超过行政级别较低的公诉人。这就造成了现实中公诉人之间业务素质虽有高低，实际水平虽有优劣，工作实绩虽有大小，但是由于受限于行政职级，可能会受到论资排辈的影响。

（2）办案程序行政化。公诉人只是案件承办人，决定权集中于检察长和检察委员会。由于大部分办案环节，都需层层汇报请示、讨论研究、审核审批，导致花在这些流程上的时间较长。案件承办人熟悉案

---

① 甄贞等：《检察制度比较研究》，法律出版社 2010 年版，第 75 页。

情,但是承办人对案件处理却只有建议权而没有最终的决定权。检察长和检委会委员们多数时候并不会直接进行阅卷,其对于案情的了解主要来自承办人的汇报,可能会对案情不甚熟悉,但却拥有对案件的最终决定权。由于在案件处理过程中过分突出集体研究,导致个人的权责不甚明了。案件经过诸多环节然则审者不定、定者不审,责任分散,一旦出现错案,不但不容易确定主要的责任人,也很难确定每个人应负怎样的具体责任,不利于调动公诉人的积极性、主动性与创造性。

因此,显而易见,公诉权行政化的管理方式和运行机制与其性质和内在要求存在矛盾。有必要通过改革,对公诉权予以重新配置,切实强化公诉人对所办理案件的权力与责任,使得公诉人成为可以依法独立办案、权责利统一的相对独立的主体。

(二)层级设置影响公诉水平的提高

在我国,公诉案件一直实行同级公诉模式,公诉案件由与受理法院同一级的检察机关派出检察人员到庭支持公诉。1998年《人民检察院刑事诉讼规则》规定,提起公诉的案件,应与人民法院的审判管辖相适应。同一案件的公诉或抗诉任务在一审、二审和再审公诉人之间接替进行的模式不尽合理,不符合公诉活动规律。主要表现在:

(1)公诉职能一定程度上被弱化。公诉活动的成效如何,与检察官把握案情、证据情况紧密相关,检察官在公诉过程中应随着庭审变化不断调整公诉策略。因此,出庭支持公诉的检察官要与案件的事实和证据保持最近的距离,最理想的状态是由曾经直接介入到案件调查的检察官直接出庭支持公诉,因其最准确掌握证据,最深入案件事实与细节,对于如何定罪量刑最有发言权。然而,在现行体制之中,伴随着审级的提升,出庭支持公诉的检察官所了解和掌握的案件信息将不断反向减少。虽然出庭检察官能够通过阅卷、讯问被告人、询问被害人、证人和鉴定人等方式对案情进行尽可能全面的了解,但是,在绝大多数情况下,由于没有亲自参加案件调查以及以前的案件审理过程,没有机会在法庭上观察被告人、被害人、证人的具体反应,自然其掌握案件事实的全面性和准确性远不及一审的公诉人,所以,势必会影响二审或再审法庭审理的效果。特别是在侦诉分离的情况下,问题更显突出。另外,二审检察官一般是在庭前十日接到法院通知后才接触案件,常常很难快速熟悉案情、充分做好出庭准备,更直接影响出庭的效果。

(2)对司法资源造成浪费。由于上级检察机关和下级检察机关对于同一案件在不同的诉讼阶段都需要反复投入人力、物力,难免造成司法资源重复配置使用。虽然案件于不同阶段,公诉侧重点有所不同,出庭策略、技巧等方面也存在若干具体差异,但为完成出庭公诉任务,检察官都有必要全面、准确了解案情,深入分析、审查有关证据。一审公诉后,又将案件移交上级公诉部门重新审查,而在二审或抗诉程序中,上级检察官的公诉活动与一审并无实质不同,主要任务还是查明是否存在犯罪事实、证据是否充分、是否足以追究刑事责任。因此,指控犯罪的总体效益比较低下。

(三)对法律职务的设置不甚科学

主要问题在于对助理检察员的法律地位和工作职权设定不明确。理论上,助理检察员作为检察官的助手,主要是协助检察员开展公诉工作。但是,实际上,助理检察员如果经过检察长的批准,完全可以代替检察员行使全部职权。除了职级以外,助理检察员与检察员之间几乎没有明显的区别。助理检察员行使检察权,事实上规避了人大对检察员任职的监督,可能降低检察官的选任标准。

■ 第二节 主诉检察官制度的探索

主诉检察官制度又称主诉检察官办案责任制,是 20 世纪 90 年代开始探索实施的一项公诉组织方式,指的是在检察长领导下,在公诉部门实行的以主诉检察官为主要责任人的检察官办案制度。①主诉检察官制度是 20 世纪末我国检察改革的产物,其制度设计的初衷在于改变效率低下、质量不高的公诉办案组织方式,②建立符合司法特点、以公诉人为中心的公诉办案组织方式,从而达到增强检察人员办案独立性、责任感以及提升公诉工作质效的目的。主诉检察官制度曾是我国公诉改革的一项核心议题,其在法理上具有合理性,在实务上具有必要性,因而得到了学术界和实务界的普遍认可。经过多年的实践验证,主诉检察官制度在形成与发展的过程中取得了一定的成效,但也遇到了不少阻碍和制约的因素,并不能完全达到制度设计的预期目标,因此,需要进一步深入改革,从根本上优化公诉工作的组织形式。

一、上海检察机关对主诉检察官制度的探索与实践

(一)杨浦、长宁、浦东等基层检察院的初步探索

1993 年初,中央政法委根据我国法治建设的发展状况,对司法工作提出了实行"错案追究制、办案负责制"的要求。在这样的形势下,检察机关开始探索以检察官办案责任制为核心内容的公诉制度改革。③上海是全国最早开始主诉检察官制度探索的地区,1993 年,杨浦、长宁、浦东三个区检察院率先试行主诉检察官制度(当时,各单位对主诉检察官制度的称谓有所不同,有的称主诉检察官责任制,有的称主办检察官责任制,也有的称检察员办案责任制),制定了相关的规范性文件,如 1993 年杨浦区检察院即制定了《主办检察官责任制》,对检察官在办

---

① 参见最高人民检察院 1999 年 5 月 27 日印发的《关于试行主诉检察官办案责任制的工作方案》。

② 长期以来,我国仿照苏联建立的检察制度,包括公诉活动在内的办案模式几乎完全参考苏联模式,无论是侦查办案机制,还是公诉办案机制和诉讼监督机制大都建立在行政管理性质的基础上,没有根据各项检察职权行使的特点和规律,采用不同的办案机制,在公诉活动中也实行"个人承办案件,集体讨论,部门负责人审核、检察长决定,重大事项或疑难案件报检察委员会讨论决定"的办案方式,违背了诉讼经济的原则,办案环节过多,诉讼成本增加,不利于提高诉讼效率。

③ 王琰:《重笔浓墨写"责任"——检察机关建立主诉检察官制度的探索》,《人民检察》1999 年第 6 期。

理案件过程中的权责作出规范。从试行前后的对比来看,三个单位试行主诉检察官责任制取得了比较明显的效果:

一是办案效率显著提高。如杨浦区检察院,自 1993 年至 1998 年试行主诉检察官制度期间,先后共任命了 17 名主诉检察官,这 17 名主诉检察官五年中共审理各类案件 5872 件,人均办案数 489 件,个人月最高办案数为 19 件。而在试点前助检员以上的承办人有 15 人,1987 年至 1992 年六年间共办理审查起诉案件 5416 件,人均办案数为 364 件。主诉检察官责任制试行前后对比可以看出,主诉检察官人均办案数上升了 34%。

二是法律监督效果显著提高。根据长宁区检察院的统计,1993 年至 1998 年期间主诉检察官承办案件与非主诉检察官承办案件对比,发现法律监督效果明显不一样,从中可以看出主诉检察官办理案件过程中更加注重发挥诉讼监督职能,详见下表:

表 2-1　主诉检察官与非主诉检察官办理案件法律监督效果对比

(以长宁区检察院 1993—1998 年期间审查起诉部门办理案件为样本)

对比项目	主诉检察官办理	非主诉检察官办理
准确增减罪名	29 件 38 人	5 件 6 人
准确改变定性和法律条文	21 件 29 人	3 件 4 人
依法追捕追诉	55 人	3 人
提出纠正违法通知书	21 份	4 份
防止错案并建议撤案	34 件 34 人	无
依法提出抗诉	4 件	无

三是办案质量显著提高。据统计,杨浦、长宁、浦东三个试行主诉检察官责任制的单位,从 1993 年至 1998 年的五年间,由主诉检察官审查并提起公诉的案件,法院均作了有罪判决。此外,由主诉检察官审查认为是错案和不认为是犯罪的案件,经审查起诉部门科处长、分管检察长或检察委员会批准后建议侦查机关撤案或决定不诉的案件,也无一

例因为侦查机关提出复议、复核而被改变决定或被上一级检察机关纠正。

1996 年以后,杨浦区检察院根据 1996 年修订后的《刑事诉讼法》所确定的"控审分离、控辩对抗"的庭审模式,为增强公诉出庭质效,积极探索实施了审诉分离的主诉检察官办案组织形式。规定案件审理工作由主诉检察官主持,同时主诉检察官还专门负责出庭公诉,而事务检察官主要是协助主诉检察官参与案件审查工作,事务检察官对案件有建议权,但最终决定权属于主诉检察官。长宁区检察院 1993 年开始试行检察员负责制,通过实践总结,规范了主诉检察官的运作程序以及职责范围等问题。主诉检察官和其所带的公诉小组成员审查的一般刑事案件,经过主诉检察官批准之后,可以直接向法院提起公诉;而主诉检察官办案中如果碰到难以处理的重大、疑难、复杂案件,应及时启动"三级"模式,具体说就是将案件提交到公诉科进行内部讨论,由主诉检察官决定是否采纳其他同志的意见,最终由其本人独立承担责任;倘若主诉检察官在听取科内意见之后依然感到难以把握的,也可以将案件上报分管检察长决定,但是在此过程中必须要提出个人对于案件的倾向性意见。当出现主诉检察官与分管检察长意见不统一的情况时,应当执行分管检察长的决定,且过错责任由分管检察长承担。同时,如果分管检察长认为案件确有需要提交检委会讨论的,主诉检察官、科长及分管检察长都要提出书面意见,提交检委会讨论并执行检委会决定。如果最终的决定存在错误,检委会负责承担定性错误的责任,主诉检察官承担事实证据错误的责任。该项措施既妥善处理了大胆探索与依法有序的关系,改变了表面上人人有责,而实际上无法落实责任到人的办案状况,辅之配套的"错案责任追究制"及相应优待,基本上做到了责权分明,奖惩有度。①

---

① 参见施坚轩:《为了提高办案效率——上海试行主诉检察官办案负责制》,《上海人大月刊》2000 年第 4 期。

（二）主诉检察官制度在全市检察系统的全面推行

1999 年起，上海开始逐步在全市检察系统推行主诉检察官制度。杨浦区等基层检察机关试行主诉检察官制度之后，全国其他一些地区的基层检察机关也陆续开展了主诉检察官制度的探索实践，并受到了最高人民检察院的关注和肯定。1999 年，最高人民检察院将主诉检察官制度作为全国检察机关六大改革举措之一，并决定于 2000 年在全国检察机关审查起诉部门全面推行。2000 年 8 月，全国检察机关公诉改革工作会议在上海召开，时任最高人民检察院副检察长张穹在会上讲话指出，公诉改革主要抓主诉检察官办案责任制、不起诉制度的改革、庭前证据开示制度、简易程序和普通程序简易审、诉讼文书改革、多媒体示证六项改革，其是一个有机整体，其中主诉检察官办案责任制的改革是核心和重点。①

在最高人民检察院的支持下，上海检察机关率先开启了主诉检察官制度的全面试点。1999 年，上海市人民检察院检委会讨论通过《上海市人民检察院主诉检察官办案责任制规定（试行）》，并于同年 7 月初正式下发实施，建立"选任、激励、监督、考核、培养"五大机制，标志着上海市以主诉检察官办案责任制为中心的公诉改革拉开了序幕。试行初期，浦东新区人民检察院等八个基础较好的基层检察院公诉部门被挑选出来开展试点工作。经过为期半年的试点工作，至 2000 年 1 月，上海市人民检察院对试点情况进行了总结评估，并正式开始在全市检察系统全面推行主诉检察官制度，同时也开始探索建立包括督导制在内的监督保障机制和配套机制，完善主诉检察官的选任和激励机制。

2000 年 3 月，时任上海市人民检察院检察长吴光裕在专题讲话中要求，全市各级院党组和检察长，以深化主诉检察官办案责任制改革为契机，要花大力气提高公诉队伍素质，把公诉工作的重心放到出庭公诉

___

① 王松苗、林中明：《公诉改革应成为检察改革的先导》，《检察日报》2000 年 8 月 25 日第 1 版。

上来,切实提高出庭公诉水平和能力,以此推动各项检察改革工作深入开展。2000年5月召开的上海检察机关深化改革工作会议,进一步明确了公诉改革的重点是以主诉检察官办案责任制为主要内容的公诉方式和公诉管理改革。至此,上海检察机关的主诉检察官制度改革的框架已经完全搭建起来。

(1)主诉检察官的产生以及主诉权力行使的方式。1999年通过的《主诉检察官办案责任制规定(试行)》对主诉检察官的条件、选任、职责、管理、考核、奖惩、监督及工作机制等作出了统一规定,对于上海检察机关的主诉检察官制度改革具有奠基作用。根据该规定,全市各级检察院应当在起诉、二审部门设置相对独立承担审查起诉和出庭工作的主诉检察官职位,根据案件数量等实际情况配备若干主诉检察官。本级院检察长挑选和任命主诉检察官,主诉检察官则可以挑选一至二名助理检察员或者书记员作为自己的助手,主诉检察官的助手一般不独立办案,主要任务是协助主诉检察官审查案件,向主诉检察官负责,由主诉检察官承担案件处理的责任。主诉检察官对案件审查和出庭支持公诉工作全面负责,对行使决定权的案件独立承担责任,根据《主诉检察官办案责任制规定(试行)》的规定,主诉检察官根据检察长的授权享有11个方面的案件处置权,比如,有权决定适用简易程序、退回补充侦查、延长办案期限、对涉案证据重新复验、鉴定、追诉遗漏罪行等。与此同时,主诉检察官在案件处置上的权力也是受到限制的,比如,需要变更公安机关的移送起诉罪名、改变案件管辖、变更强制措施、不起诉或者撤回起诉等事项,主诉检察官没有处理权,而应当提出处理意见,经过公诉部门负责人审核之后呈报检察长进行审批,或者是由检察长提交到检委会讨论决定。从主诉检察官的权力设定来看,倾向于将案件处理中一般的程序性权力下放给主诉检察官,而涉及直接影响案件当事人人身财产权利的重大程序性权力及实体性处理权一般保留给检察长或检委会。

表 2-2　主诉检察官与检察长(检委会)的权力清单

	主诉检察官的权力	检察长(检委会)的权力
1	决定对刑事案件提起公诉(分院:可能判处无期徒刑以下刑罚案件;区县院:可能判处有期徒刑以下刑罚案件)	决定对可能判处死刑的刑事犯罪案件及危害国家安全、外国人犯罪案件提起公诉
2	决定适用简易程序提起公诉	决定改变案件管辖
3	决定将案件退回补充侦查	决定变更公安机关移送起诉的案件罪名或者犯罪事实(仅限于变更后可能降低量刑的案件)
4	决定延长办案期限半个月	决定对已经被逮捕的犯罪嫌疑人、被告人变更强制措施,以及根据需要决定对犯罪嫌疑人批准逮捕
5	决定对有关证据进行复验、复查、勘验、鉴定	决定对法院的判决或者裁定提出抗诉意见
6	建议法庭延期审理	决定作出不起诉决定
7	对被相对不起诉人予以训诫或责令悔过、赔礼道歉、赔偿损失,或者建议主管部门予以行政处分	案件起诉以后决定撤回起诉
8	追诉遗漏罪行	追诉遗漏犯罪嫌疑人
9	二审部门主诉检察官对当事人不服基层人民法院判决的上诉案件,经审查,原审判决正确的,决定提出维持原判的意见	决定对侦查机关或者审判机关的违法行为提出书面纠正违法意见
10		决定对随案移送的赃款赃物予以处理

为了对主诉检察官履行主诉职能进行监督制约,《主诉检察官办案责任制规定(试行)》要求主诉检察官服从部门负责人日常管理,接受部门负责人的指导、督促、检查和协调,同时主诉检察官还需接受每年一次的业务考核和上级检察机关不定期进行的案件办理情况检查。在主诉检察官的任职条件上,主诉检察官必须由具备检察员法律职务或者"上海市市级优秀公诉人"称号的助理检察员担任,除了在政治上、道德上合格之外,必须具备一些硬件条件,如具备法律大专以上文化程度,

可以熟练运用刑法、刑诉法等法律规定，具备较强的表达能力。简而言之，主诉检察官通常应由公诉部门的精英担任。在主诉选任程序上，选拔和确定主诉检察官要经过本人申请、部门推荐、政治部门考核等程序，最后由检察长批准并颁发任职书。为了形成激励机制，有的单位还专门规定了主诉检察官应当享受专门津贴。

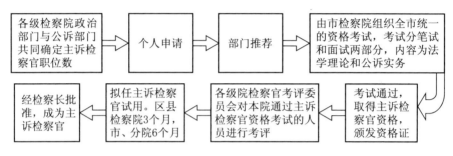

图 2-1　上海市主诉检察官产生的过程

（2）从"双轨制"到"单轨制"的逐步过渡。主诉检察官制度的建立并非一蹴而就，在制度推行之初经历了从"双轨制"到"单轨制"逐步过渡的过程，这一期间经过了约 3 年时间。所谓"双轨制"，是指审查起诉部门对部分达到主诉检察官条件的检察官，授予主诉检察官职位，并纳入主诉检察官办案责任制的管理体制，而对于那些还不符合主诉检察官资格的其他检察官，则按照原有的公诉办案机制，业务上由部门负责人领导，所办案件要经部门负责人审核后层报检察长审批。在当时的情况下，由于符合主诉检察官任职条件的人员不足，不可能一步到位，采用"双轨制"可视为无奈的权宜之计。但是，从试点主诉检察官制度确立之日起，全市各级审查起诉部门便努力推进主诉检察官办案责任制单轨化工作。特别是 2000 年 8 月全国公诉改革工作会议后，上海市检察院进一步加快了推进单轨化的进程，对主诉检察官办案责任制单轨化的目标提出了明确要求，要求在当年年底之前达到单轨化 30％ 的目标，并对单轨化作了明确界定，衡量标准有两条：一是组织形式必须是 1 名主诉检察官带 2 名助手配 1 名书记员;二是除按《主诉检察官办案责任制规定》必须实行三级审批的案件外,其余案件均由主诉检察官全面负责,独立承担责任。经试点、推广和验收,截至 2000 年 12 月,已有上海市检察院、一分院、黄浦、静安、嘉定、闵行、虹口、杨浦、浦东新区检察院 9 家单位实现了主诉检察官办案责任制的"单轨制"运作,占全市 29 个院(含铁检基层院)的 31%。根据 2000 年上海市检察院制定的《检察改革三年方案》要求,至 2002 年底,全市各级检察机关全部实现主诉检察官办案责任制全部从"双轨制"向"单轨制"的过渡。①

(3) 探索完善对主诉检察官的选拔与任用机制。在主诉检察官制度中,选拔与任用主诉检察官是核心问题,因为只有通过合理机制产生业务精通、素质过硬的主诉检察官,才有可能真正提升公诉办案质量和效率,才能实现主诉检察官制度的目标。因此,上海检察机关在探索实践过程中,不断修订和完善主诉检察官的任职条件和方式。从 1999 年 7 月《主诉检察官办案责任制规定(试行)》开始实施时起,各级检察机关便开始了主诉检察官的选拔任命工作,至 2002 年,全市检察机关前后确认了两批主诉检察官共 130 名,全部具备检察员法律职称。一些基层检察院试点了主诉检察官等级制,如金山区检察院于 1999 年 3 月制发的《等级公诉人暂行办法》,以业务能力为主要依据,把主诉检察官群体分为三个等级,每个等级工作要求和待遇标准不一样,推动形成良性竞争。浦东新区等一些基层检察院探索以专业为导向的主诉检察官分类选用、培养机制。2000 年 8 月,上海市检察院检委会通过了《主诉检察官办案责任制规定》的补充规定,进一步细化了主诉检察官的任职条件与程序,规定主诉检察官选任实行考试与考证相结合,资格考试分为面试与笔试。通过资格考试方能取得主诉检察官的任职资格,同时

---

① 参见上海市人民检察院公诉处:《主诉检察官办案责任制在改革中推进发展——上海市实施主诉检察官办案责任制三年情况调查》,《人民检察》2003 年第 8 期。

还必须经过本院检察官考评委员会考评合格，才能拟任为主诉检察官。拟任的主诉检察官有 3 至 6 个月的试用期，试用期满发现可以胜任主诉检察官工作的，由检察长正式聘任。《主诉检察官办案责任制规定》的施行，对保证主诉官队伍素质起到了积极作用。

（4）对预备主诉检察官制度的探索。预备主诉检察官制度也是上海检察机关的一项制度创新，主要目的是解决刑事案件数量上升与主诉检察官人手不足的矛盾问题，同时也是重点培养有成为主诉检察官潜质的业务骨干。由于成为主诉检察官首先需要具备检察员资格，但是由于在当时的干部管理体制下，检察员资格往往与行政职级挂钩，以基层检察院为例，检察员一般都是正科级以上干部，由于行政职级晋升缓慢，要成为检察员往往需要从事检察工作较长时间，这就导致了主诉检察官数量相对不足。为了解决人案矛盾，同时也为培养公诉业务后备人才，上海市于 2000 年初开始尝试开展预备主诉检察官制度的试点工作，在市检察院、一分院、二分院、浦东、金山等六家检察机关率先进行试点，并在试点的基础上出台了《预备主诉检察官规定》。2001 年 5 月，上海市检察院下发了选任预备主诉检察官的通知，并对选任条件和程序提出具体要求。学历较高、年纪较轻、能力较强是预备主诉检察官队伍的普遍特征，这个群体集中了一批优秀的有潜质的公诉人才，他们虽然年轻，但法学功底扎实，且经过数年时间的办案历练，已成长为公诉部门的业务骨干。预备主诉检察官制度对于激活公诉人才培养机制，建立主诉检察官办案责任制人才梯队，提高主诉检察官整体素质具有一定意义，被最高检认可并推广。

（5）探索实施主诉检察官督导制度。2000 年初，为了促进主诉检察官制度改革的持续、深入开展，上海市检察院开始探索实施主诉检察官办案责任制督导化管理，后来简称为"主诉检察官督导制度"，这是上海检察机关的一项创新举措。主诉检察官督导制度是指对实行主诉检察官办案责任制情况进行检查、评估、考核、监督、指导及保障主诉检察官合法权益等管理活动。主诉检察官督导制度的直接效果是将各级检察院的主诉检察官作为一个整体纳入统一的考评体系中,从而实现自上而下的直接指导和监督,保障主诉检察官正确履行职权和主诉检察官制度的健康、有序发展。经过慎重的研究论证,上海市检察院于2000年5月正式启动了对全市各级起诉部门的主诉检察官实施督导化管理。在实施主诉检察官督导制度的过程中,主要采取了以下措施:一是在全市检察系统选任了一批有办案经验和调研能力的检察官担任市检察院的督导员;二是在市检察院审查起诉部门专门成立了督导科,全面负责主诉检察官办案责任制工作,并制定了督导员岗位责任制,明确督导职责①;三是起草了《上海市人民检察院主诉检察官办案责任制督导条例》(以下简称《督导条例》)。督导工作由市检察院审查起诉部门与各基层检察院共同负责,在督导的内容上包括对主诉检察官选任督导、办案督导、业务督导、考核督导以及对奖惩督导五个部分,具体如下表所示:

表 2-3 主诉检察官督导工作的主要内容

事 项	主 要 内 容
选任督导	由市检察院定期统一组织全市主诉检察官资格考试。市检察院起诉处对下级院报送的主诉检察官候选人员的资格进行审查,并会同有关部门制订主诉检察官资格考试方案,对下级院报送的主诉检察官的考评、聘任情况进行备案,对不符合聘任条件的予以纠正。

---

① 根据《上海市人民检察院主诉检察官办案责任制督导条例》的规定,督导工作的主要职责包括:监督、指导全市起诉部门按照《主诉检察官办案责任制规定》《补充规定》等开展主诉检察官办案责任制工作,保障主诉检察官在职权范围内依法公正履行职责,维护主诉检察官合法权益;会同有关部门具体组织实施市院对全市主诉检察官任职资格考试;检查、考核主诉检察官的办案工作,包括组织抽查案件、随机听庭,巡察下级主诉检察官联席会议,定期考核主诉检察官的办案数量、质量和效果;组织优秀主诉检察官会诊疑难案件,拟定出庭预案,或抽调骨干出庭公诉;考核各级起诉部门管理主诉检察官的工作;会同有关部门集中培训全市的主诉检察官,协助培养考察主诉检察官的后备人才;建立、完善主诉检察官办案责任制的配套机制,深化主诉检察官办案责任制改革;协助有关部门对主诉检察官奖惩;开展调查研究,总结、推广主诉检察官办案责任制经验。

（续表）

事　项	主　要　内　容
办案督导	办案督导分日常督导和专门督导两种类型，分别由主诉检察官所在检察院和市检察院起诉处负责实施。日常督导主要包括：对主诉检察官办案是否符合法定程序进行检查；随机旁听主诉检察官出庭支持公诉，对出庭质量给予评定，听庭数应不少于每年每人2件；定期或不定期召开主诉检察官联席会议，讨论重大疑难案件，应不少于每月一次；对主诉检察官办案数量、质量和出庭效果进行定期考核。专门督导主要包括：通过经常听取下级起诉部门对主诉检察官办案情况的汇报了解主诉检察官制度实施情况；必要时可以指令下级起诉部门对主诉检察官办案情况进行自查自评；市检察院督导员有权调取主诉检察官办理案件的材料进行复查，可不定期组织检查主诉检察官承办的案件，或旁听主诉检察官的公诉庭，对审查案件和出庭公诉质量作出书面意见；对主诉检察官联席会议召开情况进行巡查督导等。
培训督导	由市检察院每年至少组织一次主诉检察官培训，培训为脱产方式。培训重点是执法指导思想、法学理论水平和公诉实务能力，内容包括刑事司法政策、新颁布的法律法规和司法解释、法学基础理论、公诉实务以及其他有助于提升主诉检察官业务能力的课程。
考核督导	考核采取条、块结合的方式。各基层院负责日常考核，市检察院起诉处负责督导考核。考核内容主要包括办案的数量、质量；法律文书制作质量；出庭公诉效果；侦查监督、审判监督情况；办案作风和遵守检察纪律情况；培训、考试情况等。
奖惩督导	市检察院起诉处协助有关部门针对主诉检察官的工作表现进行奖惩，奖励方面如推荐深造或外出考察，报请授予立功、嘉奖等奖励；惩罚方面如扣发岗位津贴或年终办案奖金，直至取消主诉检察官职权。

以《督导条例》为依据，2000年6月，上海市检察院随机抽查了部分案件，检查结果表明案件总体质量较好，主诉检察官办案责任制的实行对保证办案质量、提高诉讼效率起到了积极的作用，但抽查中也发现主诉检察官制度试行中的一些问题：首先，主诉检察官在行使职权方面有不当之处。如越权问题，《主诉检察官办案责任制规定》明确要求自侦案件须进行"三级审批"，决定权在检察委员会或检察长。但有的基层检察院办理自侦案件未实行"三级审批"。又如，应当行使的权力未行使。根据《主诉检察官办案责任制规定》，主诉检察官有权决定将事实不清、证据不足的案件退回侦查部门补充侦查，但有的主诉检察官没

有行使该项权力,仍将退回补充侦查报告提交分管检察长审批。其次,个别案件反映主诉检察官办案存在程序瑕疵、执法不严的情况,如未严格实行犯罪嫌疑人、被害人权利义务三日内告知制度等。其三,从督导抽查的情况看,绝大多数主诉检察官办案能力较强,办案质量较高,办案效率较高,但是也发现有的案件中存在漏定累犯的情况。其四,主诉检察官在法律文书制作方面存在个别问题,如制作起诉书要素不全,缺少移送审查起诉单位、辩护人等要素的情况。在案件抽查的同时,在主诉检察官督导工作中还开展巡回听庭活动,实施跟踪考评。在不通知被旁听单位主诉检察官的情况下,督导员随机旁听公诉庭,给出评语,提出建议,做到一庭一评,并反馈给主诉检察官所在的检察院。

(6)探索推进主诉检察官联席会议制度。主诉检察官联席会议是主诉检察官制度的组成部分,其制度设计的初衷在于通过主诉检察官之间定期和不定期的案件研讨、协商,解决主诉检察官办案中重大疑难问题,克服主诉检察官制度实施之后主诉检察官个体知识不足、经验不够的缺陷,促进相互学习、交流,提高整体办案能力。2000年初,全市各级检察机关均按照市检察院的统一部署要求,建立了主诉检察官联席会议制度,各单位在实施的过程中形成了一些各具特色的做法。比如,闸北区检察院召开主诉检察官联席会议,采取定期与不定期相结合的方式。定期为每月10日召开,出席会议的有分管检察长、起诉科长、主诉检察官。浦东新区检察院主诉检察官联席会议制度相对比较规范,他们专门制定了《主诉检察官联席会议讨论案件规则》,该规则对参加人员范围、提起程序、准备程序、讨论议程、意见采用、记录工作、业务学习辅导、与侦查部门沟通、案例整编等问题作了专门规定。其中,联席会议讨论案件的顺序:①对列入联席会议讨论的疑难、复杂案件,承办人先行准备汇报材料,讨论前分发给参加会议人员。②由承办人汇报案件的事实和证据(借助多媒体示证)。③各与会主诉检察官对事实及证据发问。④承办人所在主诉组的主诉检察官对案件的争议焦点进行评析,提出处理意见。⑤讨论、发表意见。⑥由处长综合各方意见,进行总评,形成倾向性意见,并依职权范围分别作出上报分管检察长审批或退回侦查部门补充侦查等决定。主诉检察官联席会议实际上只是主诉检察官沟通交流的平台,并不能代替主诉检察官就案件处理作出决定,但是通过主诉检察官联席会议制度客观上有助于交流、借鉴,解决疑难复杂的法律专业问题,保障主诉检察官审查和决定案件的准确性,提高办案质量,同时客观上也能对主诉检察官起到一定的监督作用。

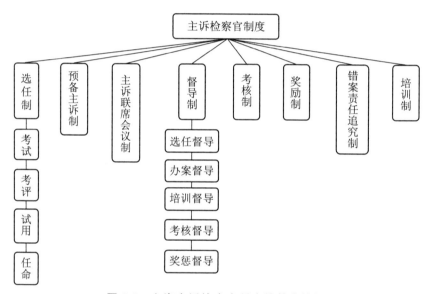

图 2-2 上海主诉检察官制度的基本构架

二、关于主诉检察官制度的思考

（一）主诉检察官制度形成与发展的原因

主诉检察官制度的探索与实践,是我国检察工作发展到特定历史阶段的必然产物,关于主诉检察官制度形成与发展的原因,笔者认为主要有以下两个方面:

（1）新形势下传统的公诉办案方式受到越来越多的挑战,客观上需要改变既有的办案方式。我国的公诉办案方式,长期以来实行的是

"三级审批制"，把案件办理分割为承办、审核、决定三个主要环节，案件经过层层审批，最后决定权集中于检察长。虽然这种办案方式有助于保证集中、统一行使检察权，但弊端也相当明显，其一是办案效率相对低下。虽然一些疑难复杂、难以把握的案件可以通过层层把关减少错案风险，但是司法实践中也存在大量事实清楚、情节简单、证据确凿的轻微刑事案件，这些案件的处理并不复杂，有经验的检察官完全能够自主办理，层层审批的程序设置并无多大的实际价值，反而拖延了公诉办案时间，增加了诉累。特别是 20 世纪末 21 世纪初，随着上海城市化进程的不断加速，大量外来人员涌入，在推动经济发展的同时，由于鱼龙混杂，客观上也带来了刑事案件数量的增长。根据相关统计，2000 年上海市公诉部门处理的刑事案件为 11490 件，到 2004 年为 15318 件，五年间增长了 33.3%，而同期公诉部门检察官的数量却没有增长，这使得公诉部门办案压力大增，而检察长审批案件的压力也很大。[①]人、案的矛盾对既有的办案组织方式提出了挑战，促使检察机关思考转变办案方式，将部分公诉职权下放给主诉检察官，以提高办案效率。其二，在既有的公诉办案方式下存在权责不明、责任分散的痼疾。公诉办案过程中审查、汇报、审批等环节过多，承办人办理之后还需要经过部门负责人的审核、检察长的审批，而无论是审核还是审批，都缺乏亲历性，所进行的审查多数也只是书面审、形式审，未必能够发现案件办理的疏漏，一旦出现错误，审核、审批反倒成了错案的背书。而与此同时，也存在另外一种风险，即审核者或审批者在书面审的过程中根据个人经验作出错误判断，变更原本正确的案件处理，造成错案。随着民众法治意识的觉醒，对于司法公正的关注和要求不断提高，特别是一些冤假错案

---

① 由于我国检察工作中实行的是行政领导与业务领导合一的体制，检察长、副检察长们平时忙于出席各种会议，思考工作思路，安排具体事务，了解干部动态等诸多行政事务，而真正钻研业务、研究案件的时间精力不多，审批一个案件往往需要耽搁较长时间，影响了办案的进度。以浦东、闵行等案件多的区检察院为例，当时每年要处理 1000 余件刑事案件，这些案件如果都要由检察长来审批，那其将疲于应付，而随着案件数量的逐年上升，这种压力会越来越大。

的曝光,司法过程中"审查案件者不决定,决定案件者不审查","案件谁都负责又谁都不负责"的现象引发了广泛的讨论和反思。在这种情况下,检察机关开始思考如何改变公诉办案方式的问题。其三,1996年《刑事诉讼法》的修改使公诉工作有了新挑战。以往的公诉活动,办案流程完全仿照行政管理的模式运行,采用"个人阅卷,层层把关,领导决定,承办人对事实负责,领导对定性负责"的模式,承办人只要审查了案件,提出初步审查意见后汇报给科处长便算是交了差,至于案件最终如何处理似乎是科处长和检察长的事情,如此,检察官只需审查核实证据、了解案情,而不需要深入研究案件中的各种法律关系和相关法律政策,更不需要从办案中探索规律性的东西。1996年《刑事诉讼法》的修改使庭审模式发生了变化,控辩双方在庭审过程中的对抗性明显增强,这对检察官出庭公诉时当庭举证、质证和辩论等方面的能力提出了更高的要求。为了应对这种变化,需要对既有的公诉办案方式作出调整,强化检察官的主体意识和责任意识,对案件事实和定性全面负责,避免"出庭走过场"的想法,认真准备公诉庭,以期达到良好的庭审效果。

(2)随着检察工作和法学教育的共同发展,在人员储备和理论储备层面初步具备了实行主诉检察官负责制的条件。首先,检察官整体素质的提升为实行主诉检察官制度提供了基本前提。长期以来,检察机关公诉活动实行"三级审批"的办案模式有其合理性。1978年检察机关恢复重建,百废待兴,急需懂法律的人才,而由于"文化大革命"期间法学教育的停滞,懂法律的人实在匮乏,先后从社会上招录了一些人员,他们大多没有经过系统的法律教育,法律素质比较欠缺,在这种情况下,为确保检察机关行使检察权的正确性,以防止出现适用法律错误等问题,采取逐级审批的办案机制的确有其必要性。然而,随着改革开放后法学教育的逐步恢复和发展,越来越多的法律专业人才进入检察队伍,其中不少人被安排到公诉部门承担一线的办案任务,公诉人整体的法律素质得到了较大的提升,特别是检察机关通过优秀公诉人评选等方式,有针对性地培养了一批法律过硬、业务过硬的公诉人才,这为主诉检察官制度的实行提供了必要的人才基础。与此同时,主诉检察官制度在理论层面的探讨也逐步展开。随着对西方国家检察制度的研究与传播,一些检察制度的深层次问题也逐步引起了学术界和实务界的关注,比如检察权的属性、检察官的独立等问题,有关这些问题的研究构成了主诉检察官制度的理论基础。在介绍西方检察制度的过程中,人们发现西方国家的检察官在个案处置上的具体权力较之于我国检察官明显要大得多,尽管许多国家也与我国一样,奉行检察一体化的原则,但是往往赋予了检察官独立办理案件的较大权力,没有充足及必要之理由,检察官的决定不能被随意变更。比如美国检察官制度就是一种以个人负责为中心的办案制度,检察官拥有充分独立的调查权和起诉权,其权力包括对调查过程中作伪证、妨碍、阻挠取证和胁迫证人等二类或三类轻罪或违法行为以外的违反联邦刑事法律的犯罪的管辖。[①]日本将检察职权的行使主体规定为"检察官",每一个检察官都是"独任制官厅",每个检察官都处于"独立负责的地位"。意大利检察官具有高度的独立性,检察长与代理检察官之间不存在等级关系,代理检察官独立行使检察长委托的职权,检察长也不得将自己的意见强加给代理检察官。[②]这些理论上的研究和经验上的借鉴,为推行主诉检察官制度提供了有价值的参考。

(二)主诉检察官制度的成效与意义

学术界和实务界普遍对主诉检察官制度的探索给予积极评价,认为主诉检察官制度是在宪法和刑事诉讼法规定的框架范围内,以控辩式庭审方式对公诉办案机制的内在要求为基础,以解决公诉工作中审查权与决定权、办案质量与效率、人员任务与案件数量等诸多矛盾为动力,对既有公诉办案机制进行大胆而卓有成效的改革,是对符合中国国

---

① 参见曾建明:《美国独立检察官制度简介》,《法学评论》2000年第1期。
② 陈卫东、李训虎:《检察一体与检察官独立》,《法学研究》2006年第1期。

情的公诉规律的深刻探索和准确把握,是司法制度和检察制度改革的重要组成部分。①实行主诉检察官制度主要取得了以下几个方面的成效:

一是改变了案件审理和决定分离的办案模式,使公诉办案机制更加符合司法活动的规律。实行主诉检察官制度以后,案件审查权和处理权全部交给主诉检察官,使其在处理个案时权力较大,这样就打破了原有的层层汇报、审批的固有模式,一定程度上突破了制约公诉业务健康发展的机制性障碍。主诉检察官在办案的过程中全程亲历,既是案件的审查者,又是处理决定的作出者,使以往行政化的管理模式逐步淡出公诉办案机制,一定程度上增强了公诉活动的司法属性。

二是明确了权力与责任、理顺了公诉工作关系,提高了办理案件的质量和效率。在实行主诉检察官制度之前,案件承办人的权力和责任不明确,有处理权却没决定权,案件办错了是集体责任,难以追究到个人,主诉检察官制度实行后这种状况得到改善,主诉检察官在案件办理中具有处理、决定权,制度要求他们在权限范围内独立审查案件,作出相应决定,并对此承担相应的风险与责任。错案责任促使主诉检察官更加全面地审查案件,更加审慎地调查核实证据,从而保证案件处理不出错,促进了案件质量的提升。主诉检察官制度实行之后产生了比较积极的效果,据有关统计,2000 年 1 至 5 月,上海各级主诉检察官共办结案件 1240 件,同比上升 57.3%;共追诉漏犯 41 人,同比上升 36.6%,所起诉的案件法院均作有罪判决,指控的罪名准确率达 92% 以上。②另据统计,无罪、二审改判案件逐年大幅下降,无罪案件 2000 年 9 件、2001 年 9 件、2002 年 3 件、2003 年 2 件;二审改判案件 2000 年 95 件,2002 年 70 件,2003 年 37 件。③

---

① 项明等:《主诉检察官办案责任制改革与完善》,载慕平主编《检察改革的新探索》,法律出版社 2007 年版,第 175 页。

② 林中明:《上海检察改革引起人大关注》,《检察日报》2000 年 6 月 17 日第 1 版。

③ 数据引自 2000—2003 年《上海检察年鉴》。

三是简化了办案流程,提高了公诉工作效率,增强了公诉工作的活力。主诉检察官制度实施前,一个案件要经过多次汇报,层层审批,不仅审查意见要汇报,变更管辖、决定起诉、退回补充侦查、改变定性、增减罪名、调查取证、延长审查期限等几乎每一个环节都要汇报并等待审批,有限的办案时间都耽搁在逐级汇报审批过程中,一个简单的案件有时要在内部流转很多时间才能起诉,造成公诉效率低下、司法成本过高。实行主诉制后,简化了内部办案程序,多数案件无需三级审批,中间环节减少,办案时间缩短,诉讼成本降低,公诉工作效率也提高了。据统计,主诉检察官制度实施后,全市检察机关公诉部门案件平均办案周期从 2000 年的 15.1 天缩短至 2003 年的 12.4 天。主诉检察官制度的实施也使检察长、公诉部门负责人从具体案件中得到较大程度的解脱,能够有时间在队伍建设、案件管理、工作安排、业务研究等方面投入更多精力。

四是调动了主诉检察官和其他检察人员的积极性,有助于推动培养专业化的公诉业务人才。由于主诉检察官的选任条件比较高,且要经过较为严格的考试、考核和任命等程序,进入主诉检察官队伍的人员都是一些德才兼备、锐意进取的拔尖人才,因此,进入主诉检察官队伍本身就是对检察官个人业务能力和综合素质的一种肯定,能够产生一种职业的荣誉感和认同感,激励主诉检察官不断提高自己的业务能力。与此同时,个人被选任为主诉检察官之后,权力大了,责任重了,为了办好案件、避免承担错案责任,客观上也要求主诉检察官必须深入钻研刑法理论和公诉业务,认真总结并学习借鉴办案经验,进一步提高公诉业务技能。另外,由于培训机制成为主诉检察官制度的一项重要的配套措施,上海市检察院每年都要组织主诉检察官进行专题业务培训,培训内容往往贴近办案实际,促使主诉检察官队伍的业务素质提高。经过几年努力,主诉制显示出较大活力,据统计,上海全市主诉检察官本科以上学历从 2000 年的 58% 提高到 2003 年的 84.8%,一支以主诉检察官为骨干,具有较深法学功底和丰富办案经验的专业化公诉队伍逐步形成。

（三）主诉检察官制度的局限性

尽管如上文所述,探索实施主诉检察官制度确实有助于转变公诉办案方式,对于提高公诉工作效率也起到了一定作用,总体而言改革取得了成功。但是,因为多方面的原因,主诉检察官制度并未像人们预期的那样完全达到预想的目标,局限性比较明显。

首先,主诉检察官制度最终没有得到法律的明确支持,因而难以步入"正轨"。主诉检察官制度发展过程中存在一个根本性的困境问题即是缺乏法律依据,这成为这项制度深入发展的最大障碍。主诉检察官制度最初开始探索时,有关方面就曾对这项制度的合法性提出质疑,认为"根据国家检察官一体主义的原则,各检察官都要服从检察长的领导,他们出庭支持公诉是代表整个检察院行使权力,而主诉检察官办案责任制有损国家检察权的完整",①主诉检察官办案责任制没有法律依据。尽管后来学界和实务界针对这个问题进行了广泛深入的探讨,产生了比较统一的意见,即认为主诉检察官制度并没有违反法律的精神,②然而,法律层面缺乏有力支持的事实却实际上成为阻碍主诉检察官制度进一步发展的障碍长期存在,造成在制度实施过程中强制性不足,执行中随意性较大,各个地方做法也不太统一,另外,实施中的一些配套性措施跟不上也成为制约主诉检察官制度发展的因素。

---

① 杜文俊、卢国阳、刘海容:《推进司法改革,确保司法公正——99 诉讼法学年会主要观点综述》,《政治与法律》2000 年第 1 期。从法律角度看,主诉检察官制度与当时的法律规定表面上的确存在一定的冲突,因为法律规定检察机关实行检察长负责制,而非主诉检察官负责制,而在办案机制方面,根据有关规定,人民检察院办理刑事案件应由检察人员承办,办案部门负责人审核,检察长或检委会决定。

② 比如,龙宗智教授就认为主诉检察官制度改革尚未突破法律的界限,即使与法律存在某种"软冲突",但尚未发现直接违背法律的"硬冲突",而且考虑到我国司法改革的特点,推行主诉检察官办案责任制,在法律上应当说是具有"兼容性"的。参见龙宗智:《主诉检察官办案责任制的依据和实施条件——二论主诉检察官办案责任制》,《人民检察》2000 年第 2 期。

其次,主诉检察官制度实施过程中有些方面偏离了该项制度设计的初衷。主诉检察官制度实施之后,主诉检察官办案组作为基础的办案组织,实践中存在不同的模式,有的是一名主诉检察官带一名助理和一名书记员形成"三人组"模式,有的是一名主诉检察官带一名助手形成"二人组"模式,还有的则由一名主诉检察官带三至五名主诉形成"多人组"模式。①依照主诉检察官制度的最初构想,主诉检察官对公诉组办理的案件全面亲历、具体负责。但实际上,不少主诉检察官在得到案件后,并非自己办案而是直接把部分案件转给助理或书记员办理,助理或书记员办好后再交给主诉检察官审核,一些基层检察院的主诉检察官"批案多、出庭少、指挥多、办案少",这样主诉检察官便事实上成了小组内的"小科长",使原来由公诉科长审核案件,变成了由主诉检察官审核案件,实际上"换汤不换药",未能真正摆脱行政化的办案模式。另外,公诉组内其他人员的工作积极性也受到影响,因为其他人员不享受主诉检察官的办案津贴,却实际上承担着主诉检察官的职责,难免会有心态失衡的问题出现。

再次,主诉检察官队伍不够稳定也对制度实施的效果产生了客观影响。在实施过程中,因为保障措施不够等方面的原因,主诉检察官身份的吸引力持续消退。主诉检察官工作压力大、责任重、风险高,但待遇有时并未落实,同时激励机制不够、力度不足等因素在客观上也对主诉检察官的工作积极性造成负面影响。由于各地经济状况有别,主诉检察官的津贴来源和数量差别较大,不少检察院提出,除津贴外,主诉检察官还应当享有部门副职的级别待遇,但往往由于内部意见不统一和组织人事部门不同意而难以实现。②有的基层检察院在双向选聘中,

---

① 根据有关统计,截止 2005 年初,本市各级检察机关公诉部门共成立各种类型的主诉检察官办案组 140 个,其中"两人组"17 个,占 12.1％;"三人组"85 个,占 60.7％;"多人组"38 个,占 27.2％。

② 主诉制改革的初衷是要弱化检察办案工作的行政化色彩,凸显主诉检察官作为司法官相对独立行使职权的职业特点。因此,试图赋予主诉检察官一定的行政职级是与改革的根本目的相冲突的。而且,由于主诉检察官并非通常干部序列中的行政职务,而是一种工作岗位。主诉检察官的去留是与其办案水平和工作业绩相联系的,带有聘任性质,其待遇应当与岗位考核评聘挂起钩来,不宜赋予其相对固定的行政级别,因此,对于主诉检察官的待遇和激励,还是通过岗位津贴的办法解决为好,也更为现实。

甚至出现公诉部门90％的主诉检察官要求去其他部门工作的情况，还有的主诉检察官要求主动辞去主诉工作而担任一般公诉人。

■ 第三节　主任检察官制度的探索

随着司法改革的不断深入，对公诉办案组织的探讨和改革也不断深入，先后出现了主任检察官和独任检察官等形式的改革方案，其根本目的还是为改变行政化色彩过于浓重的问题，提升办案检察官的主体意识、责任意识，继续完成主诉检察官制度所没有完成的使命。

一、主任检察官制度探索的简要情况

主诉检察官制度探索尽管对原有的办案组织方式进行了一定的反思和改造，但检察权运行中的不少问题并没能得到充分解决。比如，没有真正实现去行政化的目标，没有真正赋予主诉检察官相对独立的办案权，日常办案过程中行政领导色彩依然浓厚；比如，权责利没有完全统一，未能有效提高主诉检察官待遇，无法激发主诉检察官的热情。[1]在新一轮检察改革的大背景下，公诉组织方式这一根本性的问题自然而然地成为深化改革的重点，于是在学习借鉴其他国家和地区经验的基础上，[2]中国版的主任检察官探索实践活动就此展开。2011年，上海开始探索主任检察官制度，一开始是在浦东新区检察院和闵行区检察院率先进行试点，之后探索工作逐步扩大到静安区等其他一些基层检察院。在探索的过程中，因为没有确立统一的制度模式，所以各单位在

---

① 参见潘祖全、林竹静：《主任检察官制度的探索实践——以上海市闵行区检察院的试点探索为例》，载胡卫列、韩大元主编：《主任检察官办案责任制——第十届国家高级检察官论坛论文集》，中国检察出版社2014年版，第45—55页。

② "主任检察官"的称谓被普遍认为是从我国台湾地区"移植"而来，然而有趣的是主任检察官制度的功能在大陆与台湾却完全不同，颇有南橘北枳的意思，实际上在台湾地区，主任检察官的出现是在大量独立检察官出现后而行政管理缺失的情境下，为强化和延伸检察长行政管理职能所设置的，因而其主任检察官制度恰恰体现出行政化。

主任检察官的适用范围、任职条件、选任程序、职责权限、保障机制等方面，在具体的制度设计上都有或大或小的差别。

2013年12月，最高人民检察院印发《检察官办案责任制改革试点方案》，部署以主任检察官制度为主体内容的办案责任制改革试点。根据该方案的要求，从2014年1月到12月，在北京、上海、河北、湖北、广东、重庆、四川7个省市的17个检察院试点开展检察官办案责任制。

二、主任检察官制度探索的主要内容

上海检察机关探索实践的主任检察官制度，大体包含以下内容：一是如何选拔主任检察官的问题。主任检察官岗位标准要求很高，需要从具有10年以上检察工作经历或者具备"业务能手"称号的检察员中择优选任。二是定位问题。主任检察官是资深检察官中的优秀代表，同时还是办案的管理者与组织者，在检察长授权的范围内，具有独立行使办案权与案件管理权等相对较大的职权。三是主任检察官办案组内部进行专业化分工。由于在探索实施的过程中，最高人民检察院和上海市人民检察院都未进行统一规定，因而各试点单位在具体的制度设计上略有不同，本书主要以浦东新区检察院主任检察官制度的实施情况为例介绍。浦东新区检察院作为上海市的试点单位，从2011年起开始在其各业务部门推行主任检察官制度，制定工作规范，确定了主任检察官的组织形式、任职规定。

（1）人员结构与配置。根据不同业务确定人员配置，一般给公诉部门的主任检察官配备二到四名检察官和书记员。

（2）主任检察官的权责。主任检察官同其他组内检察官主要是指导和被指导的关系。业务部门的负责人同时是本部门的首席主任检察官，负责在本部门分配案件、督促其他检察官办案、牵头召集联席会议等事务性、管理性工作。虽然主任检察官依法独立行使办案权，但是对于检察长的领导,检察官还是必须接受的。

（3）对于办案质量以及检察官履职的相关保障。为了使检察官办案的质量有保证,在制度探索中建立了检察官联席会议制度,监督、检查案件的常态化机制、办案督导制等。[①]

（4）主任检察官的遴选与待遇。职务通常与行政职级不进行挂钩,但是可以享受高于其现行政职级的待遇,提高了主任检察官身份的吸引力。

三、主任检察官制度探索的成效与问题

主任检察官制度对办案组织方式进行了比较积极的改造,在试点过程中的确也产生了一定的成效:

（一）公诉办案在一定程度上实现"去行政化"目标,使公诉活动的司法属性得以体现

检察机关行使办案职权的过程是一种司法活动,特别是审查起诉等活动具有比较明显的司法性质。亲历性、居间性和独立性,是司法活动的基本特征。具体而言,亲历性要求承办人须亲自接触案件当事人、亲自接触案件材料并在此基础上对案件作出自己的判断;中立性要求承办人秉持客观中立的态度,全面倾听案件当事方的主张;独立性则是要求承办人对于案件要自己进行独立的思考和判断。长期以来,检察机关内部在办案方面实行的层层审批体制与司法属性特征完全是背道而驰的。探索主任检察官制度的一个重要目的便是为克服办案行政化的痼疾,这一改革使得办案责任模式产生了积极的变革,总体上有助于增强检察权、公诉权的司法属性。

---

① 参见陈宝富、陈鹤:《主任检察官制度的探索和实践——基于浦东新区人民检察院的实践》,载胡卫列、韩大元主编:《主任检察官办案责任制——第十届国家高级检察官论坛论文集》,中国检察出版社 2014 年版,第 279—285 页。

（二）一定程度上促进了办案质效的提升

实施主任检察官制度之后,检察官由自主性、独立性相对不足的承办人,转变为职权鲜明的行使公诉权的主体,这一定程度上激发了个人的办案积极性,从而对办案质效产生了正面的影响。从浦东新区检察院的实际情况来看,实施主任检察官制度之后,虽然公诉案件受理数量逐渐上升,但是不仅没有错案,而是有了新的进步。又如,闵行区检察院在实施主任制后,处理公诉案件的平均天数同比缩减了七天半,并且更难能可贵的是自从实施这项制度以来,便没有出现过一起错案。[1]

（三）一定程度上推动了公诉人和公诉活动朝专业化、职业化方向发展

此前,检察机关内部在案件分配上普遍实行轮案制,在专业分工上比较粗放。检察官像是全科大夫,全面而不专业。而实行主任检察官制度之后,根据各个主任检察官各自的专长,在分案时相对固定地将某一专业领域的案件分给特定的主任检察官,由其所在的办案组专门办理,这有利于主任检察官专心办理某种类型的案件,潜心研究相关领域的法律问题,从而快速成为专家型的检察官。

虽然我们应当对主任检察官制度的创新意义予以肯定,正如学者概括的那样,跟此前探索试行的主诉检察官制度相比,主任制最大特点或者说"亮点"是厘清主任检察官同其所属的检察院相关内设机构的关系,理顺了与检察长以及检委会的具体关系。[2]然而,不得不承认,主任检察官制度的革新与实施过程中依旧存在若干问题,如该项制度尚未具备充足的合法性基础,因为当时的法律和司法解释中仅仅规定了检察官的定位,而没有明确规定主任检察官的地位以及如何行使职权。主任检察官制度虽为改变公诉等检察办案工作中行政化倾向明显的问题,然则吊诡的是,其在实践过程中却呈现了一定的行政化特征,而主

---

[1]　文韬:《闵行——打造专业化办案模式》,《检察风云》2015 年第 2 期。

[2]　万毅:《主任检察官制度改革质评》,《甘肃社会科学》2014 年第 4 期。

任检察官的称谓本身也有着甚为浓重的行政化色彩,过分凸显检察一体化的机能,某种程度上甚至可以说其有违检察官自身本应具有的司法官性质。①因此,在近年来持续深入的检察改革过程中,明文规定检察机关的工作人员分为三种类型,即检察官、检察辅助人员以及司法行政人员,而没有设置主任检察官。

① 谢鹏程:《关于检察官办案责任制改革的几个问题》,《新一轮检察改革与检察制度的发展完善——第四届中国检察基础理论论坛文集》2014 年 10 月 25 日。

第 三 章
审查起诉制度

■ **第一节　公诉分案制度**

公诉分案制度,是指公诉案件在检察机关如何进行分配的一项制度,这是实务性相当强的一项工作,在刑事诉讼法等法律规范中都没有具体规定。在公诉实践活动中,案件的分配通常是公诉部门根据内部制定的规则以及不成文的惯例进行操作的。因而,不同地区、不同层级的检察机关在不同历史时期对案件分配的原则、模式、程序等都可能存在一些差别和变化。

一、公诉分案制度的四种模式

从实际情况看,案件分配的模式在变迁过程中,主要出现过以下四种模式:

(一)指定模式——领导分案

该模式系由检察机关内部管理体制所决定的。在该模式下,案件分配决定权通常归属公诉部门的负责人,公诉部门受理案件后,由负责人直接指定由某位承办人负责该案件的办理工作。该模式下有时还会存在特殊情况,比如对于某些需要检察机关提前介入引导侦查的案件,当案件移送起诉后,通常会指定此前参与指导的承办人负责办理,以便确保办案效率;比如,对于补充移送漏罪、漏犯或其他需要并案处理的案件,通常情况下也是由办理前案的承办人来办理;比如,对于舆论关注、领导关心的大案要案,为了保证案件处理的质量和社会效果,往往也特别指定业务能力出众的承办人办理。

（二）循环模式——内勤分案

这种模式是由公诉部门的内勤按照案件受理时间先后的顺序依次登记,然后该部门所有办案人员按事先确定的顺序规则不断进行循环轮案,在没有特殊情况出现的时候,轮到某位办案人员便直接将案件分配给其办理。循环模式简单有效,案件能够被同等对待和处理,同时也能较大程度上平衡检察官之间在案件办理上的负担,因此,长期看来循环模式能较好地满足公平与效率这两大价值。

（三）混合模式——综合分案

严格来说,混合模式不是一种单独的案件分配模式,相反是对上述两种分案模式进行综合运用,操作过程中会结合案件性质、案犯数量、案件繁简与难易度,以及办案人员的专业特长、能力强弱、办案特点等多方面因素,将上述两种分配模式进行综合交叉使用。

（四）机器模式——智能分案

随着电子计算机与互联网技术的日益发展,公诉实践中出现了通过电脑系统按照事先设定规则分配案件的模式,被称为智能分案。在智能分案模式下,公诉部门受理案件后,只要将案件信息录入电脑,电脑当即可以自动选定承办人并将案件发送至承办人办理。其原理实际并不复杂,先由公诉部门自行确定办案人的范围以及依何种规则分案,再将此两项条件"告诉"电脑,电脑分案软件系统据此实施分案,在分案过程中电脑会参考每个承办人手头的积案数,自动地按照一定的顺序把案件分配给手头积存数最少的承办人,从而使得每个承办人的积案数大致相等。智能分案具有的优势在于使承办人之间被分配到疑难和简易案件的几率总体上差不多,每个承办人的办案绩效表面上也是相对公平的,有利于激发公诉人的办案积极性,提高公诉办案效率。

二、公诉分案制度变迁背后的价值逻辑

从四十年来上海检察机关公诉部门在分案问题上的实践来看,有以下三种现象比较明显:首先,对于公诉案件的分配,总体上公诉部门负责人拥有比较大的权力,在相当长的时间里充当着公诉案件分配最终决定者的角色,一直到近些年,随着电脑随机分案机制的出现和发展,公诉部门负责人的分案权才被实质削弱。公诉部门负责人干预案件的分配,其动机有多方面,比如尝试更加合理分配案件,争取使最合适的人办理最合适的案件;再比如培养人才,特别是通过案件分配培养优秀公诉人,将比较复杂、典型的案件通过分案机制派发给有潜质的业务骨干,以帮助其通过典型案件办理而尽快成长。这些动机具有合理性,在公诉实践中也起到一定效果和作用,但不可否认,某些时候人为地对案件加以干预也容易影响案件走向,甚至可能损害当事人的权利。其次,公诉案件的分配通常遵循公正与效率的原则,总体上案件分配需要在这两个价值间寻求平衡。公正原则(或者说是平等原则)要求在具体实践操作中,要积极维护犯罪嫌疑人、被告人的合法权益,努力保证每个人都有权利要求自己所涉的案件受到"同等质量"的处理和对待;[1]同时,还要大体上使检察官办理案件的数量达到基本的平衡,尽量避免因办案数量不一、负担大小不一而出现矛盾和争议。此外,效率原则要求在分案过程中,在关注案件公平公正处理的同时,还必须考虑司法成本与效率,努力争取以尽可能小的司法成本获取理想的司法处理结果。比如,最常见的情况是把侦查机关移送的漏犯、漏罪以及与前

---

[1]　这种要求只可能建立在这样一种可能性上:所有处理同一类案件的检察官的法律修养、个人能力、时间精力等各方面基本相当,相互之间不存在大的差异,因此某个案件具体由谁来办都一样。然而,实际上,检察官们因为学识、经历、努力程度等方面的差异,无论观点倾向还是执法能力都有千差万别,不同的案件由不同检察官办理,结论很有可能相去甚远。但如果所有案件随机或者按照某个预设的标准分配给某位检察官,以保证检察官审查某个案件的不可预知性,那么从长期和整体上说,不同检察官办理某个案子的概率是一样的——这种方式将从宏观上保证案件的"同等质量",同时,这也是检察官独立审查案件、不受外界干扰的必然要求。

案关联的案件,直接指定由办理前案的检察官负责处理,因为该检察官对案件情况最为熟悉,不需要再对案件的一些事实和证据进行重复审查,这便有助于缩短办案时间,提高办案效率。最后,案件分配通常体现出"三个结合"的特征,即繁简分流、专业分类和随机分配相结合。

从案件分配模式的历史变迁来看,四十年来,尽管在不同历史阶段,分配规则侧重点有所不同,总体而言长期以来分配模式都努力保证分案的随机性,当下出现了以随机性为内在特征的混合分配模式,该模式的核心在于保证分案的随机性原则,辅之以现代科技手段,使得随机性的案件分配机制在实践中更加顺利地运转,案件分配日益规范、科学、理性。案件在随机分配的大原则下,尽可能地兼顾不同案件的具体情况,同时也兼顾办案检察官的实际情况,使检察官相互间在案件负担上保持相对的基本的平衡,使案件管理在规范性与灵活性间获得某种微妙平衡;在检察机关内部,将权力干预案件分配的可能性限制在最小范围,保障检察官可以独立审查案件,不受案外因素的干扰;除了少数特殊案件外,案件与检察官结合方式上的平等,总体上可以确保案件处理的质量处于基本同等的位置,这无疑有利于对当事人的合法权益进行必要的保障。因而,基本上可以认为,现阶段检察机关在案件分配问题上已经实现了相对理性化、规范化。当然,这并不是说,当前分案机制已臻完美,相反,还有不少需要进一步探讨和完善的方面。比如,在以随机化分案为主的分配模式下,如何确保检察官与和他有利害关系的案件实行有效的隔离?尽管在实践中,遇到确实需要检察官回避的情形少之又少,然而,作为可能影响案件公正处理的制度性因素,却是在分案制度设计时必须考虑的,在维护案件随机分配模式的前提下,将检察官回避问题纳入考量范畴,从规则的角度未雨绸缪、防患于未然是必要的,而且这种回避的需求在现代电脑技术面前通过一定的程序设计完全可以解决。随机分案机制关键在于是否严格执行,只有严格控制指定分案,减少人为因素,才能让随机分案真正有意义,才能真正使得人情案、关系案无机可乘。从过往大量的公诉实践情况看,随机分案得不到真正全面落实是普遍存在的。

■ 第二节　公诉环节的非法证据排除

所谓非法证据排除,指的是通过非法手段收集到的证据,不可以用以认定犯罪事实和犯罪人。这一规则是西方现代国家司法中的通行规则,对于遏制侦查人员违法取证、侵犯公民合法权利,防止发生冤假错案、确保司法公正,具有重要意义。[①]20 世纪初,在美国诞生了非法证据排除规则,此后,世界不少国家在他们的刑事立法当中借鉴和吸收了这一规则。非法证据,最早主要是那些非法的言词证据,通过不正当的手段获得的被告人所作的有罪供述不能作为刑事诉讼的证据使用,这里的不正当手段既包括身体强迫,也包括精神上的强迫与引诱。此后,在诉讼实务发展的过程中,非法证据的范围又逐步扩大到任何违反法定程序、侵害提供证据主体的合法权益的一切证据,包括通过非法手段获得的所有实物证据,也包括非法获取的言词证据,甚至还包括通过以非法证据为线索获得的其他证据。确立非法证据排除规则,被普遍认为是世界各国在刑事司法活动中防范刑讯逼供的一个重要的必然的选择。2012 年之前,我国《刑事诉讼法》虽然明确规定反对刑讯逼供,然而,对于刑讯逼供的程序责任却没有明确的设定,可以说并没有建立完整意义上的非法证据排除规则。

一、非法证据规则意识的形成与制度的发展

（一）我国古代刑讯逼供的传统

我国对于非法证据排除规则的关注以及将其引入刑事诉讼,与司

---

① 　陈光中:《我国公诉制度若干问题探讨》,《法学研究》2011 年第 4 期。

法实践中存在的刑讯逼供、违法取证问题有着现实的直接的联系。在我国古代，刑讯逼供具有悠久的历史，有人认为从周代时起，就有相关文献记载刑讯逼供，凡审案必用刑，就连被誉为"清官"的包拯、海瑞等人，升堂也常呼"大刑伺候"，刑讯逼供成为办案的定式，成了断狱决讼的主要手段。①受此传统的影响，在我国的司法实践中也一定程度上存在着刑讯逼供的问题，虽然宪法、法律明确规定公民的人身自由、人格尊严等基本权利不被侵犯，但现实中要切实防止刑讯逼供问题，除了要通过实体法予以规定之外，还必须在程序法上作出相关规制。

（二）我国控制刑讯逼供的相关努力

1988 年 9 月，我国政府批准加入联合国《禁止酷刑和其他残忍、不人道或有辱人格的待遇或处罚公约》（以下简称《公约》），《公约》中明确规定采用刑讯逼供等非法手段而获取的口供在司法活动中应当予以排除。但遗憾的是，当时我国《刑事诉讼法》并未将《公约》规定的非法证据排除规则予以固定。此后，1996 年《刑事诉讼法》虽然规定，禁止通过刑讯逼供以及用威逼利诱和欺骗等非法方法收集证据，却未明确规定对于采用刑讯逼供等非法的手段所取得的证据是不是应该予以排除。学者普遍认为，缺乏非法证据排除规则是导致我国刑讯逼供等违法取证现象长期屡禁不止的一个至为关键的原因。

最高人民法院在 1998 年制发了《关于执行〈刑事诉讼法〉若干问题的解释》，规定严格禁止通过刑讯逼供等非法的方法调查取证，非法取证所获得的供述、证言等证据，在庭审中不可以被当作定案依据。该司法解释在一定程度上确实有助于弥补刑事诉讼法的不足，为司法实践中适用非法证据排除规则提供了基本的条件。然而，遗憾的是，由于缺乏更为具体细致的操作程序，这项有价值的规定在实践中常常被束之高阁。

随着全国范围内因刑讯逼供等导致冤假错案现象的不断出现，媒

① 张文勇：《刑讯逼供的历史回顾与现实反思》，《湖北警官学院学报》2006 年第 4 期。

体的曝光与社会公众的关注,促使司法机关不得不以更加严格的态度和行动对待以刑讯逼供为代表的非法取证行为。1999 年,最高人民检察院制定的《刑事诉讼规则》首次对检察机关在审查起诉阶段排除非法证据的义务予以了明确的规定。2001 年,最高人民检察院专门发布了《关于严禁将刑讯逼供获取的犯罪嫌疑人供述作为定案依据的通知》,再次重申了严打刑讯逼供行为,要求各级检察院严格执行严禁刑讯逼供的法律规定,在办案中发现供述、陈述、证言系以非法方法收集的,应坚决地予以排除,切实杜绝刑讯逼供现象。这无疑具有十分积极的意义,然而,该《通知》也存在此前相关规定所存在的共性问题,也就是对于程序性规定存在比较粗线条、操作性不是太强的问题,因而其所发挥的实际成效相对有限。总而言之,1996 年《刑事诉讼法》尽管对严禁非法取证的原则予以明确,但对于非法证据的排除规则并没有作出明确规定;1998 年最高人民法院的《解释》和 1999 年最高人民检察院的《规则》尽管明确了对非法证据予以排除,但这两个规定都把应当排除的非法证据范围仅仅限定在言词证据方面,另外,对于非法取证的证明责任也没有予以明确。因为这些缺陷的存在,实践中启动非法证据排除规则仍然存在一定的障碍。

2004 年,"国家尊重和保障人权"的理念和要求被正式写入宪法,2009 年国务院颁发的《国家人权行动计划(2009—2010 年)》要求"在执法、司法的各个环节,依法保障人身权利",这被认为为非法证据排除规则的制定、实施提供了宪法和政治基础。至 2008 年,中央政法委推进司法改革,在《关于深化司法体制和工作机制改革若干问题的意见》这一文件中提出了"完善非法证据排除制度,明确非法证据排除的范围、证明责任、审查程序和救济途径等"的要求。此后,根据这一精神,全国人大常委会法工委起草了《关于办理死刑案件审查判断证据若干问题的规定》,最高人民法院起草了《关于办理刑事案件排除非法证据若干问题的规定》。2009 年 5 月,最高人民法院、最高人民检察院、公安部、国家安全部、司法部(以下简称"两高三部")联合发布了《办理死刑案件证据规定》和《排除非法证据规定》。在"两个证据规定"当中,再次明确在刑事诉讼过程中以刑讯逼供等违法方式取得的言词证据不能作为定罪量刑的依据,与此同时,"两个证据规定"中还对审查和排除非法证据的具体程序以及证明责任等予以明确。至此,非法证据排除规则正式进入实质性运作阶段,这也标志着我国刑事诉讼法的非法证据排除规则正式确立。

2012年,在修订刑诉法过程中吸收了"两个证据规定"的相关内容,在具体条文中规定了非法证据排除的对象、程序、证明责任与标准等内容。此后,最高人民法院、最高人民检察院(以下简称"两高")在其出台的相关司法解释中对非法证据排除规则的具体适用进一步进行了细化。

2013年9月,中央政法委在《关于切实防止冤假错案的规定》中再次强调司法实践中排除非法证据的必要性。同年11月,十八届三中全会在《中共中央关于全面深化改革若干重大问题的决定》中也明确提出"严禁刑讯逼供、体罚虐待,严格实行非法证据排除规则"。2014年10月,十八届四中全会在《中共中央关于全面推进依法治国若干重大问题的决定》中再一次明确要求切实落实非法证据排除制度,源头预防刑讯逼供和非法取证,健全有效防范、及时纠正冤假错案的机制。至此,经过有关司法解释、规定、决定、意见等的不断细化、明确,我国刑事诉讼中的非法证据排除规则体系得以初步确立。[①]

二、上海检察机关在公诉实践中探索非法证据排除的过程

(一)上海检察机关较早树立非法证据排除的理念

上海是全国范围内较早将非法证据排除规则引入公诉实践的地区

[①] 左为民:《"热"与"冷":非法证据排除实证研究》,《法商研究》2015年第3期。

之一。2005年，上海检察机关便开始在公诉工作中加强非法证据排除，当年在内部相关的工作部署中提出"非法证据排除将促进司法机关对犯罪嫌疑人、被告人合法权益的保护，推进刑事诉讼活动的民主化和科学化进程。……通过非法证据排除不断强化证据意识，努力提高审查、判断证据的能力和侦查监督的水平。严格依照刑事诉讼法规定审查、认定证据，对通过刑讯、威诱等非法方式获取的言词证据应当坚决排除。加大对侦查活动监督的力度……认真学习和掌握证据理论和证据规则，对取证合法但存有瑕疵的证据应本着实事求是原则进行甄别和补强，不能简单作出一概排除的决定。要继续加强对证据参考标准和非法证据排除规则的研究，逐步建立和完善公诉证据的规则体系"。

（二）上海检察机关非法证据排除规则的制定及特点

2006年，上海检察机关开始正式试行非法证据排除规则，制定下发了《非法证据排除规则的实施细则（试行）》（以下简称《细则》），规范了被告人供述、证人证言等七种证据种类的审查标准和补充、完善、排除证据的方式，要求全市公诉部门强化证据意识，不断提高对存疑证据的甄别发现能力以及排除非法证据的能力，加大对侦查活动的监督力度。这一探索在当时是非常超前的。

（1）制定《细则》的目的与法律依据。主要依据包括1996年《刑事诉讼法》、最高人民检察院《刑事诉讼规则》、最高人民法院《刑事诉讼法若干问题的解释》及公安部《办理刑事案件程序规定》，以其他相关规定为补充。目的是审查证据合法性，保护诉讼参与人的合法权益，强化刑事诉讼过程中的检察监督，同时也推动公诉案件质量的提高。

（2）制定《细则》的基本原则。上海检察机关在制定细则的过程中不采用美国的"毒树之果"理论，[①]而是采用证据完善理论，即以实事求

---

① "毒树之果"理论是美国在西尔弗索恩·伦巴公司诉美国案（Silverthorne Lumber Co. v. U.S.）（1920）中确立的。"毒树之果"理论指由非法行为，如逮捕、扣押、逼供等非法行为间接产生的证据，也指以非法口供或非法取得的实物证据为线索而得到的其他证据应当在法庭上被排除掉。

是为原则,对那些严重侵犯当事人合法权利、对司法公正造成严重影响的证据坚决地予以排除;对于那些经过转换或者补救可以补充的证据,或者尽管已经失去补充完善的条件,然而经审查发现还存在其他的相关证据可以明确印证的,还是可以作为指控犯罪的根据。

(3)规定了绝对排除与相对排除相结合的原则。一方面,明确违反法定程序,通过暴力取证、刑讯逼供或者其他通过威逼利诱等非法手段调取的言词证据,或者对司法公正产生严重负面影响的证据必须排除;另一方面,也规定对那些尽管调取证据过程不合法、不合规,但对当事人合法的诉权以及司法公正并没有造成严重影响,并且该证据在案件当中具有不可替代的作用且重新收集已不可能,经过制作说明、合理转换等一些补救措施能够得到补充完善的证据,经查证属实后可以作为刑事指控的根据。

(4)规定了在非法证据排除时应该审查的主要内容。在排除非法证据时应从以下几方面进行审查:一证据的来源是否合乎法律的规定和要求;二证据形式是否符合法定要求;三是否有影响证据效力的其他违法情形。

(5)详细列举了实物证据和言词证据应该"重新作出"或"补充完善"的情形。具体如下表 3-1:

表 3-1　关于瑕疵证据应该"重新作出"或"补充完善"的情形

证据类型	需要重新作出	需要补充完善
犯罪嫌疑人被告人供述	(一)以刑讯逼供或以威胁、引诱、欺骗以及其他非法的方法制作的犯罪嫌疑人、被告人讯问笔录; (二)违反回避规定制作的犯罪嫌疑人、被告人讯问笔录; (三)超过羁押期限或非法羁押后所制作的犯罪嫌疑人、被告人讯问笔录;	(一)非司法机关立案侦查以前依照有关行政、纪检、监察等条例规定程序制作的调查笔录,不能作为犯罪嫌疑人供述使用,但如发生被调查人员死亡、出境等无法取证的特殊情形的,应当经侦查机关依法对原取证过程的真实性、合法性(符合行政、纪检、监察部门有关调查取证规定)调查核实后予以使用; (二)未尽告知义务而制作的犯罪嫌疑人、被告人讯问笔录,应当补充告知,并经犯罪嫌疑人、被告人确认原笔录内容;

（续表）

证据类型	需要重新作出	需要补充完善
犯罪嫌疑人被告人供述	（四）未个别进行讯问的同案犯罪嫌疑人、被告人的讯问笔录； （五）犯罪嫌疑人、被告人系聋哑人、外国人、少数民族的，应当聘请翻译人员而未聘请所制作的讯问笔录； （六）未交犯罪嫌疑人、被告人核对或者未向没有阅读能力的犯罪嫌疑人、被告人宣读，未让其补充或改正的讯问笔录； （七）非侦查人员或一名侦查人员制作的犯罪嫌疑人、被告人讯问笔录。	（三）讯问未满十八周岁的犯罪嫌疑人、被告人，不通知其监护人或教师到场明显不当的，应当在通知其监护人或教师到场后，将讯问笔录交由该未成年人确认，或者重新制作讯问笔录； （四）未出示《拘传证》《传唤通知书》等法律文书并让犯罪嫌疑人、被告人签名，填写时间所作的讯问笔录的，应当出示当时经审批的相关法律文书，交犯罪嫌疑人、被告人确认后补签，必要时应说明未签的理由和补签的过程；对拒绝填写的应当注明情况； （五）传唤未被羁押的犯罪嫌疑人、被告人到指定地点或其住处进行讯问时，未出示工作证或者传唤通知书等证明文件而制作的犯罪嫌疑人、被告人讯问笔录，应当向犯罪嫌疑人、被告人补充出示证明文件，并经其确认原笔录内容； （六）未在笔录上注明聋哑犯罪嫌疑人、被告人的聋哑情况，及翻译人的姓名、工作单位或职业的，应当补充注明并经翻译人员予以确认； （七）对不需要翻译的外国人或通用语言为非汉语的少数民族犯罪嫌疑人、被告人所作的笔录，未让犯罪嫌疑人、被告人出具书面声明的，应当要求犯罪嫌疑人、被告人出具书面声明并要求其对原笔录予以确认； （八）犯罪嫌疑人、被告人未在亲笔供词的末页签名，侦查人员收到后未写明"于某年月日收到"并签名的，应当补充签名、注明情况，并经犯罪嫌疑人、被告人确认原供词内容； （九）犯罪嫌疑人、被告人未在讯问笔录上逐页签名或盖章的，应当由其确认笔录内容并补签； （十）犯罪嫌疑人、被告人拒绝签名或盖章后未在笔录上注明的，应当由讯问的侦查人员补充注明； （十一）侦查人员未签名或仅有一名侦查人员签名的讯问笔录，应当补签后经犯罪嫌疑人、被告人确认； （十二）其他根据规定应当予以补充完善的。

77

（续表）

证据类型	需要重新作出	需要补充完善
证人证言、被害人陈述	（一）以暴力、变相暴力、威胁、诱骗等非法方法收集的证人证言、被害人陈述笔录； （二）询问证人、被害人时有本细则第八条第（二）（四）（五）（六）（七）项情形的； （三）生理上、精神上有缺陷或者年幼，不能辨别是非、不能正确表达的人所作的证言笔录； （四）证人在旁听庭审后提供的证言笔录。	（一）询问证人、被害人时有本细则第九条第（一）（三）（六）（七）（十）（十一）项情形的； （二）未告知相应的权利义务所制作的询问证人证言、被害人陈述笔录，应当告知，并经证人、被害人确认原笔录内容； （三）在证人、被害人所在单位或者住处询问，未出示工作证或者询问通知书等证明文件所制作的询问笔录，应当向证人、被害人补充出示证明文件，并经其确认原笔录内容； （四）证人、被害人（如扭送人、报案人、控告人、举报人等）未在笔录上逐页签名或盖章，或者在修改处没有签名或盖章的，应当经证人、被害人确认原笔录内容后补充签名或盖章； （五）其他根据规定应当予以补充完善的。
物证书证		（一）可以调取、扣押原件、原物而未调取、扣押的，应当将原件、原物予以调取、扣押； （二）作为证据使用的实物未移送或移送的实物与物品清单不相符的，应当要求侦查机关或部门在三日内补送； （三）调取、扣押物品、文件时少于二人或未持有有关法律文书或工作证件的，应当制作情况说明； （四）未当场开列《扣押物品、文件清单》《调取证据清单》的，应当补充开列清单，由被扣押物品持有人确认后签名，并制作情况说明； （五）对不便提取的物品、文件未拍照或录像，或未单独开具《扣押物品、文件清单》《调取证据清单》的，应当对物品、文件予以拍照或录像，并单独开具《扣押物品、文件清单》《调取证据清单》经物品持有人确认后签名； （六）在搜查中，对查获的重要书证、物证、视听资料及其放置地点未予拍照的，应附有情况说明，必要时应交被扣押物品持有人确认； （七）不能取得原件、原物但未作出说明或缺乏必要的证据予以佐证的，应当补充制作关于原件、原物存放何处、作何处理的文字说明，并由制作人签名或者盖章； （八）外文书证或者外文说明资料未附有中文译本的，应当补充制作中文译本；

（续表）

证据类型	需要重新作出	需要补充完善
物证书证		（九）书证的副本、复制件，物证的照片、录像未经与原件、原物核实无误或未经鉴定证明真实的，应当进行核实或鉴定； （十）侦查人员、见证人、被扣押物品持有人未签名或盖章的《扣押物品清单》《调取证据清单》或相关密封材料，应当经相关人员确认后予以补充签名或盖章，必要时应制作情况说明； （十一）被调取证据的个人、单位未在通知书上签名或盖章，或拒绝签名、盖章时未予注明的，应当经相关人员确认后补充签名或盖章，或由侦查人员在通知书上补充注明拒绝签名、盖章的情况； （十二）个人提供的书面证据材料未由本人确认并签名或盖章的，单位提供的书面证据材料未由提供人署名并加盖单位印章，应当由相应的个人或单位在确认后予以补充签名或盖章； （十三）其他根据规定应当予以补充完善的。
鉴定结论	（一）违反回避规定作出的鉴定结论； （二）鉴定人受暗示或被强迫后作出的鉴定结论； （三）鉴定主体不符合相关规定所作出的鉴定结论； （四）其他严重违反法定程序所作出的鉴定结论。	（一）鉴定人未签名或盖章的鉴定结论，应当要求鉴定人在确认后补充签名或盖章； （二）未将用作证据的鉴定结论告知犯罪嫌疑人、被害人，或者未按规定告知其法定代理人、近亲属或诉讼代理人的，应当予以告知； （三）其他根据规定应当予以补充完善的。
勘验检查搜查笔录	除了具有右列几种情形的，都应当重新作出。 在勘验、检查和搜查活动中，存在上述不当情形所获取的物品、文件，是否作为指控犯罪的证据，参照本细则第二条、第六条和本章第三节的规定处理。	（一）紧急情况下，无搜查证搜查后未及时报告和补办有关手续的，应当补办相关手续； （二）勘验人、检查人或见证人未签名或盖章的勘验、检查笔录，应当由上述人员确认后予以补签； （三）参加实验的侦查人员未签名或盖章的《侦查实验笔录》，应当由上述人员确认后予以补签； （四）侦查人员、被搜查人或其家属、邻居或其他见证人未签名或盖章，或未注明未签情况的搜查笔录，应当经上述人员确认后补签，或补充说明未签理由及情况； （五）其他根据规定应当予以补充完善的。

证据类型	需要重新作出	需要补充完善
视听资料	对查明系伪造或变造的视听资料、电子数据，不能作为指控犯罪的根据，应当予以排除。	（一）对能够提供原始载体而未提供的，应当提供原始载体； （二）侦查人员向有关单位和个人扣押、调取视听资料证据未按规定出具相关法律文书，或未将相关法律文书交被调取单位和个人保存的，应当补办相关手续，并经被调取单位和个人确认； （三）侦查机关或部门接受和扣押、调取视听资料证据未制作接受、扣押、调取视听资料证据笔录的，应当补充制作笔录，由提供视听资料的单位和个人说明该视听资料证据的形成过程、发现经过、保存地点、原保存人、是否原始资料等； （四）视听资料扣押笔录未记明被扣押的视听资料发现经过、原存放地点、数量、特征、主要内容，并责令被扣押物品持有人说明该视听资料的来源和获取过程、动机、目的的，应当在笔录中予以补充记明； （五）扣押视听资料证据，未按规定制作清单，并将清单交被扣押人保存的，应当补充制作清单，由被扣押人确认后签名； （六）视听资料证据未附加获取该视听资料证据的情况说明的，应当予以补充制作说明； （七）侦查人员或侦查人员指派的其他人获取视听资料证据的，获取人未将获取时间、地点、获取人姓名记载入视听资料中，或者视听技术设备达不到这种要求，或不便在视听资料中反映的，应当由获取人将获取该视听资料的起止时间、地点、姓名及制作经过做成笔录附卷； （八）录音、录像、胶片、声卡、软盘等视听资料不能直观说明其证明内容，又未附文字笔录的，应当补充制作文字笔录； （九）对作为证据使用的录音、录像带、电子数据存储介质，未记明案由、对象、内容，录取、复制的时间、地点、规格、类别、应用长度、文件格式及长度等内容的，应当补充记明相关内容； （十）接受和扣押、调取视听资料的侦查人员、提供人或被扣押物品持有人，未在笔录上签署姓名和日期的，应当经相关人员确认后予以补签； （十一）其他根据规定应当予以补充完善的。

（续表）

证据类型	需要重新作出	需要补充完善
辨认	对生理上、精神上有缺陷或者年幼，不能辨别是非、不能正确表达的人所作的辨认结果，不能作为指控犯罪的根据，应当予以排除。具有下列情形之一的辨认结果，原则上应当予以排除，有重新辨认条件的，可以重新辨认： （一）少于二名侦查人员主持的辨认所得出的辨认结果； （二）各名辨认人对同一辨认对象未分别进行辨认； （三）未将辨认对象混杂在其他相仿、相近、相似的对象中，或给予辨认人暗示所作的辨认结果； （四）被辨认人数、同类物品、照片少于规定数量所得出的辨认结果。	（一）未告知辨认人有意作假辨认应负法律责任进行辨认的，应当补充告知，并将原辨认结果经辨认人确认； （二）未制作《辨认笔录》的，应当制作并经辨认人及相关侦查人员确认； （三）未由侦查人员、辨认人、见证人及参加辨认的有关人员签字或盖章的《辨认笔录》，应当经确认后予以补签； （四）其他根据规定应当予以补充完善的。
其他	（一）辩护律师未经检察院或法院许可，向被害人或其近亲属、被害人提供的证人收集的材料，或者未经证人或者其他单位和个人同意而收集的与案件有关的材料，不能作为定案的根据。 （二）书记员、翻译人员在违反回避规定的情况下参与制作的犯罪嫌疑人、被告人供述、证人证言、被害人陈述、辨认等言词证据，不能作为指控犯罪的根据，应当予以排除。	（一）在中华人民共和国领域外形成的证据，未经所在国公证机关予以证明并经中华人民共和国驻该国使领馆予以认证，或者履行中华人民共和国与该所在国订立的有关条约中规定的证明手续的，应当补充相关证明、认证手续，否则不能作为指控犯罪的根据。侦查人员通过司法协助等途径获取的上述证据以及有其他规定的除外。 （二）在香港、澳门、台湾地区形成的证据未履行相关的证明手续的，应当补充相关证明手续，否则不能作为指控犯罪的根据。 （三）侦查机关或部门违反规定使用技侦、特情等秘密侦查的手段所获取的证据，除能够补充办理相关审批手续外，不能作为指控犯罪的根据。

（6）规定公诉部门承办人在受理案件后，应当认真审查证据的合法性。发现非法证据的主要途径包括：审查侦查卷宗；听取犯罪嫌疑人、被害人等诉讼参与人的意见；受理控告申诉部门、监所检察部门移送的线索；受理其他有关单位、个人提供的线索；其他途径。

（7）规定了发现非法证据后如何进行排除的程序。公诉人发现案件当中可能存在非法证据的情况,应当在审结报告中写明情况。对证据无法补充完善且影响定罪量刑的案件,应当按规定进行三级审批;公诉部门承办人发现案件中存在非法证据的,应当根据非法证据的形成原因等实际情况依法进行监督,并向侦查机关或部门提出纠正意见。

上海市人民检察院颁布的《非法证据排除规则的实施细则(试行)》,具有三个明显的特点:一是指导思想很明确且理性。既着眼于保障人权、保护犯罪嫌疑人、被告人、被害人的诉讼权利,又立足于中国司法实际,避免走极端,避免对瑕疵证据不加区分一律排除,对于物证书证等具有不可替代性的证据,在侦查机关作出进一步的修正完善的基础上,仍然予以接受。这种对于非法证据合理排除的指导思想为后来的《两个规定》和2012年《刑事诉讼法》所接受。二是内容规定甚为详尽。区分了言词证据、物证、书证、鉴定结论、视听资料、辨认笔录等不同类型证据在何种情况下应当重新提取,在何种情况下只需补充完善,在何种情况下应当直接排除,均有细致而明确的规定,便于操作。三是对非法证据排除的程序作了相应的规定。虽然规定比较简单,但与此前法律和司法解释层面的相关规定相比,已经具有一定的操作性,是明显的进步。

三、非法证据排除制度的进一步发展与实践

2010年,"两高三部"颁布了《办理死刑案件证据规定》和《排除非法证据规定》,这两份文件对排除非法证据的情形作了具体的规定,但对于检察机关如何适用非法证据排除规则没有具体规定。在2012年《刑事诉讼法》修改过程中,非法证据排除规则被正式吸收到法律当中,规定了绝对排除和相对排除的情形。同时,明确排除非法证据是检察机关的一项重要职责,还规定检察机关承担证据来源合法的证明责任。2012年10月,在最高人民检察院颁布的《刑事诉讼规则》

"证据"一章中,对检察环节如何适用非法证据排除规则作了相对具体的规定。

2012 年《刑事诉讼法》的修改给公诉工作带来了新的要求,如增加了庭前审查证据合法性的工作,增加了难度很大的调查核实工作,赋予了难度更高的庭审证明责任等。上海检察机关积极应对《刑事诉讼法》修改带来的变化,在既往探索非法证据排除制度的基础上,将非法证据排除作为 2013 年公诉部门的一项重点工作积极推进。实践中的主要做法包括:

(1)强化公诉环节审查发现非法证据的机制。要求公诉人通过严格细致的阅卷,发现非法证据的蛛丝马迹;要求公诉人通过讯问、询问等方法更细致地发现、判断非法证据;要求公诉人认真听取辩护人、被害人等诉讼参加人的意见。

(2)明确对非法证据进行调查的路径。要求主要从证据形式合法与否、证据来源合法与否等方面分析非法证据。其中,在审查言词证据合法性方面,公诉人可以向侦查人员调查核实取证参加人以及取证时间、地点等具体情况,必要时还要调取同步录音录像,也可提取当事人在被羁押期间的体检证明以及监管人员的证言等证据;在审查物证、书证合法性方面,公诉人可以要求侦查人员详述取证的过程,并向见证人进行调查核实。

(3)重新正确定位检警关系。转变司法理念,努力改变过去基于大控方的思想检警之间的配合多于制约,检察机关的监督力度不够的状况,努力推动建立监督与被监督的正确关系,进一步强化审查起诉过程中对侦查活动的监督制约。

(4)完善检察机关内部沟通机制。证据合法性的调查核实不能完全依靠公诉部门完成,还需要控申部门和监所检察部门等其他业务部门的通力配合,以实现监督线索的顺畅流转,所以检察机关进一步强化了在非法证据排除上的内部协同配合机制。

■ 第三节　免予起诉

免予起诉制度规定于 1979 年《刑事诉讼法》中,指的是检察机关对于侦查终结的刑事案件,确认当事人的行为已经构成犯罪,但依刑法规定不需判处刑罚或者免除刑罚的,对被告人作出免予起诉的决定。

一、中国特色免诉制度的形成

1954 年《宪法》和《检察院组织法》虽然规定了检察机关对刑事案件具有起诉和不起诉的权力,但是并没有规定检察机关具有免予起诉的权力。1956 年 4 月,全国人大常委会在《关于处理在押日本侵略中国战争中战争分子的决定》中规定"对于次要的或悔罪表现较好的战争犯罪分子,可以从宽处理,免予起诉"。这被认为是我国法律第一次赋予检察机关免予起诉的决定权。同年 7 月,中央同意最高人民法院、最高人民检察院和中央公安部党组关于处理投案自首分子的意见,提出"按其罪行应该追究刑事责任,但经查实确系真诚坦白或者有立功表现,认为可以免于追究刑事责任的人,由检察机关作出免予起诉的决定"。此后,1957 年 4 月召开的全国审判监督会议提出"免予起诉是我们对敌斗争的一个政治策略,它是对有特殊意义的案件(比如日本战犯、政治攻势中对历史反革命分子的一些案件)和某些特殊情况的案件(如美蒋派遣进来的特务间谍一进来即主动老实地投降缴械的或立有大功的)才采用的。不要不问政治形势,不问案件的性质,不问案件的具体情况,而片面地过多采用免予起诉的办法,以免对于应当及时打击的反革命分子及其他严重犯罪分子得不到及时的打击"。1957 年 4 月,最高人民检察院制发的《人民检察院刑事审判监督工作细则(草稿)》第九条规定:"对被告人的行为虽已构成犯罪,但根据政策法律的规定,可免于追究刑事责任的案件,应免予起诉。"1963 年 8 月,最高人民检察院制发的《关于审查批捕、审查起诉、出庭公诉工作的试行规定》指出:"凡是免予起诉的,必须是已经构成犯罪,本应依法追究刑事责任,但由于政治斗争的需要或者被告人确有显著悔罪、立功表现,根据政策可以宽大处理的罪犯。"根据中央的有关精神和规定,上海检察机关在公诉活动中认真实施免诉制度,据统计,从 1955 年至 1966 年,上海各级检察机关共审查受理刑事案件 86176 人,对其中 3030 人作出了免予起诉的处理,免诉率为 3.5%。①

上述法律文件构成了免予起诉的制度基础,并为 1979 年《刑事诉讼法》创设检察机关的免予起诉权提供了依据。1978 年检察机关恢复重建后,继续依法行使审查起诉职权,依法运用免诉权处理刑事案件。免予起诉制度作为特定历史条件下的产物,对贯彻惩办与宽大相结合的刑事政策和诉讼经济原则等起到了积极的作用。1980 年至 1983 年 3 月,上海检察机关共对 1529 名犯罪嫌疑人作了免予起诉的决定。1983 年 4 月至 1984 年 3 月免予起诉 542 名。1984 年 4 月至 1985 年 3 月决定免予起诉 1061 名。1985 年 4 月至 1986 年 3 月,决定免予起诉 507 名。这些案件的当事人主要是共同犯罪和集团性案件中的从犯;不满十八岁的少年;因人民内部纠纷引起的伤害案件;由于盗窃、窝赃、销赃、包庇、投机倒把、交通肇事立案标准不够明确,因而可起诉可不起诉的"两可"案件;认罪且相对轻微经济犯罪案件。

从实践的情况来看,免予起诉制度的积极意义主要体现在:首先,有利于分化瓦解犯罪分子,促使犯罪分子悔罪自新,化消极因素为积极因素。其次,可以及时解脱一些依法不需要判处刑罚或者免除刑罚的犯罪分子,节约诉讼时间,提高诉讼效率。再次,检察机关在作出免予起诉的同时,定期或不定期地对免予起诉人员回访考察教育,充分体现了我国对犯罪分子实行惩办与教育挽救相结合的一贯政策,从大量司

---

① 根据《上海检察志》第 83 页"1955—1995 年上海检察机关刑事案件审查起诉统计表"中的相关数据汇总计算得出。

法实践结果看被免予起诉人员的再犯率很低。[1]

二、上海检察机关适用免诉制度的具体实践

免予起诉制度作为特定历史阶段的产物，虽发挥过积极作用，但随着法治的进步，其负面作用也逐渐为外界所诟病，免予起诉制度是否废除也成为了学界广泛争议的话题。一种质疑的观点认为，免诉制度在属性上应属于审判权范畴，检察机关行使免诉权事实上构成对审判权的侵害，在法理上也违背了"无审判不定罪"的世界刑事诉讼通行规则。还有一种否定的观点认为，免诉制度与辩护制度是不相匹配的，这是因为检察机关在作出免诉处理的过程中对案件并不公开审理，导致辩护方无法参与案件，使得被告人的辩护权利无法得到充分保障。还有的反对观点认为，免予起诉实施过程中透明度不高，在免诉权力运行中缺乏有效的监督机制，容易造成冤假错案。还有的反对意见认为，司法实践中存在滥用免诉的客观现象，比如有的检察人员对免于刑事处罚的条件把握不准，对本该起诉的按免诉处理；有的检察人员在侦查或审查起诉过程中因为不恰当采取逮捕措施，为顾全面子将原本无罪的案件作免诉处理；还有的检察人员因为案件掌握的证据不充分担心起诉后被法院退回而索性直接作免诉处理；还有的检察人员将与公安、法院有争议的疑难案件进行折中处理，照顾关系作出免诉决定。而被诟病最多的是自侦案件，"据有关部门统计，1989 年以来，公安机关侦查的刑事罪案的免诉率平均为 5％左右，检察机关自行侦查的贪污受贿罪案的免诉率平均在 60％以上"，[2]从 1989 年至 1995 年上海各级公诉机关

---

[1]　林中茂、王树高：《从司法实践看免诉制度的优越性》，《中国刑事法杂志》1991 年第 1 期。在司法实践中，上海检察机关在决定免于起诉的同时注重考察帮教，如徐汇区检察院对上海园林集团公司总工程师张某某贪污犯罪作出免诉决定后，落实了专人帮教和定期考察的措施，张某某充分发挥自己的业务专长，勇于创新，为园林集团公司创造了近万元产值。虹口区检察院 1992 年帮教考察期的58 名免诉人员，有 53 人被安排在合适特长的岗位上，充分发挥他们的一技之长并取得较好的社会效果。

[2]　郭学智：《关于贪污受贿罪案免诉率过高的原因探究》，《河北法学》1992 年第 1 期。

办理免诉案件的情况来看,贪污受贿案件和渎职侵权案件的免诉率几乎始终保持在40%以上,虽然上海公诉案件质量总体较高,但其中也难免存在个别适用免诉不当的案件引起当事人和社会有关方面的质疑。

（一）制定免诉工作规则

针对社会各界对于免诉制度的质疑,上海检察机关根据最高人民检察院的要求并结合实际情况采取了一些措施,努力从程序和实体方面双管齐下,填补制度漏洞,在法律框架内推动免诉制度不断完善。1988年9月,上海市人民检察院制发了《关于检察机关侦查的案件移送审查起诉(免诉)程序的规定》,规定检察机关侦查的案件在侦查终结后,侦查部门应写出侦查终结报告,提出起诉或免予起诉或撤销案件的意见报分管检察长审批。凡决定免予起诉的,应制作免予起诉意见书,一式三份,连同卷宗和扣押物品清单一并移送起诉部门审查。起诉部门审查后,认为应当免予起诉的,报分管检察长提交检委会决定。决定免予起诉的案件,对需要没收的物品应填写没收决定书。各区县院、分院侦查的案件,立案、起诉、免诉、不诉或撤销案件,应分别向市检察院主管业务部门备案。在司法实践中,检察机关严格适用免诉,要求介于可起诉可免诉之间的,严格按照全国人大常委会《关于惩治贪污贿赂罪补充规定》办理,该起诉的不能作免诉处理,该免诉的不能作起诉处理,不构成犯罪的,不能滥用免诉。

（二）提高免诉工作的透明度

同时,还慎重探索免诉工作的新方法,扩大免诉工作的社会透明度。1988年,上海市人民检察院及各分院,卢湾、嘉定等区检察院,大胆引进外部制约机制,对三件免诉案件,在正式作出决定前,让被告人委托律师参与审查和辩护。比如卢湾区检察院承办的王某某、章某盗窃案,二犯除先后二次结伙撬窃现金400元外,还分别作案,各自窃取人民币50余元。为了正确执行政策和法律,增加办案透明度,区检察院决定让被告人委托律师辩护,并采取了质证会的形式听取意见,首先由承办人讯问被告人盗窃事实,出示有关证据,然后进行质证,由律师发表辩护意见。律师认为,被告人作案时尚未成年,且盗窃数额未达到较大的起点,建议可不定罪。最后,区检察院决定采纳律师的辩护意见,对二被告不起诉。

（三）实施免诉备案制度

1989 年 3 月,为了健全免诉案件备案制度,提高免诉案件质量,上海市人民检察院制定《关于免诉案件备案的规定（试行）》,规定基层检察院决定免诉的案件,一律报送分院备案;分院决定免诉的案件,一律报送市检察院备案。上级检察院发现决定不当,应及时作出变更或撤销的决定。截至当年年底,各区、县人民检察院报送上海市人民检察院分院备案免诉案件 391 件 401 人,占免诉总人数的 23.2%。在上报的 391 件免诉案件中,免诉恰当的 313 件,占 80.1%;免诉不当的 26 件,占 6.6%;免诉、起诉两可的有争议的 52 件,占 13.3%。①

（四）加强对自侦案件免诉工作的管理

1990 年 9 月,最高人民检察院在自侦案件免予起诉工作座谈会后下发通知,要求各地坚决把自侦案件过高的免诉率降下来。同年 10 月又通报了上半年贪污、贿赂案件免诉的情况以及对于进一步加强免诉工作的意见,要求对相对轻微的贪污、受贿案件,如果要减轻对被告人的处罚或对其免于刑事处罚的,必须具备自首、立功、悔改、退赃等条件,可以对其中情节较轻的被告人作免诉处理。此外,要求从严掌握对其他经济案件和法纪案件的免予起诉。需要作免予起诉处置的案件,审查批准权由分、州、市院行使,并报省级院备案,情节严重的,由省级院甚至有时候要由最高检进行审批。1991 年,最高人民检察院印发《关于贪污受贿案件免予起诉工作的暂行规定》,对免予起诉的根据和原则、条件、审查、审批、宣布及申诉和复查、备案审查等内容作

---

① 《上海检察志》编纂委员会编:《上海检察志》,上海社会科学院出版社 1999 年版,第 83 页。

出了规定。

为了保障严格执法,上海市人民检察院制发了《关于执行高检院下发的贪污、受贿和偷税、抗税案件免诉规定的意见》,规定"个人贪污、受贿数额在二千元以上不满五千元的或个人偷税三万元以上,企事业单位偷税十万元以上的案件,各区县检察院、铁路运输基层检察院,拟决定免予起诉的,由市检察分院、铁路运输检察分院审查批准,并报市检察院备案;市检察分院、铁路运输检察分院拟决定免予起诉的,由市检察院审查批准。个人贪污、受贿数额在五千元以上不满一万元的,一般不作免予起诉处理。个别情况特殊需要免予起诉的案件,上报市检察院审查批准,并报高检院备案。个人贪污、受贿数额在万元以上的或个人偷税五万元以上,企事业单位偷税三十万元以上需要免予起诉的案件,由市检察院审定上报高检院审查批准"。

（五）免诉制度的废除

虽然检察机关不断努力完善免予起诉制度,但这项制度在理论上的悖论与实践中的不足还是日益引起社会各界的关注,越来越多的声音要求修改和废止免予起诉制度。1996年修订的《刑事诉讼法》最终取消了免予起诉制度。免予起诉制度的产生具有历史的必然性和积极性,而其废止亦是一种历史的必然,是我国社会公众的人权意识不断增强、法治观念不断进步的必然要求,是刑事诉讼制度完善、法治文明进步的表现。

■ 第四节　不起诉

一、不起诉制度的形成

1954年《检察院组织法》规定检察机关对侦查机关侦查终结的刑事案件进行审查,决定起诉或不起诉,明确赋予检察机关不起诉的决定权。这是新中国第一次以立法形式确立了不起诉制度。

当时,上海检察机关根据《检察院组织法》及相关的司法解释,也制定和实施了一些规定,具体落实不起诉制度。比如,1955年《上海市人民检察院第二处试行工作细则(草案)》规定:"如有下列情形之一,应予不起诉处分,制作不起诉决定书:(1)不构成犯罪;(2)犯罪情节轻微不需予刑事处分;(3)被告人死亡;(4)时效已过。"同时还规定不起诉决定书应经检察长批准,将副本分送给被告人(或家属)控告人或控告机关各一份。又如,1957年《上海市人民检察院第三处对审查起诉工作做法的意见》,规定经审查认为不能起诉而需决定不起诉、免予起诉的案件应拟写法律文书报请检察长决定,在不起诉的程序方面作了十分具体的规定:(1)经侦查监督单位审查认为没有构成犯罪,或者被告未达应负刑事责任的年龄以及患有精神病等原因而不应起诉的案件,应报请检察长决定后,制作不起诉决定书,其内容除应写明被告姓名、性别、年龄、籍贯、职业、有无反动经历、是否受过刑事处分、何时由何机关逮捕,以及于何时侦查终结移送审查起诉等情况外,还应着重写明已查明的事实及决定不起诉的理由。(2)不起诉决定书应送达被告及移送审查起诉的公安机关(连同原卷全部材料一并发还),在送达时,应附"送达回证",由收到的单位及被告人在回证上签章。

二、不起诉制度的探索与实践

(一)1996年之前不起诉制度探索情况

"文化大革命"之后,检察机关迎来恢复重建。从1979年4月开始,检察机关重新开始全面担负审查起诉工作。至当年5月底,共受理公安机关移送起诉的案件576件,其中,决定起诉的324件,决定不起诉的18件,决定免予起诉的2件,另有退查13件。[1]1979年7月1日,

① 《上海检察志》编纂委员会编:《上海检察志》,上海社会科学院出版社1999年版,第81页。

第五届全国人大第二次会议通过的《刑事诉讼法》规定了不起诉制度，规定了适用不起诉的六个具体条件。①1980 年最高人民检察院制定的《人民检察院刑事检察工作试行细则》中规定应当作出不起诉决定的情形。这一时期不起诉在适用范围上依然比较狭窄，仅局限于法定不起诉的若干情况，检察机关对于不起诉的裁量权力基本没有。而从司法实践中不起诉被实际适用的情况看，不起诉适用率长期处于低位，远远落后于免予起诉的适用率，而且从趋势上还逐年下降。

这个时期不起诉适用率低的主要原因，一方面是因为法律规定的适用范围较窄，另一方面也与司法实践中惯常的处理方式有关。由于不起诉案件通常都是法定无罪的案件，公诉机关为照顾侦查机关的情绪，在有被害人的案件中亦会考虑尽量避免诉访问题，因而往往更愿意尽量适用免予起诉的处理方面，或者是退回侦查机关补充侦查后由侦查机关自行撤案，这就造成了不起诉率低，而免诉率、退处率高的实际状况。比如，1993 年检察机关共受理审查起诉刑事案件 14008 人，仅对其中的 14 人适用了不起诉，比例为 0.1%。而同期免诉处理的有695 人，比例为 6.4%，而退查的更是高达 2406 人，其中不少作了撤案处理。②

（二）1996 年《刑事诉讼法》的修订与不起诉制度的变化

1996 年，不起诉制度发生重大变化。1996 年 3 月 17 日修订的《刑事诉讼法》，在取消检察机关的免予起诉权力的同时，也扩大了不起诉的案件适用范围，除此前的法定不起诉之外，还增加了酌定不起诉和存疑不起诉的程序设计。其中，酌定不起诉是针对犯罪情节轻微，依照刑法规定不需要判处刑罚或者免除刑罚的个人。而酌定不起诉制度被认

---

① 即(1)情节显著轻微、危害不大，不认为是犯罪的；(2)犯罪已过追诉时效期限的；(3)经特赦令免除刑罚的；(4)依照刑法告诉才处理的，没有告诉或者撤回告诉的；(5)被告人死亡的；(6)其他法律、法令规定免予追究刑事责任的。

② 《上海检察志》编纂委员会编：《上海检察志》，上海社会科学院出版社 1999 年版，第 83 页。

为是对免诉制度的继承,虽然两者的最终处理结果都是检察机关放弃了对犯罪嫌疑人的起诉权,但又存在根本区别,免诉制度下对犯罪嫌疑人的免诉决定乃是基于确认其已经构成犯罪的事实,实为未经审判便对犯罪嫌疑人予以定罪,因而饱受诟病。而在酌定不起诉制度下,检察机关并不实质性认定犯罪嫌疑人是否构成犯罪,相反只是在综合考量犯罪行为严重程度、社会危害性以及司法效率等要素的基础上,综合权衡后认为案件不交付审判的处理更加合适,而主动地对诉权予以放弃。酌定不起诉遵循了未经审判不得定罪的现代刑法精神,维护了法院刑事审判权力的完整性,同时也赋予检察机关决定是否起诉的相对裁量权,可以认为是西方起诉便宜主义理念在我国刑事诉讼制度和司法实践中的一种具体体现。酌定不起诉制度的产生也为检察机关更加准确而灵活地适用刑事司法政策提供了有利条件,检察机关可以通过严格正确行使起诉裁量权,通过裁量决定对犯罪人诉与不诉,以具体体现对宽严相济刑事司法理念的贯彻落实。

（三）制定关于适用不起诉制度的规定

1996 年 12 月,上海市人民检察院根据《刑事诉讼法》的规定,制定了《关于作出不起诉决定的规定（试行）》,明确了不起诉案件的范围,即对犯罪嫌疑人犯罪情节轻微,不需要判处刑罚或者免除刑罚的十种情形,根据法律规定,可以作不起诉决定,如同一个罪行已经被外国司法机关作过刑事处罚的,如超过必要限度的正当防卫,如超过了必要限度的紧急避险等……对于证据存疑的案件,经过两次退回侦查机关补充侦查后仍无法取得关键证据、排除证据矛盾的,经过检委会决定可以作出不起诉决定。同时,还根据司法实践经验对不适用不起诉决定的情形作了明确规定,包括附带民事诉讼、数罪并罚的犯罪嫌疑人、共同犯罪案件的同案人、累惯犯、拒不认罪、单位犯罪六类情形。

（四）检察机关严格控制适用不起诉制度

对于不起诉制度,检察机关长期持相当谨慎的态度并严格控制不起诉在刑事公诉活动中的适用。比如,《刑事诉讼法》修订后实施的第一年,最高人民检察院便召开了不起诉工作座谈会,就严格控制不起诉适用问题作出专门指示。上海各级检察机关认真落实指示要求,通过复查、自查、抽查的"三查"活动对不诉案件进行监督控制。上海市人民检察院审查起诉处在业务指导上严格控制不起诉率、力争使不起诉率处于全国最低水平作为工作目标,并采取双月通报不诉率的方法,实行动态管理。在对不起诉业务的指导思路上,要求各级检察院对犯罪嫌疑人具备《刑事诉讼法》第十五条规定的情形,应当不起诉的,要严格依法掌握;对《刑事诉讼法》规定的犯罪情节轻微,可以作相对不起诉的,要少用、慎用,一般情况下都应起诉;对《刑事诉讼法》规定的因证据不足可以不起诉的,要从严掌握,控制在个别案件,证据不足,经过工作可以达到证据充分的要依法起诉。同时还提出对有被害人的案件,应事先征求被害人的意见,被害人对不起诉有异议的,除《刑事诉讼法》第十五条规定的情况外,原则上要起诉。严控不起诉的指导思路自上而下传导,不起诉率甚至成为检验公诉部门办案质量的一项指标。在此思路指导下,一些基层检察院对不起诉作出了极其严苛的处理。有的基层单位提出凡符合相对不起诉条件的案件,原则上要起诉到法院,对个别案件确实需要作相对不起诉处理的,根据案件性质、情节、后果及不起诉的社会效果等综合考虑,有效控制不诉率。对于存疑不诉,证据不充分难以交付法院审判的案件,不仅必须经过两次退回补充侦查,而且每次退补,都必须详细写明补充侦查调查提纲,并经常掌握侦查部门补充侦查情况。通过各级检察机关的严格控制,1997 年全年上海共不起诉 210 人,不诉率仅为 1.5%。[1]

　　为了对不起诉加以控制,上海检察机关设置了相当严格的内部程序。1996 年制定的《关于作出不起诉决定的试行规定(试行)》就明确

---

[1]　《上海检察志》编纂委员会编:《上海检察志》,上海社会科学院出版社 1999 年版,第 83 页。

要求："对侦查终结移送起诉的案件，应认真审查。发现不具备起诉条件的案件，应写出报告，提出理由、依据和意见。对符合《刑事诉讼法》第15条规定的情形之一的案件，经起诉部门负责人审核，报检察长决定。对符合《刑事诉讼法》第140条第3款和第142条第2款的案件，应当由检察长提交检察委员会讨论决定。"对作出不起诉决定的案件，要求将不起诉决定书副本及案件审查报告报送上一级检察院起诉部门备案。上级检察院应当审查不起诉备案材料，必要时可调取全案材料进行审查，此后市检察院还专门制定了《关于贯彻高检院对检察机关直接侦查案件作出不起诉决定的实施意见》《不诉案件备案、复查、通报制度》等一系列文件，不断严格规范不起诉的适用。虽然严格的程序控制的确有助于减少检察人员对公诉裁量权的滥用，但是其负面作用也不容忽视，在严格的制度规定之下，一个不起诉案件，不仅要经过层层汇报、审批，承办人还要在结案后面临上级机关的复查、检查，不起诉案件的工作量，实际上已数倍于一般的起诉案件。事实上降低了公诉检察官适用不起诉的积极性，有的宁可将有可能作不起诉处理的案件诉诸法院，由法院作出免于刑罚的裁判。这不仅增加了当事人的诉累，也影响了司法的效率。

除了从内部程序上控制不起诉的适用之外，检察机关还积极引入外部监督。一方面，在自侦案件中引入人民监督员制度，加强对不起诉作出过程的监督。2004年上海市人民检察院制定了《关于人民监督员制度的实施意见（试行）》，公诉部门对职务犯罪案件经审查拟作不起诉的，应当分别填写拟撤销案件决定书或拟不起诉决定书，连同相关材料一并移送人民监督员办公室，并作好接受监督的准备。外部监督的引入一定程度上起到了对自侦不起诉案件的约束，不起诉率有所降低。另一方面，通过公开审查增强当事人的参与性，强化了不起诉决定作出过程的透明度。2000年，浦东、长宁两区率先对不起诉案件公开审查进行了试点，先后对四起不起诉案件进行了公开审查。试点单位还制定了相关的规则，主要内容包括：（1）不起诉案件公开审查的适用范围限制较严，以下情形不适用起诉案件听证：一是事实不清、证据不足的；二是侦查机关作出撤销案件处理的；三是犯罪嫌疑人犯数罪涉及若干罪名，定性有争议的；四是涉及个人隐私的；五是犯罪嫌疑人、被害人及其法定代理人提出不参加听证的。（2）成立公开审查评议组织。（3）规范不起诉案件听证的具体操作程序。2001 年，最高人民检察院下发《人民检察院办理不起诉案件公开审查规则（试行）》，对不起诉公开审查的适用范围、程序、内容等作了规范。在此之后，不起诉公开审查听证制度逐渐在上海市推广开来。不起诉案件公开审查听证制度的出现和推广无疑具有积极的意义，它增强了公诉活动的透明度，增强了不起诉决定的公信力，更为重要的是，公开审查的举措以一种准司法化的方式强化了不起诉行为的司法属性，体现了公诉改革的方向。

（五）不起诉适用率一定程度上的提升

随着刑事司法政策和理念的不断进步，检察机关在适用不起诉的问题上态度也在逐渐发生变化，最直接的表现就是不起诉案件使用率的上升。比如，据统计，2009 年上海各级检察机关（含铁路检察院和基层院）共决定不起诉 223 人，而到了 2013 年，共决定不起诉已有 574 人，不起诉案件总数增加了一倍多。这一现象的出现主要得益于宽严相济的刑事司法政策的提出。2006 年前后，宽严相济的刑事司法政策被正式提出并开始广泛影响司法实践，在公诉活动中要求区别对待，对严重犯罪依法从严打击，相反对轻微犯罪依法从宽处理，对犯罪的实体处理和适用诉讼程序都要体现宽严相济的精神。此时，不起诉制度与社会矛盾化解的需求结合起来，在一些案件中不起诉被作为刑事和解的结果。在这一政策的指导下，办案人员开始更加敢于适用不起诉，不起诉案件的数量有所上升。然而，即便如此，检察机关办理刑事案件的适用不起诉率还是远远低于一些西方国家。比如，在美国，有将近90％的案件是通过辩诉交易处理的；在日本，1996 年全国检察官厅处理的犯罪嫌疑人被起诉的为 44.6％,不起诉为 26.9％;在德国,从 1981 年到 1997 年最高的起诉率为 10％,其绝大多数案件由检察机关通过包括不起诉、撤销案件等方式处理。①

三、探索暂缓起诉和附条件不起诉制度的实践

（一）暂缓起诉制度的实践

暂缓起诉制度是指检察机关对于虽符合公诉条件的案件,从有利犯罪嫌疑人悔过自新、服务社会的角度决定暂时不对犯罪嫌疑人提起公诉,相反要求犯罪嫌疑人履行规定的义务,并根据义务履行的结果,最终决定是否起诉。从笔者掌握的资料来看,上海应当是最早探索实施暂缓起诉制度的地区。早在 1983 年,黄浦区、宝山县检察院就分别针对一起伪造货币案和一起盗窃案试点实施了缓予起诉措施。在缓予起诉决定的试点中,检察机关在作出缓予起诉决定的同时,建立帮教小组,落实帮教措施,还专门召开了缓予起诉公开宣告大会。经过短暂的试点,缓予起诉并没有转化为一项正式制度确立下来。到 1992 年,长宁区检察院针对一起盗窃案件采用"诉前考察"制度,然而遗憾的是,这一制度创新在当时并未引起学术界的足够重视。②1992 年初,上海长宁区人民检察院对一名涉嫌盗窃罪的犯罪嫌疑人延缓起诉,并附之三个月的考察期。在考察期内,犯罪嫌疑人表现良好,最后被"免于起诉"。但当时,检察机关为了避免争议,便将"暂缓起诉"改称为"诉前考察"。长宁区检察院自 1992 年至 2005 年,共对近 30 名未成年人犯罪嫌疑人作出暂缓起诉决定。其中 4 名被提起公诉,其余均不起诉,被不起诉青年均顺利升入大学或进入工作岗位,被起诉率为 13％。③2000 年

① 参见陈光中:《中德不起诉制度比较研究》,中国检察出版社 2002 年版,第 272 页。
② 曹晓云、丁永龄:《爱心呼唤迷途的孩子——上海市长宁区检察院探索少年司法保护体系纪事》,《青少年犯罪问题》2002 年第 1 期。
③ 戴国建:《特殊未成年保护实践与探索——上海市长宁区人民检察院未成年人检察工作纪实》,上海人民出版社 2004 年版,第 30 页。

后,诉前考察制度逐渐被应用于全市青少年犯罪案件。诉前考察仅适用于还不满18周岁且犯罪情节较轻的未成年犯罪嫌疑人。同时还必须满足一个重要的条件,即未成年犯罪嫌疑人及其监护人出于心甘情愿,并且要求具备有效的监护条件或者是有条件可以落实相关的社会帮教措施,可以保障诉讼的顺利进行。

(二)附条件不起诉制度的探索

2010年,根据最高人民检察院的统一部署,上海开始探索附条件不起诉制度,确定了浦东等几个区检察院作为试点单位。附条件不起诉从罪名范围和适用范围的设定上,明显窄于诉前考察,且附条件不起诉的考察期限更长。在附条件不起诉制度下,检察机关作为监督考察主体,需承担矫正与教育嫌疑人的责任,而在诉前考察制度之下,考察教育小组是监督考察主体。当然,不论在诉前考察制度抑或附条件不起诉制度中,皆建立相关的监督与救济程序,以防止检察官滥用自由裁量权。

2012年,随着《刑事诉讼法》的修改,附条件不起诉成为一项正式的法律制度。上海检察机关积极推进附条件不起诉工作的规范化、精细化,制订《未成年人刑事检察部门附条件不起诉工作细则》,规范细化相关的适用条件,建立听证与备案审查等一些新的工作机制。部分基层单位针对附条件不起诉的具体环节细化工作规范,如金山区检察院制定相关规定,专门对附条件不起诉制度中的公开宣告、训诫程序进行规范。[1]

■ 第五节 公诉环节律师阅卷

辩护律师的阅卷权是辩护律师行使权利的关键和核心,指的是辩

---

[1] 刘金泽、尤丽娜:《附条件不起诉实施情况与对策——以上海市人民检察院第一分院辖区办理案件为样本》,《上海政法学院学报》2015年第6期。

护律师在刑事诉讼过程中,有依法对与案件有关的材料进行摘抄、查阅、复制的权利。辩护律师通过行使阅卷权,不但可以及时了解案件事实以及与此相关的证据材料,为控辩双方平等对抗提供基本条件,而且客观上还可以通过阅卷对司法机关取证的合法性起到监督作用,通过非法证据排除程序,促使司法机关严格依法、依程序办案。在我国《刑事诉讼法》多次修改的过程中,律师阅卷权作为刑事辩护律师的一项基本权利在具体内容上数易其稿,其发展变化受到理论界与实务界共同的高度关注。

一、1996 年《刑事诉讼法》的修改与律师阅卷制度的变化

在我国的刑事诉讼体系中,长期以来不可否认的一个事实是法律对于律师权利的保障一直处于比较低的水平,1979 年《刑事诉讼法》制定时,尽管对包括阅卷权在内的律师权利进行了规定,但实际上规定的内容相当简单,在长时间的司法实践中,律师阅卷权仅能得到最低程度的保障。

立法者为弱化职权主义的刑事诉讼模式,引入部分当事人主义诉讼模式,避免 1979 年《刑事诉讼法》第一百零八条的规定造成法官事实上的先定后审、庭审过程流于形式的弊端,在 1996 年《刑事诉讼法》修订过程中,将法官庭前审查变更为形式审查,规定案件移送起诉时,检察院不需要再像以前那样将全部案件材料统统移送给法院,而只需要将证据目录、证人名单以及主要证据的复印件或者照片进行移送就可以了。这一立法修改,一定程度上修正了法官庭前进行实质审查所带来的弊端,但当时的立法者无疑忽视了这项立法修改产生的另一个客观问题,也就是这项修改使得律师难以在庭审前查阅到案件材料,对律师阅卷权以及辩护权带来了重大的负面影响。产生该结果的原因为:根据 1979 年《刑事诉讼法》的规定,在审查起诉阶段辩护律师虽然也没有阅卷权,但一旦案件移送起诉到人民法院之后,辩护律师便能够通过

法院查阅到全部的案件材料,这一制度设计至少能够保证辩护律师在庭审过程中相对容易地行使刑事辩护权。然而,1996年《刑事诉讼法》修订之后,由于法律明确规定检察院在提起公诉的时候只需移送证据的目录、证人的名单以及主要证据的相关复印件或照片就可以了,这客观上造成了辩护律师在开庭前,无法查阅全部案件材料的事实,而只能根据检察院提交给法院的主要证据复印件进行庭前辩护准备。同时,根据1998年1月"两高"和公安部等六部委颁布的《关于刑事诉讼法实施中若干问题的规定》的规定,检察院拥有主要证据的最终确定权,即对于何为主要证据以及移送多少证据给法院,完全由检察院决定。从司法实践的真实情况来看,出于更加便利地对犯罪进行指控的需要,检察院往往移送较少的主要证据给法院,造成庭审过程中常常出现辩护人对公诉人庭前没有移送但却当庭出示的证据要求查阅后再予质证的情形,这客观上对刑事诉讼效率的提高造成了严重的影响。

二、2007年《律师法》的修改对律师阅卷制度的影响

在2007年《律师法》没有修改前,根据《刑事诉讼法》的规定,辩护律师可以自人民检察院开始审查起诉后,对诉讼文书、技术性鉴定材料查阅、摘抄、复制,以及与在押的犯罪嫌疑人会见和通信。由此可见,辩护律师在整个审查起诉阶段的辩护权仅限于查阅、摘抄、复制诉讼文书和鉴定材料,而不包括查阅案件的案卷材料,而检察官则可以在整个审查起诉阶段在不受辩护人影响的情况下自由地安排阅卷的时间,并针对阅卷过程中发现的案件材料瑕疵、疏漏问题,通过侦查机关或自行进行更正、补充,相比之下,律师的阅卷权相当微弱。可喜的是,2007年,第十届全国人大常委会第三十次会议通过了修订《律师法》的决定,辩护律师从法院受理案件之日起,可以对案件有关的所有材料进行查阅、摘抄和复制,这项规定使得审查起诉阶段律师阅卷的时间提前,同时律师可以阅卷的范围上也发生变化,从原先的诉讼文书全面扩展到所有

与案件相关的证据材料,这无疑也对审查起诉阶段检察官的阅卷行为产生了较大影响。

遗憾的是,从实践的情况来看,《律师法》的修改并没有使律师的阅卷权、辩护权得到全面有效的保障。实践中,一些检察官对律师的阅卷要求往往倾向于以各种理由予以推诿甚至回绝,有的检察官只有在实在没有办法的情况下,才同意辩护律师的阅卷请求。产生这种状况的原因有多方面:一是《刑事诉讼法》和《律师法》之间在审查起诉阶段律师阅卷的时间和阅卷的内容规定上存在冲突;二是《律师法》对律师阅卷时间的提前和阅卷范围扩大到全部案件材料的规定,的确对公诉检察官的审查起诉工作特别是长期形成的阅卷行为产生了一定的冲击,客观上使得检察官在审查起诉阶段的阅卷工作必须要提高效率,必须确保自己在充分阅卷的情况下,才能将案件材料提供给辩护律师查阅。检察官发现证据瑕疵问题需要退回补充侦查的,必须在律师阅卷之前完成,因为这些瑕疵证据没有在补充完善之前就提供给律师查阅,很可能造成证据无法弥补,甚至不能作为证据使用,或者增大收集补充完善的难度。同时,修订后的《律师法》只是单向地赋予辩护律师审查起诉阶段的阅卷权,但却未规定辩护律师将其收集的证据材料向检察官出示、交换的义务,使双方的信息处于不对称的状态。有学者通过走访上海市相关司法机关,对2007年《律师法》实施后的情况跟踪调查,发现包括阅卷权在内的律师权利并没有得到完全的保障①:(1)律师持"三证"会见犯罪嫌疑人程序运转不畅。《律师法》实施后,律师直接会见犯罪嫌疑人的问题依旧没有得到切实解决,看守所的通常做法还是要求按照《刑事诉讼法》的规定,让律师联系公安机关或者检察机关,以安排会见事宜。(2)如何确定审查起诉阶段律师阅卷的起点时间存在疑问。实践中,有的律师在侦查单位向公诉部门移送审查起诉,公诉部门刚刚

---

① 谢杰、闫艳:《检察机关保障律师执业权利的问题及对策》,《检察日报》2009年6月19日第3版。

收案的时候，就马上提出阅卷的要求，但是公诉部门通常会要求律师在公诉部门对案件进行审查之后再过来阅卷。这个矛盾的解决，关键是要确定在审查起诉阶段，什么时候律师阅卷才能开始，也就是"自案件审查起诉之日"到底如何解释的问题。（3）实践中缺乏对辩护律师意见进行全面听取的程序规则。尽管辩护律师在办案的过程中可能会积极向公诉承办人提出辩护意见，但检察官与律师之间并没有建立机制性的意见沟通规则，公诉人对律师意见的听取以及对律师提出的对犯罪嫌疑人有利的证据，在实际操作中并没有规范性的制度安排。

三、上海检察机关保障律师阅卷权所做的努力

虽然由于法律设置等方面的问题导致律师阅卷难、律师权利得不到保障的问题长期存在，但不可否认，上海检察机关在公诉等刑事程序中为保障律师权利作了大量积极的努力。2007年《律师法》修改后，上海检察机关针对新《律师法》中关于律师会见、阅卷和调查等的规定与当时《刑事诉讼法》存在冲突的现状，组织干部认真学习研讨，积极应对挑战。针对新《律师法》的实施增强了侦查工作的公开性，提出重点要强化侦捕诉"大控方"格局的思想认识和工作规范；针对律师阅卷时间前置和范围扩大的实际，提出重点要明确和解决案件受理后加强初审、明确律师阅卷范围和移送起诉的案卷材料等问题；针对保障律师执业权利，提出重点要探索听取律师意见、庭前证据交换的途径和方式，把贯彻新《律师法》的任务落到实处。为此，上海市人民检察院把改善司法环境作为应对新《律师法》实施的重点，主动与政法各部门沟通，通过联席会议、座谈会、专程听取意见等形式反复协商，终于达成共识，且分别与公安、法院和司法行政机关签订了相关会议纪要，在此基础上制发了《在刑检工作中贯彻落实〈律师法〉的指导意见》，确保了全市刑事诉讼活动的正常开展和律师执业权利的实现。

2012年修订的《刑事诉讼法》对辩护律师的相关诉讼权利又作了

101

进一步扩充。在辩护律师阅卷权方面,规定辩护律师从检察机关对案件开始审查起诉之日起,可以查阅、摘抄、复制本案的案卷材料,据此,辩护律师在审查起诉阶段即可查阅本案的案卷材料,这相比于 1996 年《刑事诉讼法》有了较大进步:一方面,阅卷的范围从审查起诉阶段相关的诉讼文书以及技术性鉴定材料,扩展到辩护律师在审查起诉阶段就可以对案件全部材料进行查阅;另一方面,为辩护律师尽早全面了解案情提供了可能性,与检察机关基本上处于同一水平线上进行抗辩。这一立法规定对保障犯罪嫌疑人基本人权,促进控辩双方平等对抗,具有历史性意义。为落实新的《刑事诉讼法》,切实保障律师阅卷权,上海检察机关作了大量努力,将接待律师阅卷的工作具体分为"资格确认——查询——预约——接待"四部分,在门户网站上专门开设了网上律师预约平台,律师可以在平台上实现二十四小时全天在线申请。检察人员受理申请之后,同时线上回复,确保律师可以第一时间了解相关的办案信息。①

① 阮吟之:《检察机关出台"执法为民 21 条"》,《解放日报》2013 年 10 月 9 日第 1 版。

第 四 章
出庭支持公诉制度

■ **第一节　公诉案件卷宗移送制度**

公诉案件卷宗移送制度是指检察院审查后将决定提起公诉的案件移送法院的方式或形式，又被称为公诉方式。公诉案件卷宗移送方式与公诉活动甚至是与整个刑事诉讼体系都有着重大的联系，它的程序设计是否达到科学合理，甚至可能影响到刑事诉讼程序整体的公正性和合理性。[①]

一、新中国成立之前公诉案件卷宗"全案移送"的传统

自清末变法到1949年新中国成立，我国刑事诉讼制度与大陆法系国家同属职权主义诉讼模式，与此相对应的是，在刑事案卷移送的方式上，也一样采取了全案卷宗移送的方式。需要说明的是，与南京国民政府同时代的中国共产党领导的新民主主义革命政权，尽管与南京国民政府有根本上的区别，但在刑事诉讼过程中，实行的也是全案卷宗移送主义。

为了适应控、审分离的需要，清末法制改革中制定的一系列规范性法律文件对公诉方式作了明确规定。[②]根据《各级审判厅试办章

---

① 参见陈卫东：《刑事审前程序研究》，中国人民大学出版社2004年版，第195页。
② 尤志安：《清末刑事司法改革研究》，中国人民公安大学出版社2004年版，第220页。

程》规定,除了例外情况,检察官提起公诉的时候除了要提交包含原被告个人信息资料、被害事实等内容的起诉状之外,还必须同时提供与案件相关的证人、证物。《大清刑事诉讼律草案》对于公诉的方式也明确规定,检察官提起公诉的时候"应以书状为之",但是当遇到有紧急情形的,也可以进行口头起诉,起诉时应当送交"可为证据之文书及物"。

1922 年,北洋政府在继承和修改《大清刑事诉讼律草案》的基础上颁布了《刑事诉讼条例》。后者继承了前者关于"起诉应以书状为之"的规定,取消可以口头起诉的规定,并对起诉状内容明确规定起诉书应记载"被告之姓名及其他足资辨别之特征""犯罪事实及所犯之法条"等事项,对检察官应向法院移送的案卷和证据材料明确规定"起诉应将该案卷宗及证据物件一并送交法院"。

南京国民政府时期,在继续沿用清末、北洋时期刑事诉讼相关法律规范的基础之上,又结合实际制定了若干新的法律规范。1928 年,南京国民政府制定了《中华民国刑事诉讼法》,该法承袭了北洋政府《刑事诉讼条例》中关于起诉应该提交书面诉状以及起诉的时候应把案卷连带证据物件一并送交法院的相关规定,也细化了起诉书的内容。后来虽然 1935 年南京国民政府又对《中华民国刑事诉讼法》作了若干修改,但对起诉书的内容以及卷宗移送方式的规定并未发生实质性变化,继续奉行卷宗及证据物件一并转送法院的制度。

新中国成立之前,中国共产党领导的革命政权进行了一系列刑事诉讼立法和实践活动,积累了较为丰富的经验,为新中国成立后刑事诉讼立法与司法实践活动,特别是为 1979 年制定《刑事诉讼法》奠定了基础。[1]革命政权在刑事诉讼活动中,实行的也是"全案卷证移送主义"。

---

① 参见唐治祥:《刑事卷证移送制度研究》,西南政法大学 2011 年博士论文。

二、新中国成立后公诉案件卷宗移送制度的变迁

1. 公诉卷宗全案移送（1979 年前）

从 1949 年新中国成立开始，在差不多三十年的时间里面，我国大陆地区长期没有制定刑事诉讼法典，但新政权在总结新民主主义革命政权刑事诉讼经验和借鉴苏联刑事诉讼制度的基础上先后制定了一系列调整刑事诉讼活动的规范性法律文件。[①]根据有关规范性法律文件的规定，在新中国成立后的刑诉活动中，检察机关在提起公诉的时候，继续采用全案卷证移送的方式。最高人民检察院先后在 1954 年底和 1955 年初出台的《关于各地人民检察院试行侦查制度的情况和意见》和《关于各地侦查工作的几点意见》中对起诉意见书的制作和提起公诉时移送给法院的案卷材料作出要求：其一是检察员在侦查终结后，如认为被告人所犯罪行足以向法院提起公诉，应制作起诉意见书，起诉意见书的内容应当包括被告人姓名、性别、年龄、民族、社会出身、文化程度、职业、籍贯、住址、家庭状况、以前是否判过刑、认定的犯罪事实和证据、起诉的理由、应传到庭的人的姓名和住址等具体内容。其二是检察机关移送起诉的时候，应把侦查卷宗和起诉意见书同时送交法院，监督卷宗不随案移送，但审判所必需的文件可移送副本。1955 年，最高人民法院在相关文件中对检察机关提起公诉的方式进行了统一要求，要求检察机关提起公诉时，应当使用公诉书起诉，同时还应当将案卷和证物一并移送人民法院。此后，最高人民法院又在 1956 年发布的总结材料中，再次对检察机关提起公诉的方式提出明确要求，即"将案卷、证物一并移送人民法院"。

---

①　中央人民政府委员会于 1951 年颁布了《中华人民共和国人民法院暂行组织条例》《人民检察署组织条例》，第一届全国人大第一次会议于 1954 年在颁布《中华人民共和国宪法》的同时，还颁布了《中华人民共和国人民法院组织法》《中华人民共和国人民检察院组织法》，此外，最高人民法院、最高人民检察院、公安部和司法部等机关还通过发布司法解释、批复、通知等对办案机关在刑事诉讼活动中遇到的具体问题以及解决办法作了细化的规定。

2. 公诉卷宗全案移送与法院庭前实质审查(1979—1996)

关于提起公诉时移送案卷和证据材料的问题,1979 年《刑事诉讼法》未予明确规定,从实践情况看,检察机关提起公诉时一般都要将全部的案卷与证据材料随案移送,否则便会给起诉的检察机关和受案的法院带来不利和不便:就检察机关来说,若提起公诉时不移送全部案卷和证据材料,法院很可能会以"主要事实不清楚、证据不足"或"不需要判刑"等理由退回检察机关进行补充侦查或者要求检察机关撤回起诉,从而既增加了检察机关的工作量,又有可能导致侦查机关的侦查和检察机关的起诉工作前功尽弃;就受案法院来说,若检察机关提起公诉时不移送全部案卷和证据材料,则法院便无法对案件展开全面、有效的审查以判断是否符合法定开庭审判的条件,从而也无法决定是否开庭审判。因此,在 1997 年前的刑事诉讼实践中,公诉机关和审判机关均将"全案卷证移送主义"视为理所当然,"两高"也通过司法解释对全案卷证移送方式予以明确规定。比如针对公安机关侦查终结移送审查起诉或免予起诉的案件,最高人民检察院 1980 年 7 月印发的《刑检工作试行细则》中对检察机关提起公诉的方式作了明确规定:一是经过审查,对于犯罪事实已查清、证据确实充分、依法需追究刑责的,应当制作起诉书一式三份,向有管辖权的人民法院提起公诉;二是提起公诉的时候应该把侦查卷宗连同本院在审查批捕和审查起诉的过程中形成的所有材料送至法院。而对于检察机关自侦终结后起诉的案件,最高人民检察院 1980 年制定的《法纪检察工作试行细则》对公诉方式也作出了明确的规定,案件侦查终结后,要将具有法律效力的书证、物证及其他材料,依据一定的次序装卷,连同起诉书一并移送法院提起公诉。

1994 年最高人民法院通过的《关于审理刑事案件程序的具体规定》,规定了检察机关提起公诉时所应移送的案卷和证据材料,以及检察机关没有按照规定移送的法律后果:经过审查,如果发现"人民检察院提起公诉的案件应当随案移送赃款赃物而没有移送的",法院"可以不予收案,已经收案的可以将案件退回"。鉴于在司法实践中存在一些地方法院不严格执行该司法解释的问题,最高人民法院在 1995 年 5 月 19 日针对吉林省高级人民法院《关于赃款赃物、罚没款随卷移送和处理问题的请示》所作答复中重申:随案移送赃款赃物且由结案单位进行处理系刑事案件处理中应坚持的原则;赃款赃物作为案件重要证据,不随卷移送的话有可能会影响到案件审理;凡是赃款赃物应当随卷移送但是并没有移送的案件,法院便可以不受理。总之,根据"两高"规定,在提起公诉的时候必须同时一并移送全部案卷以及证据材料。

1979 年《刑事诉讼法》实施之后的很长时间里,这样的案卷移送方式以及相应的法官在庭前便对案件进行实质审查的制度,暴露出不少的弊端。庭前移送案件客观上容易造成法官对案件先入为主。另外,根据 1979 年《刑事诉讼法》的要求,法院必须在案件事实清楚、证据充分的前提下,方可开始法庭审判,此种"实质审查"的制度导致法官除了阅卷,还要展开相关的庭外调查核实工作。在这一制度之下,法官只要认为案件符合开庭审判条件,实际便对犯罪事实形成了内心确信。[1]案卷移送制度以及庭前对公诉案件所进行的实质性审查,使得庭审很大程度上流于形式,这也成了当时刑事审判方式饱受诟病的突出问题。

3. "起诉状一本主义"[2]影响下的主要证据复印件移送制度与庭后案卷移送制度(1997—2011)

鉴于"全案卷证移送主义"存在着诸多弊端,学界呼吁对其进行改造,其中不少学者主张借鉴英美法系国家的做法,实行"起诉状一本主

---

[1] 陈瑞华:《刑事审判原理论》,北京大学出版社 1997 年版,第 341 页。

[2] 起诉书一本主义,是指公诉机关在起诉时,除公诉书以外,不得向法院附带任何可能导致法官预断的证据或其他文书。起诉书一本主义其实是对抗式诉讼制度的产物,是"诉因"制度的配套制度,二战后的日本是该制度的代表国家。

义"。不过,在修改 1979 年《刑事诉讼法》的过程中,全国人大综合考虑我国国情后,并未效法英美法系"起诉状一本主义",而是通过大幅度修改法院决定开庭审判的条件的方式,分别对适用普通程序和简易程序审判的公诉案件间接地规定了不同的卷证移送方式。"两高"此后通过制定司法解释等方式对刑事卷证移送方式进一步作出规定:对适用普通程序审判的案件,将原先所要求的"犯罪事实清楚、证据充分"变更为检察机关提起公诉时只需要移送"起诉书、证据目录、证人名单和主要证据复印件或照片"就可以了;对于适用简易程序审判的公诉案件,明确规定继续实行全案卷证移送的原则。由此,在 1996 年之后的刑事诉讼法律规定中,已不再实行传统"一元化"的全案卷证移送方式,而改采将传统"全案卷证移送主义"和"主要证据复印件移送主义"结合的"二元化"卷证移送方式。[1]

然而,1996 年《刑事诉讼法》确立的起诉方式,在司法实践中有效实施的时间并不长。1998 年,"两高"和公安部等通过了一个具有司法解释属性的规范性文件,其中规定检察机关可以在法院开庭审理结束后的三日之内再将全部案卷材料移送到法院。随后,"庭后移送案卷"正式在我国刑事诉讼实践中得以确立。

4. 全案移送的回归以及法院的庭前形式审查(2012 年至今)

2012 年,《刑事诉讼法》又一次迎来规模较大的修改。其中,相关条文规定恢复了 1979 年《刑事诉讼法》中的案卷移送方式,也就是在提起公诉时,检察机关应该将全部案卷材料移送给法院,至此,1996 年《刑事诉讼法》所确定的庭前移送主要证据复印件的制度被正式废止。另外,庭审之后移送全部案卷材料的制度也在此过程中同时被废止了。当然,2012 年《刑事诉讼法》并未同时恢复庭前便对案件进行实质审查的程序,相反,开庭前法官不应对检察机关提供的证据开展法庭之外的

---

[1]　唐治祥:《刑事卷证移送制度研究》,西南政法大学 2011 年博士论文。

调查核实活动。法官经过全面阅卷之后,对于检察机关提交的起诉书中有明确的指控犯罪事实的,就应该开庭。所以,1996 年《刑事诉讼法》所确立的庭前形式审查原则便这样被保留了下来。

三、关于公诉案件卷宗移送制度变迁的理解

有学者认为,2012 年《刑事诉讼法》恢复了庭前移送案卷制度,意味着此前以限制检察机关移送案卷范围为目的的改革努力宣告失败。从 1979 年到 2012 年,我国公诉案卷移送制度先后经历了全案移送案卷制度,到限制移送起诉案卷范围,再到庭后移送案卷制度,最后又恢复了庭前案卷移送制度,可以说,我国的公诉案件卷宗移送制度走过了一条反反复复的发展道路,如学者所说,经历了改革、规避改革和终止改革的过程。[①]虽然,表面上检察机关公诉案卷移送方式的变化,对刑事审判方式也产生了比较大的影响,然而事实上不管是哪一种移送方式,庭前移送案卷也好,庭后移送案卷也罢,自始至终都没有发生实质变化的内容是法院始终主要通过阅卷的方式形成裁判结论。或者可以换句话说,在多年的刑事司法改革实践之后,我国建立在当庭举证、质证和辩论基础上裁定案件事实的裁判文化自始至终没有得到真正建立,法庭并不是十分重视直接言词证据原则,相反,法庭对于案件事实的认定主要是通过审查检察机关提起公诉时所提供的案卷材料完成的。从某种意义上说,在多数案件中,法庭审理的形式意义大于实质意义。这种表象反映了法院通过阅卷来形成裁判结论的司法文化。造成这种司法文化的原因有多方面,比如法官依据职权主导证据调查的传统等。

1. 司法传统:法官主导证据调查

法官在我国的司法传统中作用很重要,证据收集、调查完全由法官

---

① 陈瑞华:《案卷移送制度的演变与反思》,《政法论坛》2012 年 9 月。

主导,而且这种方式长期被认为是实现司法正义的主要路径。在中国的司法文化中,人们似乎更欢迎和接受那些作为努力探求事实真相的"神探"般的司法官。

2. 审判方式:以案卷笔录为重心

案卷移送制度的变化,其背后隐藏着一个我国司法裁判的逻辑:很多情况下法院作出最终的裁判结论的主要依据是案卷笔录,法官认定案件事实的过程实为审查和确认公诉案卷笔录的过程。无论是庭前移送案卷制度,还是庭后移送案卷制度,刑事审判方式本质上都没有发生变化,"直接和言词原则"①在审判的过程中并未得到切实有效的落实,相反,间接和书面审理原则居于主导地位。在"直接和言词原则"下,法官应当亲自听取当事人陈述,在庭审过程中,直接倾听控辩双方的质证与辩论,从而通过这种直接接触证据原始形态的方式发现案件事实。然而,在我国刑事审判的实践中,法庭一般很难对证据开展实质性的调查,这种审查多是形式性的,而法官所接触到的,多数都是书面笔录而已,在某种意义上,法官审理刑事案件就是对侦查过程及把握的事实重新进行书面审查而已。

3. 司法文化:裁判结论形成于法庭之外

在我国的刑事审判实践中,法官实际上并没有把法庭当作形成司法裁判的唯一场所,相反,很多法官实际上都是通过一种被称为"办公室作业"的方式以及上下级间的类似于行政审批的办案机制,最终形成裁判结论。这种被称为"办公室作业"的办案方式指的是,法官在办公室内对案件材料进行查阅,对检察机关提起公诉移送的案卷笔录进行审查的活动,而"上下级间的行政审批"则包括在法院的内部,院长、庭

---

① 它是现代各国审判阶段普遍适用的诉讼原则,它包含直接原则和言词原则。直接原则,又称直接审理原则,是指办理案件的法官、陪审员只能以亲自在法庭上直接获取的证据材料作为裁判之基础的诉讼原则。言词原则,又称言词审理原则,要求当事人等在法庭上须用言词形式开展质证辩论的原则。该原则是公开原则、辩论原则和直接原则实施的必要条件。

长对案件进行审批以及审判委员会对案件进行讨论并最终决定案件，同时，还包括法院上下级之间的请示报告。在这种办案模式下，审查案件就更离不开对于案卷笔录的严重依赖。因为建立于"办公室作业"与"行政审批"之上的刑事审判制度，若是没有案卷移送制度的存在，必然会出现不良运转，甚至可以说根本难以运转。当然，随着近年来以司法责任制为核心的司法改革的不断推进，特别是推进以审判为中心的改革举措，相信法庭之外形成裁判结论的司法文化也将有所变化和改观。

■ 第二节　公诉量刑建议

量刑建议通常又称为"求刑建议"，是指检察机关在对被告人提起公诉时，依照法律规定，针对应当对被告人适用何种刑罚、刑罚的幅度以及执行的方式等，向法院提出建议的制度。从这一概念上可以看出，量刑建议提出的主体是检察院，提出的对象是法院，建议的内容是请求法院对被告人处以某一特定的刑罚。量刑建议被认为是检察机关公诉权的一项重要内容。

量刑建议作为一种制度出现在中国刑事诉讼视野里的时间并不长，如果以 1999 年北京市东城区检察院开始试行量刑建议制度作为起点的话，[①]至今二十年。但在这二十年时间里，学术界和实务界却对量刑建议制度的推行给予了高度的关注，倾注了极大的热情，量刑建议制度形成和发展的速度远非正在进行的其他诉讼制度改革可比。

---

① 北京市东城区检察院从 1999 年 8 月开始试行"公诉人当庭发表量刑意见"，2000 年初确定为公诉改革的课题之一，被认为最早开启了量刑建议制度的探索和实践。参见李和仁：《量刑建议：摸索中的理论与实践——量刑建议制度研讨会综述》，《人民检察》2001 年第 11 期；赵阳：《中国量刑建议制度八年探索历程披露》，《法制日报》2007 年 11 月 30 日第 1 版。

一、量刑建议制度在上海的形成、完善和发展

2002 年，上海检察机关正式开始了对量刑建议制度的探索实践，上海成为全国最早开展量刑建议试点的地区之一。那么，在此之前上海检察机关的公诉活动中是否存在量刑建议呢？笔者通过调阅卷宗及访谈的方式发现，其实在量刑建议制度开始试点之前，有些公诉人在庭审过程中会通过发表公诉意见的方式，对被告人罪行的严重程度进行阐述，并提醒主审法官对被告人从重或从轻量刑。笔者认为，这也可理解为一种量刑建议的形式，因为其已具备"求刑"的基本属性。当然，我们不能就此认为量刑建议作为一项制度已经在上海存在。这是因为，常态化、规范化是一项制度的基本要求，而在 2002 年之前上海公诉活动中曾经出现的"量刑建议"，至多只是部分较早认识到求刑权价值的公诉人的个人行为，并非组织行为。而真正意义上的量刑建议制度，是一个系统的规范，对量刑建议的适用条件、提出方式、庭审时的公诉规则、对量刑建议被法院采纳情况的跟踪评估等，都需要有明确的规范和要求。

从上海量刑建议制度的实践过程来看，大体上可以划分为三个阶段，[①]第一阶段是从 2002 年到 2005 年 6 月，这一阶段的总体特征是广泛探讨、打破争议，边摸索、边实践，形成了量刑建议制度的雏形；第二阶段是从 2005 年 7 月到 2010 年 1 月，这一阶段的总体特征是量刑建议制度得到较快发展，特别是随着司法改革进程加快，量刑建议制度成为刑事诉讼改革和检察改革的一项重要内容，初步实现了规范化的目

---

① 将量刑建议制度实践过程划分为三个阶段主要是以每一个阶段的结论性成果为依据，比如将第一个阶段划分到 2005 年 6 月，是因为 2005 年 7 月最高人民检察院制发了《检察院量刑建议试点工作实施意见》，该意见是对包括上海在内的地方检察机关探索量刑建议制度的阶段性总结，同时也开启了量刑建议第二阶段进一步试点探索的序幕；第二阶段划分到 2010 年 1 月，是因为 2010 年 2 月最高人民检察院制发了《检察院开展量刑建议工作的指导意见（试行）》，并会同最高人民法院、公安部、司法部等机关共同下发了有关推进量刑规范化改革、支持检察机关开展量刑建议的相关文件，标志着量刑建议制度的相对成熟。

标;第三个阶段是从 2010 年 2 月至今,这一阶段的总体特征是,量刑建议制度虽然已初成规范、初见成效、初显规模,但在逐步深入推进实施中也遇到了一些深层次的问题和瓶颈,检察机关继续努力推进量刑建议改革,使量刑建议制度得到进一步的发展。

(一)第一阶段(2002 年—2005 年 6 月):在探索中积累试点经验

上海市人民检察院将量刑建议改革作为 2002 年公诉改革的重点内容之一,公诉部门积极推行此项改革,组织干部调研撰文召开专题研讨会,并选择部分单位开展试点探索。同时积极与上海市高级人民法院沟通,召开联席会议,协商推进量刑建议事宜,并共同下发了会议纪要。各级检察机关结合法律文书改革,在量刑建议适用的规范性、操作性和实效性上进行了大胆探索,取得了一定成效。量刑建议试点启动当年,全市检察机关共在 5918 起案件中试行了量刑建议,占同期提起公诉案件总数的 49.1%,呈现出良好的发展势头。①

1. 启动试点的原因

2002 年上海启动量刑建议试点,是对最高人民检察院开展量刑建议试点部署的积极回应和落实,更是基于对刑事诉讼现状和司法改革趋势的深刻认识而作出的理性选择。一方面,最高人民检察院在我国量刑建议制度构建的过程中的确发挥了比较积极的作用。比如,最高人民检察院理论研究所早在 2000 年就有了关于量刑建议的相关研究课题。②2002 年 5 月在北京召开的全国刑事检察工作会议上传递了推进量刑建议改革的讯息。在此之后,最高人民检察院公诉部门将量刑建议作为推进公诉改革的一项重要内容加以推进,在制发的一些规范性文件中,逐步对量刑建议作出相应规定,比如 2002 年,最高人民检察院公诉厅制发的《关于公诉案件审查报告的制作说明》对公诉部门制作的案件审查报告的内容作了比较具体的规定,在"审查结论和处理意

① 参见《2002 年上海检察年鉴》,第 31 页。
② 赵阳:《中国量刑建议制度八年探索历程披露》,《法制日报》2007 年 11 月 30 日第 2 版。

见"部分,明确规定了量刑建议的内容。又如,2003 年,"两高"会同司法部联合下发了《关于适用普通程序审理"被告人认罪案件"的若干意见(试行)》,规定处理此类案件,控辩双方可以围绕如何认定罪名、如何进行量刑以及其他争议问题进行辩论,这为开展量刑建议提供了依据。总之,上海检察机关对于量刑建议制度的探索一定程度上可以认为是对最高人民检察院推进公诉改革的积极回应。然而,如果仅仅将上海试行量刑建议制度理解为上海检察机关对最高人民检察院工作部署的被动回应的话,那就会人为地削弱上海量刑建议试点工作的主动性,低估了其所包含的可贵的创新价值。实际上,上海探索开展量刑建议工作,其背后有着深层次的原因,换句话说,上海试行量刑建议制度其实有着强大的内生动力。

首先,刑事诉讼过程中的量刑不规范问题引发了社会的广泛关注,司法裁判的公信力备受质疑和挑战。在我国的刑事审判活动中,量刑不平衡、不规范的问题由来已久,早在 1988 年上海市社会科学院法学研究所就召开过一个关于"量刑综合平衡理论"问题的研讨会,与会者热议的对象正是刑事审判中的量刑不规范问题,讨论过程中,与会者毫不讳言地指出,"从目前情况来看,我国量刑不平衡情况十分严重……量刑上就必然出现不少混乱情况"。[1]为了推动解决刑事案件量刑不平衡、不规范的问题,司法界可谓"动足了脑筋",比如,20 世纪 80 年代末90 年代初,学界曾经出现了一股主张"量刑定量化"的潮流,其研究的重点是如何应用计算机辅助系统帮助法官实现定量化的量刑,从而保证量刑维持在一定的平衡区间。[2]然而,遗憾的是这些努力似乎并没有产生特别明显的成效。到了 20 世纪末期,随着法治的进步和公民人权

---

[1] 晓林:《量刑综合平衡理论讨论会综述》,《政治与法律》1989 年第 1 期。

[2] 比如,我国知名刑法学者苏惠渔教授就曾于 1989 年与张国全、史建三共同撰写出版了《量刑与电脑》(百家出版社 1989 年 6 月出版)一书,主张吸收系统论、控制论、信息论、决策学、人工智能、电脑技术等新兴学科的理论、方法和技术,提出了建立统一的电脑辅助量刑专家系统的设想。

意识的提高,人们对司法公正有了更高的期待,不仅要求刑事审判中要准确定罪,而且要求量刑公平、合理。此时,大量存在于刑事审判中的"同案不同判""同罪不同刑"的问题,受到了社会广泛的关注和批评,由此带来的是对司法活动公正与否的质疑,这种情况上海与全国其他地区一样不同程度地存在着。在此背景下,司法机关只有积极回应公众关切,采取有效措施以减少刑事案件中量刑不平衡的问题才能捍卫司法的权威和尊严。

其次,量刑不规范、不平衡与当时的刑事诉讼程序有关,法律规定与司法实践都忽视了对量刑问题的必要关注,造成量刑"暗箱操作",检察机关对于量刑过程有加强诉讼监督的必要。长期以来,我国刑事法学界的主要精力放在定罪问题上,关于量刑的理论与实证研究在较长时期内没有得到应有的关注。在庭审过程中,往往只对被告人是否构罪、构成何罪进行举证和辩论,而量刑则完全交给主审法官,量刑俨然成了法官的"垄断"权力,造成量刑过程的不公开、不透明,导致量刑的随意性过大,且不说不同法官之间裁判的差异,就是同一个法官针对情节基本相同的两个案件也可能出现量刑上的严重偏差,更不用说个别法官利用量刑专断权谋取个人私利的问题,因而刑事案件量刑混乱便在情理之中。法律层面,尽管1996年修订后的《刑事诉讼法》规定,经审判长许可,"可以对证据和案件情况发表意见并且可以互相辩论",但这一规定显然没有明确将量刑问题的辩论作为庭审的必要程序。实务层面,量刑成为法官的"独角戏",量刑程序由合议庭单独进行,也就是说量刑决定产生于法官的办公室而非法庭,公诉人、被告人、被害人、刑事辩护人、代理人都没法参与到程序当中去,使得与量刑有关的相关事实、证据得不到充分的提交和辩论。这就很容易产生一系列负面的连锁效应。第一,诉讼正义得不到很好的体现。由于没有检方和当事人的参与,法官据以作出量刑裁判的主要依据实际只有侦查机关在侦查活动中收集的证据。而侦查机关由于其定位问题,办案中往往只会关注那些能够将被告人加以定罪的证据，对于他们而言，只要能将被告人"绳之以法"已然足够，至于涉及量刑的证据，尤其是对被告人有利的量刑证据很难在侦查活动中被足够重视。由于量刑证据的不充分，在量刑过程中容易出现两种截然不同的情况，其一是由于评估被告人罪行社会严重性的证据得不到有效收集，导致被告人的罪行没有得到应有的充分的制裁；其二是被告人虽然具备一些法定或酌定从轻的量刑情节，但由于办案机关没有主动收集而被告人自身举证的能力又不足，使得本应轻判的案件被重判。无论哪一种情况出现，对于司法公正而言都无异于一种戕害，必然损害诉讼一方当事人的利益。第二，降低诉讼效率，加大诉讼成本。由于法官是在一种近乎"闭门造车"的情况下形成量刑决定的，量刑事实和量刑证据没有在法庭上得到展示和呈现，在此情况下，即便法官所作的判决完全没有私心，即便判决本身公正无疑，也可能因量刑程序具有封闭性特征而使得法官难逃滥用自由裁量权的嫌疑。于是乎，涉法涉诉信访案件中反映量刑或畸轻或畸重的占了不小的比例，"案结事不了"，国家的刑罚非但没有实现修复社会关系的本初价值，反而加剧了局部的社会冲突，增加了诉讼成本，降低了诉讼效率。第三，检察机关的诉讼监督职能得不到有效的行使。在量刑建议试点之前，面对量刑裁判中的不规范、不均衡问题，上海检察机关及其公诉人似乎也没有特别好的措施来改变这种状况。尽管检察机关有抗诉权，但是抗诉权并非想用就用，其行使需要具备一定的条件，否则抗诉也未必能够换来理想的效果。对于案件定性错误、罪名错误的抗诉自然没有问题，但在量刑问题上的抗诉却成了难点，由于缺乏规范式量刑建议的评价机制作支撑，即使公诉人注意到某个案件在量刑上存在偏重或偏轻的情况，只要这一量刑还在法律规定的范围和幅度内，也很难有充足的理由启动抗诉程序改变法院的裁判。而我国刑法规定的量刑幅度跨度较大。毋庸置疑，刑事诉讼监督存在明显的缺位和不足，2002 年开始试行的量刑建议制度，为上海检察机关提供了一条强化诉讼监督、完善监督方式的可能途径。

最后,量刑建议是在上海检察机关公诉改革的大背景下孕育而生的。2000 年初,全国检察机关公诉改革工作会议在上海召开。公诉改革被认为是检察改革的先导,也是提升公诉自身能力的实际需要。20 世纪末,随着我国法治的不断进步和公众对司法活动规范化要求的不断提高,长期以来公诉工作体制、机制和方式方法等方面存在的不完善、不合理等弊端也逐步显现,因此,公诉改革被摆上议事日程,并成为检察改革的"重头戏"。关于量刑建议制度的探索就是在这样的背景下被启动的。实际上,在探索量刑建议制度之前,包括上海检察机关在内的一些省市检察机关已经围绕公诉改革开展了一系列的探索和尝试,比如主诉检察官责任制、不起诉制度、庭前证据开示制度、简易程序和普通程序简化审、诉讼文书改革、多媒体示证等方面的改革,这些改革尽管内容不同、措施不一,但都围绕着一个共同的目标,即改革完善能够发挥公诉职能的公诉方式、管理机制,提高公诉工作效率,保证办案质量,最终建立符合诉讼规律和合乎司法实践要求的有中国特色的社会主义公诉制度。量刑建议制度是公诉改革的组成部分,是为弥补以往公诉工作中以定罪为主的诉讼模式,克服忽视量刑举证质证、对量刑监督不力的问题,提升公诉活动的质量和效果而实施的一项改革措施。

2. 试点中的争议与解决

与任何新生事物一样,量刑建议的出现也伴随着各种争议和非议。早在 1999 年,当北京市东城区检察院试行量刑建议的消息见诸报端之时,有关量刑建议的争议和质疑就已经开始,一直没有中断过(只不过相比于其他制度改革的争议和质疑可能要小一些)。2002 年,上海检察机关试行量刑建议制度的前后数年,对量刑建议提出质疑的声音不少,既有来自学术界的,也有来自实务界的,争议的焦点主要可以概括成几个方面:一是认为检察机关的量刑建议缺乏法律依据,以刑诉法中没有规定检察机关有提起量刑建议的权力为理由,否定量刑建议权的

117

正当性。二是认为量刑权专属于法院,推行量刑建议制度,实际上是检察机关在"抢权",可能会造成全面的"检察官司法"的局面。①有的甚至认为,如果将量刑建议视作一项权力,那么量刑建议的出现有违法律原理,既不利于诉辩平衡,也会影响司法的权威与公正性。三是认为与西方国家推行量刑建议的情况相比,我国实施量刑建议制度尚缺条件,主要是认为我国没有建立证据开示、强制辩护、辩诉交易等制度,将导致辩护进一步弱化。同时还担心出现检察机关因为法院量刑与其量刑建议不一致而滥用抗诉权的问题。②四是认为因为缺乏统一标准,量刑的建议困难大,如果检察机关的量刑建议与法院的量刑意见出现分歧,难以判定哪一方的意见更加准确,同时,也有一种担心即推行量刑建议的话会进一步加大公诉人的工作量,从而影响了诉讼的效率。③

上海检察机关在开展量刑建议试点的同时,直面社会各方面对量刑建议制度提出的种种质疑,积极行动以应对和破解争议。主要途径有两个:第一,积极争取法院系统的支持,努力在司法机关之间达成共识。2002 年,当检察机关决定启动量刑建议试行工作后不久,上海市检察院公诉部门便主动联系上海市高级法院刑事审判庭,就推进量刑建议工作的初衷与构想进行了初步的交流,得到了理解和支持。之后,双方共同召开联席会议,形成会议纪要并下发给各级法院审判部门和检察院公诉部门,为推进量刑建议提供了依据,一定程度上减少了基层单位在执行层面的障碍。2002 年试点开始后,不少区县检察院就以会议纪要为依据,与同级法院磋商将量刑建议制度引入刑事案件审理的具体措施,一定程度上得到了法院的支持和配合,取得了比较好的开局。比如,2002 年长宁区检察院公诉部门共对 169 名被告人提出了求

---

① 李和仁:《量刑建议:探索中的理论与实践——量刑建议研讨会综述》,《人民检察》2011 年第 11 期。

② 曹振海、宋敏:《量刑建议制度应当缓行》,《国家检察官学院学报》2002 年第 8 期。

③ 参见王顺安、徐明明:《检察机关量刑建议权及其操作》,《法学杂志》2003 年第 2 期。

刑建议;未检部门共对 154 名被告提出了求刑建议,而根据统计,求刑建议与法院判决一致或基本一致的占 90％以上。检察机关一方面积极争取法院的支持,同时也注意加强对量刑建议试点的宣传报道工作,积极吸收和听取专家学者的意见建议。比如,2002 年 8 月 8 日,上海市徐汇区检察院与法院共同邀请媒体参与报道了一起典型案件的庭审量刑辩论过程,并邀请了有关专家、律师对量刑辩论的做法予以点评。参加庭审量刑辩论的专家、律师和媒体普遍对这种创新做法给予好评,认为"实行量刑答辩,诉辩双方充分表达了意见,客观上制约了法官的自由裁量权,保持量刑平衡,某种意义上也就保证了法律的公正和公平"。①随着量刑建议试点工作逐渐被社会各界所了解,社会各界也对检察机关强化诉讼监督、防止量刑不公的努力给予广泛关注、支持和期待,这为破解争议问题、深入推进量刑建议试点奠定了良好的社会舆论基础。第二,开展理论研究、研讨,撰文回应争议问题、阐述构建量刑建议制度的可行性、必要性,为量刑建议的开展提供理论支持。根据笔者的不完全统计,2000 年至 2005 年期间,上海检察系统干警公开发表的涉及量刑建议问题的论文至少有 11 篇,就连时任上海市人民检察院副检察长余啸波亦参与撰文支持量刑建议的试行,提出"求刑权作为公诉权的一个重要组成部分,在我国还处在探索阶段,它在提高检察办案质量、保障量刑公正、节约司法资源、强化审判监督、提高诉讼效率方面的作用很值得进一步探索研究"的观点。②这些论文主要关注和论证以下几个问题:(1)从诉讼价值的角度阐述推行量刑建议制度的意义。一是认为量刑建议有利于合理控制法官的自由裁量权,防止在量刑上出现严重偏轻或者严重偏重的现象发生。二是认为量刑建议有利于促进判决书的说理分析论证,强化审判公开。三是认为量刑建议一定程度上对于减少被告人的上诉、申诉具有积极的意义,从而促进诉讼效益的提

---

① 侯荣康:《强化控辩双方量刑答辩——徐汇法院新举措》,《解放日报》2002 年 8 月 10 日第 3 版。
② 余啸波:《构筑案件质量保障平台的思考》,《检察日报》2002 年 9 月 30 日第 4 版。

高。认为推行量刑建议制度有助于促使法庭加强在量刑方面的释法说理,从而有利于当事人心悦诚服地接受刑事判决,有效地减少了当事人上诉、申诉等问题,达到提高诉讼效率的客观作用。四是认为量刑建议有利于提高检察人员的业务素质。量刑建议制度有助于推动公诉人全面考察案件,全方位强化案件审查、说理和证据收集等方面的能力。[1]

(2)通过量刑建议制度在国外的实践以说明我国建立量刑建议制度有先例可循、具有合理性。在我国晚近的法学研究中,一个通常的研究逻辑是通过寻找西方国家相关方面的法律制度、法学研究,以证明国内正在构建的制度或正在进行的研究的价值与正当性,量刑建议的研究也没有脱离这一通常逻辑。在 2000 年至 2005 年上海检察机关开始量刑建议试点前后,关于国外构建量刑建议制度的相关经验通过学者的文章被大量介绍到国内,在这其中发挥主导作用的是学者,[2]当然也有不少从事实务工作的检察官参与。主要介绍英美法系、大陆法系关于量刑建议制度的由来、相互之间的差异以及对我国构建量刑建议制度的借鉴。(3)对量刑建议的法理依据进行论证。比如,龚培华、张少林检察官认为 1996 年《刑事诉讼法》,吸收、借鉴英美的当事人主义当中的合理内容,将庭审方式改为控辩式,法官不再出示证据以及主动地进行庭外调查,"使量刑请求权成为检察机关公诉请求的应有之义";[3]比如,赵萍检察官在《量刑建议权初探》一文中论证量刑建议权的法律属性,认为量刑建议权属于公诉权的范畴,是公诉权不可分割的权能,认为量刑建议是在公诉权与刑罚权之间架设了一个连接点,同时还认为

---

[1]　参见龚培华、张少林:《论检察机关的量刑请求权》,《中国刑事法杂志》2001 年第 4 期。

[2]　根据笔者不甚周全的考证,最早介绍西方量刑建议制度的应是龙宗智教授,其在 1993 年发表的《检察官法庭活动比较》(载《检察理论研究》总第 10 期)一文中对美国刑事诉讼制度作了介绍,提到"在美国,提出量刑建议可能是检察官法庭诉讼活动的最后阶段,这与我国和其他国家检察官的法庭诉讼活动终止于辩论结束是不同的"。这是笔者所找到的最早介绍"量刑建议"的学术论文,当然,是否确为"最早"有待方家考证。

[3]　参见龚培华、张少林:《论检察机关的量刑请求权》,《中国刑事法杂志》2001 年第 4 期。

量刑建议属于法律监督权的范畴。①（4）从实践的角度对试行量刑建议的具体情况进行客观分析，并对量刑建议制度的完善提出意见建议。比如，郭菲力、胡卓英检察官对 2002 年 8 月 8 日在徐汇区法院开庭审理的一起盗窃转化抢劫的案件中试行量刑建议的情况进行介绍，并在此基础上对于量刑建议在提出过程中出现的相关问题及改进方法进行了具体分析。②这些研究从理论上有力地辩驳了对量刑建议制度持否定态度的意见，而那些来自公诉一线的调研报告，通过对量刑建议实施情况的客观陈述和理性评析，消除了人们对量刑建议制度难以开展下去的顾虑，有力地支持了量刑建议制度的构建。

3. 试点的过程和效果

2002 年至 2005 年，上海在试行量刑建议制度的过程中，总体上经历了先易后难、逐步推开、全面探索的过程。2002 年，全市检察机关共在 5918 起案件中尝试开展量刑建议试点，占到了同时期检察机关提起公诉案件总数的 49.1%。2003 年全市检察机关共对 8540 件案件中的 10907 名被告人提出量刑建议，占起诉案件总数的 70%，同比上升 21 个百分点。2004 年，全市检察机关共对 10913 件案件中的 14268 名被告人提出了量刑建议，占起诉案件总数的 71.2%，同比上升 1.2 个百分

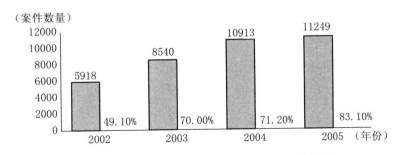

图 4-1　2002—2005 年检察机关量刑建议的数量

---

① 参见赵萍：《量刑建议权初探》，《法治论丛》2005 年第 5 期。
② 参见郭菲力、胡卓英：《量刑建议：尝试与思考》，《检察日报》2002 年 10 月 21 日第 4 版。

点。2005年，全市检察机关共对11249件案件中的14556名被告人提出了量刑建议，占起诉案件总数的83.1％，其中量刑建议与法院判决一致的占58.7％，基本准确的占24.6％。量刑建议提出的数量和比例都处于稳步提升的过程。

在上海市检察院的统一部署和指导下，各基层检察机关发挥主观能动性，在基层公诉实务工作中深入探索适用量刑建议的方法，形成了一些既有共性，又有个性的量刑建议工作方式方法。从量刑建议制度探索的情况来看，主要有以下一些特点。

（1）量刑建议的适用范围并不完全一致。在开始试行量刑建议制度的时候，由于对量刑建议的试行效果还没有完全的把握，因此对于量刑建议的适用范围并没有作出统一的规定。各单位在量刑建议究竟应当适用于哪些类型案件的问题上，存在着不同的观点和做法。有的区县检察机关将量刑建议的适用范围设定为适用"简易程序"案件和"普通程序简化审"案件；有的区县检察机关除了将量刑建议适用于"简易程序"案件和"普通程序简化审"案件之外，还挑选一些事实比较清楚、证据相对充分的普通程序案件作为量刑建议试行的对象。少数区县检察机关将自侦案件纳入量刑建议制度的适用范围中，理由是自侦案件缓刑适用比例高，要求对自侦案件提起公诉时要明确提出量刑建议，而多数区县检察机关则将自侦案件作为量刑建议的例外，规定仅在移送案件审查报告中提出对被告人的量刑建议、理由和依据。还有的区县检察院认为对于那些没有辩护律师的刑事案件不宜适用量刑建议，因为在司法实践中有相当多的刑事案件没有律师出庭，而对这些案件的被告人来说，检察机关的量刑建议可能对其构成不利而自己又无力抗辩。还有的区县检察院认为对于涉及刑事附带民事诉讼的案件不宜适用求刑权，因为公诉人一般很难掌握法院对民事调解的结果，但民事调解又往往会影响量刑的结果。

（2）总的来说量刑建议在形式方面比较一致。多数区县检察院采取的量刑建议方式都是书面与口头结合的方式,具体来说,在简易程序案件中一般是通过起诉书明确地提出量刑建议,而在普通程序案件中,由于有公诉人出庭支持公诉,所以量刑建议一般是由公诉人在发表公诉意见的时候向主审法官提出。

（3）量刑建议的提出程序大体相同。量刑建议试点过程中,虽然没有统一规定,但各区县检察院基本上都参照了主诉检察官办案流程,对量刑建议的提出进行了规定。典型的做法是:先由承办人对案件进行全面审查,在其完成的审查报告当中对被告人应该处以何种具体刑罚作出分析,从而向主诉检察官提出相应的量刑建议。接着是由主诉检察官对审查报告进行批阅同意,若是简易程序案件,则由承办人在其制作的起诉书当中明确地提出具体的量刑建议,有的区县检察院还明确要求在起诉书中对相关的量刑事实和证据予以详细书写,如果是普通程序案件,则通常是由主诉检察官在庭审的过程中提出。

（4）量刑建议表述有不同观点,存在不同的做法。对量刑建议理解和表述不统一,有的区县检察院认为,对于一般案件可以提出一个相对宽泛的刑罚幅度,只要把握好"依法从轻处罚讲上限,依法从重处罚讲下限的原则",对确有把握或认为确有必要提出的案件才提出相对具体的刑罚幅度。而有的区县检察院则认为,提出量刑建议必须设定在一定的幅度内,否则便意义不大,建议采用相对幅度的量刑建议,理由是:如果采取概括式的量刑建议,那么这个量刑建议就变成了直接引用法定刑,与原先起诉书中的一般表述方式没有两样;而如果采用绝对确定的量刑建议的话,可能会使人觉得公诉权替代了法院的刑罚决定权。为了给量刑建议的提出提供相对幅度的参考,有的区县检察院还专门制定了求刑标准,要求承办人在办案时以该标准为指导,在审查报告中提出应对被告人科以的刑种、刑期（要求具体到月）、罚金数额、执行方法等,并在庭审中发表公诉意见时提出。

（5）量刑建议的变更问题受到一定关注。在实践的过程中,有些区县检察院已经开始意识到量刑建议的提出必然涉及可能需要变更的问题，因此，有的单位规定公诉人提出量刑建议之后，如果在庭审过程中遇到认定的犯罪事实、情节、证据发生变化或者政策法律调整的状况，可以向法院提出新的量刑建议。

（6）尝试将量刑建议引入庭审辩论。在试点过程中，检察机关积极拓展量刑建议的效果，努力发挥量刑建议的释法说理作用，其中一个重要的尝试就是将量刑辩论引入刑事案件的庭审活动。上文中提及的2002 年 8 月 8 日上海市徐汇区检察院与徐汇区法院在一起刑事案件的庭审过程中，共同探索量刑辩论引入庭审机制，被认为是全国司法系统的首例尝试，具有比较积极的意义。为对量刑建议引入庭审程序的具体做法有更直观的了解，笔者以该例案件为基础做个简要说明。案件的简要情况是：被告人张某是一个 22 岁的河南来沪人员，由于盲目来沪多日，工作无着，钱款用尽，便打起扒窃的念头。2002 年 3 月的一天，张某在淮海路襄阳路附近，盯上了一女青年背包中的一只手机便上前行窃。张某在窃取手机的过程中被该女青年发觉，为了摆脱女青年的抓捕，张某拳击女青年头部，并将她推倒在地，在逃跑中，张某被群众抓获。①案情比较简单，是一起典型的由盗窃转化为抢劫的普通刑事案件。因此，公诉人和辩护人对于案件的定性没有异议，庭审的重点自然变成对被告人应当如何量刑的问题上。在法庭辩论中，公诉人针对被告人的犯罪情节以及在庭审过程中发生态度转变、对所犯罪行予以承认，建议法庭对被告人判处 4 年有期徒刑。而辩护律师则提出，被告人没有抢劫的预谋，在庭审过程中态度转变，而且被害人的财物被追回、没有造成实际损失，因此请求法庭对张某判处 3 年有期徒刑。围绕应该判 3 年还是 4 年，公诉人和辩护律师展开辩论。公诉人在肯定辩护人量刑意见具有一定合理性的同时，认为法律规定对于抢劫罪的量刑

---

① 徐亢美、宋瑞秋：《量刑答辩在庭审中进行》，《文汇报》2002 年 8 月 9 日第 5 版。

幅度最低一档是 3 到 10 年,本案中的被告人张某既有酌定从轻情节,也有酌定从重情节,存在着量刑情节的逆向竞合,接着公诉人详尽阐述了张某具有的酌情从重处理的六个方面的情节(包括抢劫的金额、暴力的手段、人身损害威胁、犯罪事发公共场所、被告人到案后的表现等),并向法庭指出,被告人具有这些从重的酌定量刑情节,因此即使其存在一定的酌定从轻条件,也不应当在量刑底线(即 3 年)上处刑。最后,审判长当庭作出判决,被告人张某被处有期徒刑 3 年零 6 个月,并处罚金 5000 元。①

(7)检察机关量刑建议与法院量刑裁决的差异问题得到研究。有的区县检察院关注到检察机关提出的量刑建议与法院判决不一致的状况,并通过对一些个案的综合比较分析,对产生量刑诉判不一致问题的原因进行研究,得出一些初步的结论,比如认为量刑建议与量刑裁决不一致跟检法两家的执法理念有一定的关系,认为检察机关长期受打击犯罪思想的影响,通常更注重从重情节,而审判人员相对更会关注从轻减轻的量刑情节;认为不同的检察官、法官在量刑问题上的观点和尺度都不一样,如果量刑尺度较重的 A 检察官碰到量刑尺度较轻的 B 法官,或者量刑尺度较轻的 C 检察官碰到量刑尺度较重的 D 法官,遇到这种情况量刑建议与量刑裁决不一致的情况便很容易出现;认为被告人在庭审期间的认罪态度突然转变也是造成检察机关的量刑建议与法院的量刑裁决不一致的原因之一,有些被告人在侦查和审查起诉阶段,认罪态度较差、拒不交代犯罪事实,但到了法庭上态度突然发生转变,使法官主观上认为被告人认罪态度较好,从而作出相对较轻的判决。

(8)对量刑建议实施内部监督的问题一定程度上得到了重视。一些区县检察院在试点量刑建议制度的过程中,认为由于量刑建议很可

---

①　量刑建议提出及辩论的具体情况可参见郭菲力、胡卓英:《量刑建议:尝试与思考》,《检察日报》2002 年 10 月 21 日第 4 版。

能将对被告人的判决结果产生影响，因此提出针对量刑建议权的行使建立检察机关内部的监督制约机制，比如有些区县检察院将量刑建议纳入案件质量保证体系之中，一般案件实行备案制，重大疑难案件实行报批制，并实行"三书"①备案审查。检察机关对于自侦案件的量刑建议一般比较谨慎，相应地在内部审批流程上也更加严格，不少单位都规定自侦案件的量刑建议必须经过主诉检察官、科长的审核，然后上报分管检察长，由其进行审批作出决定。

（9）是否将量刑建议纳入公诉人办案质量考核评价的问题存在争议。有的基层检察院将量刑建议作为衡量公诉人工作质量的一项标准，主要的评价依据是提出的量刑建议的准确率。而也有单位提出不同意见，认为公诉人不可能像法官一样具有高度的中立性，也无法像法官一样在庭审过程充分听取控辩双方的举证辩论后作出量刑裁决，因此要让公诉人就量刑问题作出与法官相同的判断和预测，在多数案件中恐怕是不现实的。

试点过程中遇到的几个困难：一是从法院方面来看，有些法官对量刑建议工作不积极配合。尽管不少基层法院对量刑建议予以理解和支持，但也有不少法官对此不以为然，或者认为量刑建议试点是检察机关自身的改革，与己无关，或者认为量刑建议制度是在削弱法官的权力，"动了自己的奶酪"。同时，量刑建议的引入，尤其是量刑辩论程序在一些案件中的适用，对法院的直接影响就是延长了庭审时间，增加了法官工作负担，因此一些法官在审判活动中并没有给予特别积极的回应和支持。二是从检察机关方面来看，一些公诉人存在一些思想上认识的不足。尽管事先通过会议、研讨会等方式传递了推进量刑建议工作的决定，有的基层公诉部门还专门组织学习和探讨求刑权的有关问题。但是，量刑建议在实践中毕竟还是一项新生事物，公诉人的普遍接受需

---

① "三书"为侦查机关的起诉意见书、公诉机关的起诉书以及法院的判决书，在公诉实践活动中通常简称为"三书"。

要一个过程,有的公诉人存在着思想上不重视、畏难情绪较重的问题,有的认为判决是法院的事情,有的认为量刑建议提出之后如果法院不接受会使自己陷入尴尬的境地。检察机关个别承办人对量刑的准确性重视不够。比如,案件审查终结后,在报告中对审查后认定的事实和依据、对证据及适用法律的分析论证往往浓墨重彩,量刑建议则没有几句话,基本上无详细建议和观点。这些消极的心理因素或多或少地影响了量刑建议制度的深入推进。三是制度规范层面的缺失。由于没有形成规范性、有拘束力的法律文件,量刑建议在实施的过程中,没有依据,尤其是没有制定相关的监督制约措施,公诉人即使提出量刑建议,如果法院存在不配合和抵触情绪的话,提出的建议也会流于形式,应付了事。四是技术层面的障碍。根据 1996 年《刑事诉讼法》第四十三条及第一百五十条的有关精神,检察机关提出量刑建议,理应对此承担举证责任,但在实际操作的过程中发现涉及量刑的不少证据在侦查机关移送案件的时候比较欠缺需要补充提取,而某些酌定情节不易取证、举证,难以确认。

2002 年到 2005 年这一阶段的量刑建议试点工作取得了预期的效果,也为最高人民检察院 2005 年在全国部署开展量刑建议试点工作提供了先期的经验参考。首先,量刑建议的试点促进了检、法人员司法理念的转变。在传统的司法理念里,量刑权专属于法官,检察机关的公诉活动止于对犯罪事实的举证和对定罪的请求,对法官的量刑权力缺乏足够的监督,一定程度上助长了量刑不规范甚至滥用量刑权的问题。通过量刑建议试点,公诉人重新认识了公诉活动中的监督职能,更加自觉地强化对量刑活动的诉讼监督;在法院一方,法官们也重新审视手中的量刑权,开始意识到它不应当是一个专断的权力,而必须"戴上紧箍咒",在公开和有制约的环境中得到依法、合理的行使,确保最终的量刑裁决能够体现公平、公正的法治精神。其次,量刑建议的试点促进了办案质量的改善。一方面,该项制度开始试行之后,要求公诉人在办案过

127

程中收集的证据更加全面,这提高了公诉案件释法说理的水平和起诉书的质量。另一方面,检察机关提出量刑建议,启动了庭审过程中的针对量刑的举证与辩论程序,使当事人也获得了参与量刑程序的机会,有机会对不利于自己的量刑指控进行辩驳,提交有利于自己的量刑证据。由于量刑的过程更加透明,被告人充分了解判决形成过程以及对判决结果产生的相关因素,更容易从心理上认同接受裁判结果,不会动辄就感到法院判决"暗箱操作",从而减少不必要的上诉,上诉率有了一定的下降。最后,量刑建议的试点促进了公诉人能力的提升。试行量刑建议以后,公诉人在办案过程中不仅仅需要研究定罪的问题,还需要积极考虑量刑的问题,既要审查定罪的事实和证据,又要关注涉及量刑的相关事实和证据,这实际上扩展了公诉业务的范围,尤其是在量刑建议提出的过程中要求公诉人充分说明量刑建议提出的依据,有时还要与辩护律师在庭审过程中针对量刑问题进行激烈交锋,这客观上促使公诉人不断提高自身综合素质。

(二)第二阶段(2005 年 7 月—2010 年 1 月):在实践中走向初步规范

经过三年的试行,上海检察机关在量刑建议工作上已经积累了初步的经验,到 2005 年适用量刑建议的案件比例已经占到同期提起公诉案件的 82.1%,[①]也就是说检察机关对多数刑事案件都适用了量刑建议。上海的量刑试点已走在全国前列,形成一些相对成熟的工作做法,在全国范围内产生了一定的影响。恰在此时,量刑建议工作迎来了新的发展契机,进一步促进了量刑建议工作朝制度化、规范化方向发展。

1. 量刑建议制度进一步发展的背景

如果说 2002 年上海检察机关开始试点量刑建议的时候,还只是个别地方检察机关探索性活动的话,那么到了 2005 年,量刑建议工作已经在全国各地铺天盖地地开展起来,成为一股潮流和趋势,检察机关提

---

① 数据来自《上海市检察院工作报告(2005 年)》。

出的量刑建议越来越被法院所重视。量刑建议制度在学术界和实务界引起了更加积极和深入的探讨,量刑建议进一步为社会公众所了解和接受。而就在这一时期,随着中央司法改革部署进一步推进,各级司法机关采取积极措施推进司法改革的进程,也为量刑建议制度的进一步发展直至形成初步规范创造了有利的司法环境。

(1)中央司法改革部署的积极影响。党的十七大提出深化司法体制改革,保障审判机关、检察机关依法独立行使审判权和检察权。2008年11月,中央司法改革方案《深化司法体制和工作机制改革若干问题的意见》出台。其中,规范自由裁量权,将量刑纳入法庭审理程序被确定为改革的重大项目之一,以期在审判中实现量刑程序的相对独立化和量刑过程的公开化。中央司法改革为量刑建议制度的推进进一步提供了政策依据。

(2)法院系统量刑规范化改革的促进作用。2005年10月,最高人民法院发布了《法院第二个五年改革纲要》,提出制定量刑指导意见,健全和完善量刑程序,我国法院系统由此正式拉开了量刑程序改革的帷幕。2008年,最高人民法院对量刑规范化试点工作进行了专门的动员与部署,并于该年8月份下发了《关于开展量刑规范化试点工作的通知》,全国共有七个基层法院承担了量刑规范化试点的任务,其中就包括了上海市浦东新区法院。[①]

随着法院的量刑规范化改革的步伐不断加快,为回应社会公众对于量刑规范化的迫切期待,最高人民法院在2009年发布的法院"三五"改革纲要中,明确提出将量刑纳入法庭审理程序以进一步推动自由裁量权的规范和限制,随后,两部规范量刑的文件相继出台。上海市长宁区法院参与了最高人民法院组织的量刑程序改革"计划外试点"。随着最高人民法院开展全国性的量刑规范化试点工作,检察机关也迎来了

---

① 参见李玉萍:《中国法院的量刑程序改革》,《法学家》2010年第2期。

推进"量刑建议制度"的好机会。正如有人分析的那样,"这种自上而下的推动,有助于改变过去的几年中,一些基层检察机关试图推动量刑建议,却又不得不依赖于法院的良好配合"的状况。①量刑建议毕竟没有写入法律,对法院和法官没有硬性强制力,量刑建议的推行离不开法院系统的配合支持。当法院系统也积极实施刑事案件量刑规范化改革的时候,法检双方才真正有了更多的默契和协调,这对于量刑建议制度的深入探索和实践无疑具有重要的意义。

(3)检察系统部署和推进量刑建议制度改革。2005年6月,最高人民检察院发布了加强公诉工作强化法律监督的意见,在这个意见当中,专门提出应当积极探索量刑建议制度,提出要将探索量刑建议制度同加强审判监督工作相结合。这一规定明确了量刑建议作为公诉部门履行刑事审判活动监督的一个重要手段,应当积极推进试点,为基层检察机关开展量刑建议工作提供了新的依据。2005年7月,最高人民检察院出台了《检察院量刑建议试点工作实施意见》,这一意见是在包括上海在内的一些地方检察机关试点量刑建议制度的大量工作经验基础之上形成的,明确提出将量刑建议制度改革作为整个刑诉程序改革的任务之一。同年8月,最高人民检察院通过深化检察改革三年实施意见,其中把"实行量刑建议改革试点"纳入检察改革重点项目。11个省、市级检察院将量刑建议作为公诉改革的项目开展试点。2009年最高人民检察院又将量刑建议制度改革确定为公诉改革重点项目之一,量刑程序和量刑建议被学者认为是2009年中国的十大司法改革措施之一。②

而在上海,量刑建议制度早在2002年就已经被列为上海检察改革的项目。2006年2月,为了进一步落实好中央和最高人民检察院关于推进司法改革的精神,上海市人民检察院公布了上海检察机关关于新

---

① 参见王琳:《检察机关推进"量刑建议"的良好契机》,《检察日报》2009年6月5日。
② 蒋安杰:《2009年中国十大司法改革措施》,《法制日报》2010年2月3日第12版。

一轮检察改革的工作方案,进一步明确将量刑建议试行工作作为检察改革的一项重要内容,并作为五十个检察改革的具体项目之一。工作方案对量刑建议制度的试行提出了两个要求:一是根据最高人民检察院的指导意见,规范量刑建议运作模式,明晰量刑建议的适用范围、审批程序和提出方式;二是开展常见类罪判决结果的专项调研,探索制定出针对某一类案件的特定的量刑建议标准。此后,量刑建议被作为上海检察改革的一项固定内容,一以贯之地推行下去,而其所涉及的改革内容也是越来越专业,越来越精细。

2. 量刑建议制度的进一步推进与发展

上海检察机关自 2005 年始进一步加大量刑建议制度改革的探索力度。而与其他地区相比,此时的上海检察机关已经在量刑建议试行上具备了三年的经验,公诉人对于这项制度的理解和把握比较到位,总体上看量刑建议在案件中的适用也比较准确,在实践中逐步形成了一些比较合理的做法,因此在 2005 年之后的这个阶段,量刑建议试点的目标不再是简单摸索,而是系统总结,并在此基础上形成一定的规范性制度。在通往量刑建议制度化、规范化的进程中,上海检察机关主要进行了以下一些探索:

(1)将量刑建议作为落实宽严相济刑事政策的重要手段,在处理轻缓刑事案件过程中广泛适用量刑建议。2007 年 8 月,为了落实中央提出的"宽严相济"的刑事司法政策,上海市人民检察院制发了《公诉部门对轻微犯罪案件实施处理的若干意见》(以下简称《意见》),对于公诉工作中如何贯彻宽严相济的刑事司法政策、正确处理轻微犯罪案件提出了指导性的意见。《意见》对于如何适用量刑建议处理轻微刑事案件的问题作了颇为详细的规定,要求对提起公诉的轻微犯罪案件依法提出宽缓的量刑建议,与此同时,对于起诉书中的量刑建议也作了规定,要求起诉书当中"全面阐述与案件定罪量刑相关的事实,准确认定有关的法定、酌定量刑情节,在此基础上,提出刑种明确、幅度恰当的量刑建议"。其对如何适用量刑建议规定的细致性体现在两个方面：一是具体区分了缓刑、拘役、管制、罚金、有期徒刑等量刑建议的不同适用条件；二是对于量刑建议的幅度提出了较为具体的要求，甚至对于单处罚金刑的量刑建议，也要求明确提出罚金的幅度。笔者认为，这个《意见》的出台对于量刑建议制度的构建和完善至少具有两个方面的积极意义：一是把正确适用量刑建议作为贯彻落实宽严相济刑事政策的一项具体措施，将量刑建议与刑事司法政策结合起来，为推进量刑建议制度提供了刑法理论和司法政策的支持；二是进一步明确了适用量刑建议的有关原则、方法，要求在提出量刑建议的时候应当尽可能地明确建议的刑罚类型、幅度、金额，对于处理轻缓刑事案件的量刑建议问题，具有较强的指导性和操作性，这与之前检察机关制定的涉及量刑建议的规范性文件相比，显然是一种进步，也为之后制定类似的相关规范提供了参考样本，一定程度上促进了量刑建议的规范化。当然，该《意见》对于公诉机关运用量刑建议正确贯彻宽严相济的司法理念也起到了直接的推动作用，《意见》制发之后，公诉机关在对轻微刑事案件提起公诉时，向法庭提出适用缓刑、罚金刑、管制刑替代短期自由刑的量刑意见，使轻缓刑事司法政策在量刑环节得以体现。2009 年 5 月，上海市人民检察院又制发了相关文件，规定对罪行轻微的初犯、偶犯和老年犯、未成年犯的处理，"确有提起公诉必要的，应当提出轻缓的量刑建议"，"在提起公诉时应当优先考虑提出免予刑事处罚的量刑建议；对于不宜免予刑事处罚的案件，应当提出刑种明确、幅度恰当的量刑建议"，量刑建议成为检察机关贯彻宽严相济刑事司法政策的一项重要举措。①与此同时，这些规

---

① 量刑建议试行之后，实际上在不少的简易程序案件中，检察官都根据被告人的犯罪情节、认罪态度、社会危害性、人身危险性等要素，向法院提出从轻减轻量刑的建议。宽严相济刑事司法政策实施之后，量刑建议进一步成为处理轻缓刑事的一个载体，许多基层的检察机关将量刑建议作为落实宽严相济刑事司法政策的具体举措，比如，2009 年上海市宝山区检察院"运用量刑建议落实非监禁化措施，共建议法院适用单处罚金刑罚 11 件 13 人，适用管制刑罚 1 件 1 人，适用缓刑 86 件 104 人，占总审结案件数的 7.3％，法院采纳率达 99％"。上述数据来自《2009 年宝山区检察院工作报告》。

定也反过来促进了量刑建议质量和规范化程度的提升。

（2）开始重视将侦查工作与量刑建议工作进行对接，强化在侦查阶段收集与量刑相关的证据。提出量刑建议的过程，一个关键点便是对与量刑相关的证据进行收集，但证据收集活动主要由侦查部门完成。受传统司法理念的影响，侦查部门移送审查起诉时，提交的证据材料往往多为定罪证据，而涉及量刑的证据在收集过程中往往不重视，这给公诉机关后续提出具体的量刑建议造成了不小的困难，使得量刑建议的证据不足难以被法院采信，检察机关有时不得不重新补充调查相关证据，影响了诉讼的质量和效率。为此，检察机关开始主动加强与侦查机关的沟通联系，就量刑建议证据收集工作达成共识。同时，要求公安机关落实侦查阶段的社会调查工作，并将社会调查报告及时移送检察机关。还有的区县检察院运用适时介入侦查活动的工作机制，主动介入，加强对重要量刑证据的收集与审查，确保量刑证据的全面及时有效。

随着量刑建议工作的逐步推进，特别是社会公众对职务犯罪案件裁判过程中自首、立功认定多，轻刑化、缓刑率较高问题的关注和质疑，检察机关开始逐步把职务犯罪案件纳入量刑建议适用范围。在此情况下，检察机关内部公诉部门与自侦部门之间如何就量刑建议工作加强协作配合的问题便自然摆上了议事日程。2008年6月，上海市人民检察院制定了上海检察机关《关于加强查处贪污贿赂等犯罪案件的配合制约的若干意见》，就职务犯罪自侦案件办理过程中反贪、公诉、侦监三个内设机构如何完善协作配合进行规范，其中涉及量刑建议的内容，规定在自侦案件进入公诉阶段后，反贪部门应当指派原案承办员和部门领导到庭旁听法庭审理，还可以根据公诉部门的要求，交流出庭预案和量刑建议等。尽管对于侦查人员和公诉人员如何加强量刑建议提出过程中的协作配合没有作详细的规定，但可以"交流出庭预案和量刑建议"的制度设计，这也说明检察机关已关注到在提出量刑建议的过程中对有关证据进行收集的问题，因而开始有意识地引导自侦部门在查办案件的过程中不仅关注定罪问题,也要关注量刑问题,根据公诉需要有针对性地收集量刑建议所依据的事实证据。

(3)探索对常见罪名的量刑建议标准进行规范,并与法院的量刑规范化工作进行一定程度的衔接。自从试行量刑建议制度之后,公诉部门逐渐注意到,提出的量刑建议缺乏统一标准是这项制度实施中的最大困难之一。这会导致公诉人在提出量刑建议的时候,往往只能基于个人的经验,有的公诉人为了追求量刑的"诉判一致",还要对法官既往的裁判尺度进行分析研究,从而提出自己对案件的量刑建议。这就使得检察机关提出的量刑建议本身就不是很规范,不同的公诉人对于同一个案件的量刑很可能作出相差甚远的预判,又如何有权去要求法官作出一致的裁判?因此,统一量刑建议的标准成了当务之急的任务。为此,部分区县检察院在日常工作中针对一些常见罪名,制定了量刑建议的内部标准。2009年,上海市人民检察院公诉部门专门牵头开展规范量刑标准的工作,确定了敲诈勒索、交通肇事、聚众斗殴等十类犯罪作为规范量刑建议标准的试点对象。在制定量刑建议标准的过程中,组成若干小组,开展了深入的调研活动,提取大量判决书进行了分析研究,并对《法院量刑指导意见(试行)》进行了参考和借鉴,形成了关于交通肇事等十种常见犯罪的量刑建议标准。对其基准刑的标准、受各种法定、酌定情节决定的浮动刑标准等都作了统一规范。①这为各级检察机关提出量刑建议提供了规范性的参考。在规范量刑建议标准的过程中,检察机关也注意听取法院的意见,与法院的量刑规范化工作进行对接。

(4)进一步探索量刑建议纳入法院庭审的机制,研究量刑建议过程的公诉规则。尽管早在2002年,上海检察机关刚开始推动量刑建议制度试点、改革工作的时候,就已开始探索将量刑建议纳入法院庭审的努力,②

① 李丽:《上海市检察院:统一规范常见罪名的量刑建议权》,《中国青年报》2010年2月1日第3版。
② 比如,上文中提及的上海市徐汇区法院与徐汇区检察院探索量刑庭审辩论的做法便是将量刑建议纳入庭审程序的一种尝试。

但由于缺乏制度性规定,在比较长的一段时间里,量刑建议能否真正纳入庭审程序,完全视当地检察院与法院之间沟通协调的效果而定,而且从有关调研的结果来看,真正将量刑建议纳入庭审的其实不多。[①]这种情况自2005年最高人民法院启动量刑程序改革开始有了转机,特别是2009年最高人民法院开始试点该项改革之后,纳入庭审程序的工作开始逐渐步入制度化、规范化的轨道。2009年,最高人民法院指定上海市浦东新区法院作为量刑规范化改革试点的基层单位后,浦东新区检察院便以此为契机,探索出庭检察人员参加量刑审理活动、提出量刑意见以及参加辩论的程序和方式,探索了分离式、相对独立式、一体化方式三种量刑程序庭审方式,[②]重点针对"认罪或不认罪的案件""律师出庭辩护""被害人、证人出庭""品格证据出示""简化审程序""普通程序""多人多节、一人多节或多罪名""庭前证据交换""审查起诉中征求量刑意见"等程序性问题进行了探索实验。

（5）进一步发挥量刑建议对刑事审判的监督作用。该项制度设计的初衷是对法院的量刑活动进行监督制约,促进量刑的公正、均衡、透明,可以说,量刑建议是强化检察机关审判监督职能的一项制度设计。一些区县检察院在其内部的量刑建议规范中,要求承办人在法院作出判决之后填报审查表,审查提出的量刑建议与法院裁判的情况,差异较大的必须写清分析意见,提交三级审批,以确定是否提出抗诉、纠正违法或检察建议以加强审判监督;有一些区县检察院与当地法院达成共识,要求法官在其作出裁判与公诉人的量刑建议偏差较大时,必须说明相应的理由。但客观上,由于量刑建议与最终判决不一致而启动抗诉

---

①　参见叶青:《量刑建议工作的规范化改革》,《华东政法大学学报》2011年第2期。据作者开展的调研情况,除少数试点单位外,其他法院对检察院提出的量刑建议尚未纳入庭审程序,也很少在法庭调查和法庭辩论时专门就量刑问题进行举证、质证和辩论。

②　分离式,即庭审分为二部分定罪事实的调查、辩论,量刑事实的调查、辩论,在定罪和量刑阶段之间不做人为间断;相对独立式,即在法庭调查阶段分别进行定罪事实和量刑事实的调查,在辩论阶段,分别进行定罪事实和量刑事实的辩论;一体化方式,即对被告人的量刑事实进行重点调查举证质证辩论,而对定罪事实从简或者不作调查。

程序的案例相对还是比较少的。检察机关对审判监督工作的进一步重视,对发挥量刑建议的审判监督作用发挥提出了更高的要求。2008 年底,最高人民检察院印发《关于在公诉工作中全面加强诉讼监督的意见》,该《意见》提出要把开展量刑建议工作作为强化审判监督力度的有效途径,对量刑建议的功能和属性作了更加清晰的定位,将量刑建议作为检察机关履行审判监督职责的重要手段。2009 年,上海市人民检察院对寻衅滋事等七类常见罪名的 2024 件刑事案件的量刑情况开展了专项调研,梳理出量刑偏轻现象明显、同类犯罪区域间量刑标准不统一、同一法院前后量刑失衡等问题,为进一步监督刑罚规范适用和开展刑事审判监督奠定了基础。①

2009 年 7 月,经过七年试点和相关调研,制定量刑建议工作规范的时机已趋成熟,在此情况下,上海检察机关制发了《关于深化和规范量刑建议工作的指导意见》,提出了深化和规范量刑建议工作的三项主要任务:一是规范常见罪名的量刑建议方法和标准,细分法定刑幅度,确定常发罪名的犯罪构成及各项量刑情节对量刑建议的具体影响,确保量刑建议能够得到一个相对明确标准。二是实施相对统一的工作规范。针对适用量刑建议的条件、范围以及证据的收集、使用等,形成内部相对统一的程序性规范,使得量刑建议的实施有了共同的遵循。三是对量刑程序中的相关诉讼规则进行深入研究。与法院沟通会商庭审中的量刑举证、质证、辩论等程序性问题,确定出庭规则。笔者认为,这个《指导意见》的出台具有重要意义,标志着上海检察机关对于量刑建议工作的理解日臻成熟,说明前期的试点工作取得了阶段性的成效,从《指导意见》的内容来看,对于深化量刑建议工作进行了全面而系统的部署,提出"规范常见罪名的量刑建议标准""科学量化量刑情节",目的在于解决量刑建议所依赖的实体问题,直接针对法律规定中的刑罚裁

① 参见李丽:《上海市检察院:统一规范常见罪名的量刑建议权》,《中国青年报》2010 年 2 月 1 日第 2 版。

量空间过大的问题提出了要求。与此同时,提出规范量刑建议相关证据的收集和使用,使量刑建议所依据的法定、酌定量刑情节都有充分的证据予以证明,强化证据的证明作用,这对于量刑建议的公信力和说服力具有重要作用。另外,《指导意见》还充分关注了公诉出庭规则、证明责任等具体问题,关注了检察机关的量刑建议与法院量刑改革的衔接,在体现检察机关的主动性和独立性的同时,主动加强与法院的沟通协调。同年11月,上海检察机关进一步制发了《上海检察机关公诉部门量刑建议工作规范(试行)》,对适用量刑建议的基本要求、具体步骤、内部审批程序、提出方式、量刑庭审规则、量刑建议变更等具体问题进行了规范,较之于此前下发的《关于深化和规范量刑建议工作的指导意见》,在操作性方面更进一步。上述两份文件是上海检察机关积极推进量刑建议规范化的阶段性成果,对于继续深入推进这项制度改革具有重要的基础性意义,制度性框架已经基本确立。

(三) 第三阶段(2010年2月之后):改革的脚步不停歇

2010年,量刑建议的制度框架已基本确定之后,量刑建议试点工作的重心从逐步推进制度框架的搭建转变为制度的具体落实和完善深化技术层面的工作上来。比如,该项制度中的一些具体问题,包括证据的证明标准、证据范围、被害人可否参与量刑庭审的过程、无罪辩护案件如何开展量刑辩论等问题还需要进一步的研究和解决。因此,一系列新的探索和尝试还在继续进行。

(1) 量刑建议得到司法解释的支持。"两高三部"共同下发了《关于规范量刑程序若干问题的意见(试行)》,从2010年10月1日起在全国全面推行量刑规范化改革。之后,"两高三部"又于同年11月6日联合下发了《关于加强协调配合积极推进量刑规范化改革的通知》。上述两份文件都对检察机关行使量刑建议权予以清晰明确的规定,要求检察机关继续完善量刑建议制度,逐步扩大量刑建议的案件适用范围。由此,量刑建议制度被正式确立在我国的司法解释之中,成为中国刑事量刑程序的有机组成部分,①这可以认为是对检察机关多年来不遗余力推进量刑建议制度的一种肯定,当然更为之后继续深入开展的量刑规范化改革工作提供了指导性文件。尽管 2012 年修订后的《刑事诉讼法》没有对量刑建议作直接的规定,但最高检随后发布的《刑事诉讼规则》却给出了明确的规定。②

（2）进一步完善量刑建议制度。2010 年 2 月,最高人民检察院下发了《开展量刑建议工作的指导意见（试行）》,标志着经过近五年的全国试点,量刑建议制度正式确立并在全国普遍施行。③2011 年 4 月,上海市人民检察院根据上述文件精神并结合上海量刑建议试点的实际,下发了《关于全面推行量刑建议工作的指导意见》,确定了量刑建议工作依法进行、循序渐进、简便易行的指导原则,明确了提出量刑建议的一般要求、适用规则,规定了提出检察建议的方式、内部审批及建议变更的程序,并对量刑纳入法庭审理程序、对量刑裁判进行审查等问题进行了规定。

（3）检法进一步加强在量刑建议和量刑规范化工作中的协调。最高人民法院启动量刑规范化改革之后,检法两家在规范量刑问题上找到了契合点,在司法实践中,不断就量刑的实体和程序问题进行沟通协调。比如,上海法院和检察院通过定期召开联席会议,就毒品犯罪法律适用等实体问题以及刑法修正案具体适用中的法律问题开展研讨,2011 年 3 月,上海市高级法院与上海市检察院通过检法联席会议,对推进量刑规范化工作进行了深入研究,双方就量刑规范和量刑建议问题达成了一系列共识性的意见:本着"先易后难、循序渐进、兼顾

---

① 陈瑞华:《论量刑建议》,《政法论坛》2011 年第 2 期。

② 其中第 399 条规定:"检察院对提起公诉的案件,可以向法院提出量刑建议。除有减轻处罚或免除处罚情节外,量刑建议应当在法定幅度内提出。建议判处有期徒刑、管制、拘役的,可以具有一定的幅度,也可以提出具体确定的建议。"

③ 王军、侯亚辉、吕卫华:《〈检察院开展量刑建议工作的指导意见（试行）〉解读》,《人民检察》2010 年第 8 期。

效率、简便易行"的原则将量刑纳入法庭审理程序;保障量刑程序的相对独立;量刑证据的审查必须客观全面,既要审查对被告人不利的证据,也要审查对被告人有利的证据;检察院可以要求侦查机关(部门)提供法庭审判所必需的与量刑有关的各种证据材料,确保量刑事实清楚;就量刑程序的相关问题达成若干共识。检法两家的有效沟通协调,促进了双方在量刑标准、庭审程序、证据规则等问题上的观点统一,对于促进量刑的规范化和量刑制度的进一步完善具有积极意义。

(4)深入开展量刑建议的实务调研、理论研究和学术讨论。2010年,随着法院量刑规范化和检察院量刑建议工作的同步推进,关于如何进一步加强两者对接问题,成为一个研究的热点。其间检察系统召开了一些专题的研讨会。比如,2011年8月5日,中央政法委督察组会同上海检察机关在上海市普陀区检察院召开了量刑规范化改革实施工作的研讨会。会上,上海市检察院、普陀区法院、普陀区检察院、普陀区公安局分别介绍了开展量刑建议、推进量刑规范化的经验,得到了与会人员的肯定。又比如,2011年9月15日至16日,"检察机关量刑建议理论与实践专题研讨会"在上海召开。来自北京、天津、上海、重庆的检察长分别作了专题发言,就各院量刑建议工作的探索和实践,以及对量刑建议的原则、适用范围等问题进行了深入研讨和交流。这些以解决实务问题为主要目的,同时结合理论研究所开展的研讨活动,对量刑建议实践中的一些难点问题给出了解决方案,同时不同地区之间的交流,也促进了有益经验的推广和传播。

(5)进一步探索量刑建议制度中的相关具体措施。一是对涉罪未成年人提出适用禁止令的量刑建议。根据《刑法修正案(八)》的规定,法院可以对被判处管制和缓刑的犯罪分子同时实施一些人身禁止令。2011年5月1日《刑法修正案(八)》正式施行后,上海未成年人刑事检察部门积极开展了将禁止令纳入量刑建议的尝试。①二是探索对无罪辩护案件的量刑听证程序。无罪辩护案件如何进行量刑辩论一直是量刑建议试点中关注的疑难问题。2010 年 9 月,上海市检察院第一分院与上海市第一中级法院针对一起非法运输毒品案开展了量刑规范化试点。案件被告人之一袁某及其辩护律师以被告人乃受人所托、不知所携带物品是毒品为由提出无罪辩护。庭审采用了定罪和量刑相对分离的程序,在定罪辩论结束之后,由法官告知被告人及其辩护人有参与量刑辩论的权利,无罪辩护不影响对量刑程序的参与,打消了被告人及其辩护人的疑虑。在量刑辩论过程中,公诉人鉴于毒品犯罪的社会危害性,以及被告人非法运毒的数量和拒不认罪的态度,建议法庭对被告人彭某判处无期徒刑。被告人的辩护律师参与量刑辩论,希望法庭考虑其是受人指使的初犯且是一个孩子的母亲,可从轻处理。法庭最终采纳了公诉人的量刑建议,但在宣读判决结果的时候详细解释了量刑的事实和依据。②三是探索将被告人在羁押期间的表现纳入量刑建议范畴。从2010 年开始,金山、青浦等一些基层检察机关开始了将被告人在羁押期间的表现作为量刑建议依据的尝试。2010 年 7 月,金山区检察院针对一起普通的诈骗案提起公诉,起诉书中对被告人管某在羁押期间的表现进行了综合陈述,指出由于羁押期间的违纪表现管某应得到从重处罚,建议对被告人管某判处一年以下有期徒刑或者拘役,并处罚金。最后,法庭当庭判处被告人管某有期徒刑 8 个月,并处罚金 4000 元。③四是探索将被告人的社会调查作为量刑建议的根据。2012 年,"两高"

---

① 参见林中明:《上海适用首例涉罪未成年人禁止令》,《检察日报》2011 年 5 月 4 日第 1 版。2011 年 5 月 3 日,由上海市长宁区检察院起诉并提出量刑建议的上海首起适用禁止令,在长宁区法院当庭宣判,孟某、许某构成盗窃罪,各判处有期徒刑一年、缓刑一年,和有期徒刑十个月、缓刑一年,同时判决禁止两人在缓刑考验期内与同案犯接触,禁止许某在外过夜。

② 参见徐亢美:《刑事审判引入量刑听证程序——市一中院试点分别赋予控方量刑建议权和辩方量刑辩护权》,《文汇报》2010 年 9 月 17 日第 3 版;敖颖婕、刘建:《沪首创"释明—告知"程序破解无罪辩护量刑规范化难题》,《法制日报》2010 年 9 月 10 日第 5 版。

③ 参见林中明:《量刑建议法院全部采纳》,《检察日报》2011 年 3 月 7 日第 14 版。

与公安部、司法部共同下发了《社区矫正实施办法》,赋予了检察机关启动拟对被告人判处非监禁刑前调查的新职能。一些基层检察机关开始尝试将诉前对被告人的社会调查与量刑建议相结合,以提高量刑建议的准确性以及社区矫正的效果。比如,浦东新区检察院曾专门开展了相关的调查研究工作,发现由于审前调查时间短、启动主体单一等多方面的原因,造成审前调查的质量往往不是很高,而且在法院对被告人适用缓刑之后,实际执行的过程中效果往往也不是很好。于是,浦东新区检察院主动与法院以及司法行政部门进行对接,在达成共识的基础之上,开始对法院准备对被告人适用缓刑的刑事案件事先启动诉前社会调查工作。检察机关对可能适用缓刑的被告人,由公诉部门提出开展诉前的调查意见,并连同起诉书、相关证据材料一并转送到本院的监所检察部门,由其负责审核工作;监所检察部门审核完成后向被告人居住地街道司法所发送征询表,由街道司法所依照相关的程序,在调查之后提出被告人是不是合适在社区进行矫正的具体意见;检察机关收到街道司法所的意见之后,需将该意见在诉讼文书中予以记载,并在提起量刑建议的时候一并向法庭提交。①

二、量刑建议制度实际运行中的不足及发展的方向

尽管自 2002 年以来,上海试行量刑建议制度一直"顺风顺水",并没有遇到太多的阻力和障碍,量刑建议制度也逐步走上了法制化、规范化的道路,但从一个制度发展演变的大趋势来看,量刑建议制度毫无疑问还只是一个新生的事物,存在着诸多需要完善的制度细节。而且,由静止的制度到动态的实施也需要一个过程。回顾量刑建议的形成过程,笔者有几点思考:

首先,量刑建议的高采纳率是否意味着制度设计的成功? 从全国

---

① 蔡顺国:《上海浦东检察院创新社区矫正监督方式对接新规》,《检察日报》2012 年 9 月 6 日第 5 版。

各地检察机关披露的量刑建议实施情况来看,量刑建议被法院的采纳率普遍都比较高,比如四川省检察机关从 2008 年到 2009 年共对 10687 名被告人提出了量刑建议,法院采纳量刑建议共 7511 人,采纳率为 70%。[1]70% 的采纳率并不算高,从媒体报道的信息来看,有不少地区的采纳率都超过了 90%。[2]上海的情况与之类似,据统计,上海法院对量刑建议采纳的数量占到案件总数的 90.5%;未采纳的案件主要是检察院在提起公诉的时候没有建议对被告人适用缓刑,但是后来法院在判决中实际适用了缓刑的情况。[3]那么,我们是否可以认为量刑建议的高采纳率意味着量刑建议制度设计的成功、量刑建议达到预期的目标了呢?恐怕不能轻易下这样的结论,相反,应当理性地看待量刑建议的高采纳率问题。从积极的方面,可以将量刑建议高采纳率理解为检法双方在适用刑罚的种类和处刑的幅度上达成一致意见,理论上,这种一致意见越多越有利于约束法官单方面的恣意量刑。从时间的纬度上看,量刑建议的采纳率总体上呈现出逐步上升的态势,可以理解成公诉人对量刑建议的重视程度不断提高,在公诉活动中更加注重对量刑问题的研究,在量刑事实的认定、证据的收集、量刑情节的分析等方面的综合能力的提升。但如果我们进一步深入分析量刑建议的高采纳率何以形成,也许会得出另外一些与此不同的结论。基于实证的分析,笔者认为,量刑建议的高采纳率有几方面原因:一是量刑建议的适用范围以简易案件为主。尽管理论上检察机关可以对所有提起公诉的案件适用量刑建议,但无论是指导思想上还是实际操作上,[4]一般多是就那些

① 雷秀华、余春华:《四川省检察机关量刑建议探索》,《国家检察官学院学报》2009 年第 5 期。
② 有关报道可参见张洪超、梁昭、张龙:《山东冠县:82 份量刑建议全部被采纳》,《检察日报》2012 年 8 月 8 日第 1 版;李郁军、马君:《甘肃白银平川:量刑建议采纳率 98%》,《检察日报》2009 年 6 月 4 日第 3 版;刘宜俭:《98% 量刑建议被采纳》,《检察日报》2012 年 6 月 13 日第 10 版。
③ 参见叶青:《量刑建议工作的规范化改革》,《华东政法大学学报》2011 年第 2 期。
④ 上海市关于量刑建议的指导意见中,提出"目前宜对最高人民法院《法院量刑指导意见(试行)》确定的交通肇事罪、故意伤害罪等 15 种犯罪案件开展量刑建议工作,并对司法实践中适用最多的有期徒刑、拘役等刑种提出量刑建议"。

"事实清楚""证据确凿""被告人认罪"的案件提出量刑建议,在适用量刑建议的案件中,简易程序、普通程序简化审的案件占了很大的比重。这些案件的犯罪事实普遍比较清楚,量刑情节往往较为简单,量刑建议与量刑裁决达成基本甚至完全一致,完全在情理之中。二是量刑建议高采纳率与法院出台量刑标准有一定关系。在检察机关致力于推进量刑建议的同时,法院也在展开量刑规范化的努力,其中的一项措施就是针对一些罪名的量刑出台比较具体的量刑标准。①尽管检察机关在推进量刑建议的过程中,明确要求公诉人对于法院系统的量刑标准是"参考"而非"照搬",而且法院制定的量刑标准不能在法庭上直接适用,但公诉人在实践活动中或多或少会依据法院的量刑标准提出量刑建议。在此情况下,量刑建议与量刑裁决相近实属正常。三是一些公诉人刻意追求量刑建议的高采纳率。如何达到量刑建议的高采纳率?这里实际上存在一个简单的技术操作问题,比如可以把原本应当是确定地提出的量刑意见更改为一定幅度的量刑建议;另外,有的公诉人会事先与熟悉的法官做庭外沟通,了解庭审法官的量刑打算,然后以此为依据提出差不多幅度的量刑建议。综上所述,对于量刑建议高采纳率的现象,应当予以客观看待,如果检察机关过分地追求量刑建议被高比率采纳的目标,更有甚者将量刑建议是否被采纳作为评价公诉人业务水平的标准,则很可能会导致量刑建议因为功利性的追求而丧失原本应当具有的功能,徒具其形而无实际价值。

其次,如何看待量刑建议的程序设计?量刑建议制度设计对检、法、辩三方来说是一种"多赢"。从法院一方来说,量刑建议有助于增强其司法权威,一方面,检察机关的量刑建议和法院自身的量刑规范化改

---

① 比如,2010年上海市高级法院制定了《上海法院量刑指导意见》,规定了量刑的基本原则与基本方法、量刑情节的适用规则、常见量刑情节的适用,旨在避免了量刑偏差,通过细化量刑标准,规范量刑裁量权,从而实现量刑均衡(参见张勇:《量刑规范化改革中法官司法能动性辩正——基于上海法院量刑规范文本检视》)。实际上,近年来上海法院系统已针对盗窃罪等常见罪名先后出台过不少的量刑标准。

革,有助于破除长期以来饱受诟病的量刑过程不公开、不透明的问题,一定程度上能够减少法官量刑裁决的随意性,减少"同案不同判""同罪不同刑"的现象,从而使法院的量刑裁判获得当事人和社会公众的更大认同。另一方面,检察机关提出量刑建议,客观上有助于增强量刑裁判的公信力,因为公诉人提出的量刑建议是代表了一个法律共同体对于刑法及相关法律、司法解释的理解,公诉人的这种理解与法官一样具有专业性,当公诉人的理解与法官的理解趋于一致时,显然有助于辅助证明法官量刑裁决的专业与权威,有助于分摊法院承受的社会压力。从检察机关来说,量刑建议从某种意义上"扩展"了其在刑事诉讼过程中的检察权,使公诉人有机会在起诉书中或者庭审过程中发表自己对于量刑的客观意见,而不是仅仅参与定罪而将量刑问题完全丢给法官。或者可以认为,量刑建议使检察机关监督权的使用提前,不再是被动地等待量刑结果出来后以"畸轻畸重"的理由提起抗诉,相反能够将监督的标准和意见通过量刑建议提前表达出来,供法官参考。尽管量刑建议对法官没有法律上的实质约束力,理论上法官可以置之不理,但从实际的情况来看,法官不可能对公诉人的量刑建议完全视而不见,也就是说量刑建议对法官的量刑产生了事实上的约束力,这即是监督的效果。另外,对于被告人及其辩护人一方而言,量刑建议制度基本上对其增益大于损益,因为量刑建议增加了其参与庭审抗辩的可能,有更多机会事先预判自己可能面临的刑罚,并针对量刑问题发表意见,特别是在量刑举证、辩论的过程中,被告人及其辩护人有机会提出司法机关没有掌握的一些量刑事实和证据,这些事实和证据在侦查和审查起诉阶段没有被及时收集,却有可能减轻被告人的最终刑罚。正是由于量刑建议是一种多方共赢的制度设计,因此受到了普遍的接受和欢迎。

尽管量刑建议的程序设计符合诉讼原理,产生了积极作用,但在量刑建议的具体程序上,却依然存在一些值得商榷的地方。比如,内部审批程序有进一步改进的空间,既要统一审批的程序,更要减少审批的案件范围。又如,量刑建议涉及的公诉规则问题,是否有必要将定罪与量刑的举证、质证和辩论程序完全分离,这些问题有待进一步探讨和实践。有一种观点认为,只有把定罪和量刑两者进行程序上的分离,公诉权才有可能从单纯的定罪请求权发展出真正的量刑建议权,同时,以量刑控制为中心的证据规则也才可以得到建立。①笔者以为,强调量刑活动相对于定罪活动的独立地位固然具有重要价值和意义,但必须看到我国诉讼制度更为接近大陆法系国家的诉讼制度,而同为大陆法系国家的日本、韩国早在多年之前就尝试参考英美法系国家进行量刑程序与定罪程序分离的尝试,但始终未能真正施行。也许对我国而言,尝试进行相对分离的程序更符合客观现实,②这有待于实践的进一步论证。

第三,量刑建议的成效如何评价?毋庸置疑,量刑建议制度的试点和推进,取得了一定的成效,从大的方面来讲,量刑建议与量刑规范化改革,共同推动了刑事诉讼程序的变革,一定程度上改变了既往的刑事诉讼格局,使量刑程序纳入庭审程序成为必然的趋势。正如相关学者所言,量刑建议与量刑规范化改革改变了过去的刑事诉讼工作模式,侦查取证、审查起诉、律师辩护、法庭审理等刑事诉讼具体环节都开始向量刑事实和证据方面延伸,从而更加有机地将侦查、起诉、审判、辩护各环节的工作衔接起来。③从小的方面来看,检察机关通过量刑建议体现了宽严相济的刑事司法政策,同时提高了诉讼效率,上诉率有所下降,

①　陈瑞华:《论量刑程序的独立性》,《中国法学》2009年第1期。

②　我国刑法中特有的犯罪构成决定了很难将定罪与量刑程序完全分离。这是因为,要构建独立于定罪程序的量刑程序,必然要求量刑程序中的审理对象—量刑情节—与定罪程序中的审理对象—定罪情节—能够分离。然而,从我国刑法的有关规定来看,很多定罪情节和量刑情节是难以区分的。如我国刑法规定了许多"情节犯",这类犯罪以"情节严重""情节恶劣""情节特别严重""情节特别恶劣"为成立犯罪的要件,从而使得量刑程序审理对象与定罪程序审理对象不具有区别性。相关的观点参见李玉萍:《中国法院的量刑程序改革》,《法学家》2010年第2期。

③　张景义:《量刑程序规范化改革正逐步走向成熟——访最高人民法院刑三庭庭长戴长林》,《法院报》2011年9月2日第1版。

另外量刑建议也促进了公诉人素质的提升。但与此同时,也必须客观看到,量刑建议的作用还没有真正发挥出来。比如,量刑建议引入庭审程序的案件数量依然比较有限,并非多数案件都能进入量刑庭审程序,倘若量刑建议无法进入庭审程序,被告人便难以通过庭审程序为自己辩解,量刑建议启动量刑答辩的作用自然打了折扣。而即使是那些进入庭审程序的案件,也常常因为被告律师的缺位而无法展开真正有质量的抗辩,这是因为在我国,刑事案件辩护率长期偏低,虽然有法律援助制度的存在,但依然有大量的刑事案件没有辩护律师参与。在缺乏律师参与的情况下,被告人一般难以与公诉人就量刑等问题展开对等性、实质性的辩论,庭审的效果可想而知。再比如,量刑建议对于促进量刑平衡的作用似乎没有得到很好的发挥,最典型的莫过于职务犯罪案件的量刑问题,受贿 10 多万元与受贿 100 多万元被判同一刑期的案例比比皆是。

最后,量刑建议制度发展的方向在哪里?总体而言,未来量刑建议制度可以从实体和程序两个方面加以发展完善。在实体层面,关键是要制定和完善涉及各种常见罪名的量刑标准。对于量刑建议实体标准的重要性,一些学者早有认识,认为中国量刑制度中的根本性问题并非程序法的问题,相反实为实体法上的问题,比较符合逻辑的思路是"实体法问题,实体法解决;程序法问题,程序法解决"①,"如果没有实体法支撑,即便建立了专门的量刑程序,也可能流于形式"②。这些学者的观点颇具道理,深入分析量刑不均衡、不规范问题的根源,不难发现刑事立法在量刑规定上过于原则、宽泛是造成量刑问题的重要原因。解决这一问题的直接思路是建立并逐步完善相关的量刑标准,对各项量刑情节予以细化,确定合理的量刑幅度,明确相应情节量刑加减的具体办法,尽可能地减少法官在量刑方面进行自由裁量的权力空间,从而达

---

① 左卫民:《中国量刑程序改革:误区与正道》,《法学研究》2010 年第 4 期。
② 周光权:《量刑程序改革的实体法支撑》,《法学家》2010 年第 2 期。

到规范量刑的目的。这方面的努力已经开始,最高人民法院颁布的《法院量刑指导意见(试行)》尽管在某些方面还不一定完善,但已经是一种可喜的尝试。至于检察机关是否需要自己制定一套量刑标准,笔者认为大可不必,耗费司法资源自不待言,更重要的是检察机关制定的量刑标准未必就比法院的量刑标准科学,而且两套标准共存,难免发生"打架"的情况。因此,更为现实可行的方法是由法院牵头,公、检、法、司、律等相关的法律共同体,共同研究制定符合实际的地方量刑标准,更有利于形成科学、有公信力的量刑标准。在程序层面,一方面是要加强刑事公诉案件简繁分离的力度,因为提高量刑建议质量的前提是案件必须简繁分离,对于那些犯罪事实、量刑事实都很清楚、证据确凿、被告人对定罪量刑没有异议的案件,实行快速办理,从而集中更多的精力研究和处理疑难复杂案件,调查收集相关证据,从而更加准确地提出量刑建议。另一方面,量刑建议制度的进一步发展需要关注诉讼效率和司法成本的问题。随着量刑规范化改革的推进,必将会有更多的案件量刑辩论纳入庭审程序,但到底哪些案件纳入(即纳入庭审的案件数量)需要检法双方具体合议,因为任何司法活动都需要成本,成本过高则必然降低诉讼效率,有的时候甚至还有可能损害犯罪嫌疑人、被告人的利益。量刑进入到庭审程序以后,使得诉讼效率客观上有所下降的问题已经引起了一定关注,有实证分析报告在数据分析的基础上指出,改革后的量刑程序耗费了更多的司法资源,而审判效率明显下降,法官、检察官的工作量明显增加,定罪量刑截然分开导致庭审时间延长,举证、辩论重复较多,庭审的时间延长了三分之一,延长审限的案件比例增加。①这一问题需要引起重视,在量刑建议制度的程序设计上,注意诉讼效率问题,控制好司法成本,比如根据最高人民检察院此前的规定提出量刑建议一般要使用单独的量刑建议书,这样的规定是否必要值得

----

① 　参见左卫民:《中国量刑程序改革:误区与正道》,《法学研究》2010 年第 4 期。

商榷,笔者以为通过完善起诉书的书写可以解决的问题完全没有必要另外再多用一种诉讼文书而增加公诉人的工作负担。

■ 第三节　公诉简化程序

所谓公诉简化程序,是指检察机关在进行刑事公诉活动中,对公诉案件进行繁简分流,对相对简单的案件实施简化程序,以提升司法效率的制度。公诉简化程序系刑事诉讼简易程序的组成部分。在我国,其实早在清政府时期便已开始对刑事简易程序进行探索实践活动。清末,清政府在实施变法过程中,于1908年仿照日本《违警罪即决例》制定了《违警律》,因其中涉及刑事犯罪简化处理的规定而被认为是近代我国简易刑事程序立法的萌芽。然而,因为对犯人所犯《违警律》规定之罪,由警察直接进行处罚,凡拘留者拘留于巡警官署,对其不服者不得呈控审判衙门或其他地方官衙门,所以,对违警罪的处罚实际只是一种行政处罚,它的相关程序也并不是严格意义上的审判程序。[1]另外,清政府制定的《违警律》适用范围狭小,只有轻微刑事案件方能适用,远难满足刑事程序发展之需要。此后,北洋政府时期制定的《违警罚法》,应该是最早出现的比较正式的刑事简易程序立法。北洋政府还制定了《处刑命令暂行条例》《刑事简易程序暂行条例》等法律,进一步扩大了简易程序审理案件的适用范围,力求减少诉累、提高司法效率。至南京国民政府时期,刑事简易程序被作为独立的篇章,纳入《刑事诉讼法草案》。此后,《刑事诉讼法草案》经历了几次修改,最终成为1935年颁布实施的《刑事诉讼法》。尽管1935年南京国民政府的《刑事诉讼法》增删了不少内容,然而涉及刑事简易程序的第七编法例却得以完整保留。[2]

---

① 参见左卫民等:《简易刑事程序研究》,法律出版社2005年版,第145—146页。

② 参见马贵翔:《刑事简易程序概念的展开》,中国检察出版社2006年版,第19—20页。

新中国成立之后，"轻程序，重实体"在相当长的时间里都是我国司法系统的价值倾向，这在刑事诉讼程序中的体现尤为明显。由于长达三十余年的时间里，迟迟没有能够制定出刑事诉讼法，因此，并没有建立起完整的程序性规则，更谈不上普通程序与简易程序之别。1979 年《刑事诉讼法》中虽然有这样的规定，即对某些犯罪情节相对比较简单的、被告人的罪行比较轻微的刑事案件，可让法官进行独任审判，然而，却并未在法律条文中对专门的简易程序予以规定。①

一、我国刑事简易程序的确立

由于 1979 年《刑事诉讼法》中没有规定简易程序的缘故，因此，所有的一审刑事诉讼案件一律适用普通程序。这当然也存在一个客观上的原因，即在那个历史时期，刑事犯罪的数量还不是特别多，同时当时的普通程序其实也是比较简易，因此没有对法院造成过重的负担。②1980 年代初，在我国刑事司法实践活动中产生了一种"变异"的简易程序。这与当时的时代特点相关，当时的中国经历过一次强烈的犯罪浪潮，犯罪率高涨，由于当时百业待兴，司法资源也比较有限，甚至可以说是捉襟见肘，导致出现大量积案的问题。为此，中央决定在全国范围启动"严打"行动。全国人大常委会为推进"严打"，于 1983 年 9 月 2 日制定了一个有关对严重危害社会治安的犯罪分子进行快速审判的决定，在这一决定中，通过对普通审判程序予以一定程度简化的办法，创设出了一种快速裁决的所谓"从重从快程序"③。实施这一程序之后，从数据上看，确实在短时间有效遏制了刑事犯罪，刑事案件数量出现回落。但另一方面，这种所谓的"简化诉讼程序"弊端明显，其以漠视被告人诉讼权利和人权保障为代价，因程序缺乏保障而被"误伤""矫枉过正"者

---

① 参见高一飞：《刑事简易程序研究》，中国方正出版社 2002 年版，第 54 页。
② 熊秋红：《刑事简易速裁程序之权利保障与体系化建构》，《人民检察》2014 年第 17 期。
③ 王敏：《刑事简易程序改革研究》，中国政法大学 2008 年硕士论文。

也并非鲜例。随着人们法制意识、民主和人权意识的不断增强,这一违背法治原则的简化程序机制,最终毫无意外地退出了历史舞台。①

真正意义上的刑事简易程序,要一直等到 1996 年修改《刑事诉讼法》的时候,才得以正式确立。简易程序被认为是为了适应当时"严打"形势,加大对犯罪打击力度的客观需要,全面提升诉讼效率而创设的诉讼程序。②1996 年《刑事诉讼法》规定了简易程序适用于轻微刑事案件。根据规定,适用简易程序应当基于控审两方合意,在适用的时候并不需要专门征求被告人及其辩护人的意见。在法院办理简易程序案件时,检察机关不需要指派公诉人出庭支持公诉。

二、创设普通程序简易审程序

1. 主要依据

1999 年,最高人民法院发布《人民法院五年改革纲要》,这一纲要中提出一个指导性的意见,要求全国法院系统在审理案件的过程中,可以在法律规定的范围内尽量适用简易程序,并提出后续准备向立法机关提出修改法律的建议,促进适用简易程序案件范围的进一步扩大。此后,2003 年,"两高"会同司法部发布了两个司法解释,在原有的简易程序基础上,进一步增加了"普通程序简易审"程序。这一由司法机关共同创设的新的刑事诉讼程序与法定的简易程序相比,除了在适用范围上有一定的不同之外,基本没什么实质性区别,因此,有的学者一针见血地指出,普通程序简易审实际上就是我国"专门针对重罪案件的'简易程序'"。③

至此,我国形成了"普通程序简易审"(重罪简易程序)和原有简易

---

① 有学者认为这是我们国家当代刑事简化程序的最初形态,如陈瑞华教授就认为"尽管没人对此明确加以定性,但这一速决程序实际上就是中国的刑事简易程序"。笔者对此持不同意见。

② 刘家琛:《新刑事诉讼法条文释义》,人民法院出版社 1996 年版,第 459 页。

③ 参见左卫民等:《简易刑事程序研究》,法律出版社 2005 年版,第 218 页。

程序(轻罪简易程序)并存的二元格局,拉开我国刑事简易程序多元化发展的序幕。①需要重点指出的是,在"两高"与司法部共同颁布的这两个司法解释文件中,明确提出要求,对于准备适用普通程序简易审和简易程序的案件,必须在诉讼程序中征得被告人及其辩护人的同意。这一规定具有积极意义,因为在我国刑事诉讼程序立法中还是第一次增加这样的规定,从尊重人权、保障被告人合法权利的角度来说,无疑是一种积极的进步,应予肯定。

2. 一般流程

在上海检察机关开展简化审案件办理的实践活动中,通常遵循如下操作:(1)在建议适用普通程序简易审时,一般事先都要征询被告人是否愿意适用这一程序,告知其程序性的权利义务,并要求被告人签署表示同意的书面意见。然后,检察院起诉时,将适用普通程序审理"被告人认罪案件"的建议书随同起诉书移送给法院。在庭审进行的过程中,如果突然出现被告人全盘翻供的情况,其对于起诉书所指控的犯罪事实及相关证据明确表示不承认的,案件应当立即转回适用普通程序审理。(2)根据规定,对于适用普通程序简易审的所有案件,检察机关都应当派员出席法庭支持公诉。(3)在举证方式方面,普通程序简化审的举证与普通程序相比要简单得多,在出示证据时,无需宣读每份证据的全部内容,证据的出示相对简单。(4)虽然每一个案件的复杂和难易程度各不相同,但是相对那些适用普通程序的案件而言,适用普通程序简易审的案件在法庭审理的过程中,减少了诉讼环节,效率明显更高,所需的庭审时间也明显较短,一般情况下适用普通程序简化审的案件庭审时间都在半个小时以内,这极大地节省了诉讼资源。②

3. 价值与问题

包括简化审在内的刑事简易程序,毫无疑问在缩减审案期限、提升

---

① 贾志强、闫春雷:《我国刑事简易程序的实践困境及出路》,《理论学刊》2015 年第 8 期。

② 徐美君:《刑事诉讼普通程序简化审实证研究》,《现代法学》2007 年第 2 期。

诉讼效率方面起到了积极的作用,然而,在十几年的司法实践过程中,此种简易程序存在的问题也逐渐暴露,不应被忽视,主要问题包括:第一,"普通程序简易审"的创设缺乏法律层面的依据。根据《关于适用普通程序审理"被告人认罪案件"的若干意见(试行)》(以下简称《意见》)的规定,对于那些被告人对指控犯罪供认不讳且自愿表示认罪服法的一审公诉案件,一般情况下都可以适用简化审程序进行审理,而对于那些被告人犯数罪的案件,也可以部分适用简化审方式进行审理。《意见》出台后,简易程序及普通程序简化审的适用率非常高,比较有效地促进了案件的简繁分流,对于缓解司法资源的紧张状况,确实发挥了一定的作用。其中,建立在被告人认罪前提上的普通程序简化审程序,相对快捷、对当事人处罚较轻,降低了司法成本,在公权和私权的平衡之间实现司法正义。然而,毋庸置疑的是,此种程序从形式上说并不是依据刑诉法确立的,相反是根据司法解释创设的第三种程序。第二,被告人的权利无法得到切实充分的保障。简易程序可认为是正义与效率原则反复权衡的结果,追求效率的价值并非一味追求缩短办案期限和庭审时间,相反应当建立在正义的基础之上,纵观各国刑事诉讼法律规范对于简易程序的制度设计,几乎毫无例外地规定了诉讼程序必须给予被告人最低限度的保障,也就是说被告人至少应当享有获知被指控的犯罪所依据的证据的权利,同时还包括获得律师的辩护与法律帮助的权利,以及一定程度上对诉讼程序具有选择的权力甚至是变更诉讼程序的权力。而在我国,1996年《刑事诉讼法》只提供了法院对适用简易程序的决定权和检察院对适用简易程序的建议权,作为案件当事人的被告,其选择权却没有得到必要的重视,在法律条文中没有进行任何表述。从世界各国的刑事诉讼法律制度看,很多国家在简易程序中都努力发挥辩护律师的作用,甚至法院应当提供免费的公派律师为无力承担律师费的被告人提供辩护。第三,简易程序当中公诉人不需要出庭的制度设计,既有损于刑事诉讼制度所确立的构造,也造成简易程序案件中检察监督功能的缺位。1996 年《刑事诉讼法》中规定,对于适用简易程序审理的公诉案件,检察院可以不派员出席法庭,尽管这里规定的是"可以"不出庭而不是一定不出庭,但在司法实践中,在刑事案件数量爆发性增长的情况下,检察机关为了能够减少工作量,能不出庭的就不出庭,结果就是公诉人一般是不会出席简易程序案件庭审的。如此一来,造成了一个尴尬的局面,即在庭审的过程中,由于没有公诉人出庭,其职能就只能由法官代替,在这样的庭审模式下,法庭纠问式的审判色彩十分强烈,原本应当由控辩审三方组成的刑事诉讼构造,转变为审辩双方的局面,这违背了法官中立和控审分离的基本要求。同时,还带来一个问题,即人民检察院对人民法院审判活动无法监督,这一环节的法律监督实际上已经缺失,使程序公正大打折扣。①

三、将普通程序简易审与简易程序整合

1. 2012 年《刑事诉讼法》在简易程序方面的新规定

2012 年,在修订《刑事诉讼法》的过程中,专门对"简易程序"一节进行了修改,主要的变动是:在取消"普通程序简易审"的同时,将其与简易程序进行整合,形成了一个新的统一的"简易程序"规则。另外,与以前的规定相比,新修订的简易程序更加尊重被告人对程序的选择权。在此之前,检察机关在提起公诉后,并不需要向被告人征求意见。但 2012 年《刑事诉讼法》实施之后,要求在适用简易程序的时候,必须征求被告人的意见,以确保其同意适用简易程序,否则便不能适用。与此同时,所有适用简易程序的公诉案件,检察机关都必须派员出席法庭、支持公诉。

2. 上海检察机关推行"简案专办"机制

根据《刑事诉讼法》修改的精神要求,上海检察机关进一步加强和规范了简易程序公诉案件的办理工作,于 2012 年 9 月出台了《关于进

---

① 李海玲:《中国刑事简易程序的回顾和展望》,《湖南警察学院学报》2015 年 2 月。

一步加强简易程序案件办理和出庭工作的指导意见（试行）》，提出要"建立和完善简易程序案件办理和出庭工作机制"。坚持和强化"繁简分流、简案专办"的办案模式，增加"简案专办"人员配置和骨干力量，确保适应简易程序案件审查和出庭任务。探索完善"专人审查、专人出庭"的办案机制，进一步优化了"简案专办"的模式，使专人审查与专人出庭协调配套、有机衔接。一方面，对于那些适用法官独任制审理的案件，检察机关一般是由承担"简案专办"任务的主诉检察官负责集中出庭；另一方面，对于那些法院需要适用合议制进行审理的刑事公诉案件，一般由负责案件审查起诉工作的主诉检察官自己亲自出庭支持公诉。建立健全"相对集中移送起诉、起诉和审理"的工作机制，要求公诉部门主动与公安、法院协商，与案管等部门沟通，通过制定规范性文件等，建立公安机关相对集中移送起诉、检察机关相对集中起诉和法院相对集中开庭审判的工作机制，避免分散诉判，减少工作重复。

四、"轻刑快办"、刑事速裁程序的探索与实践

所谓"轻刑快办"，全称是"轻微刑事案件快速办理机制"。"轻刑快办"是近年来检察机关在刑检活动中探索创新的一项简易办理案件的程序，其发展的过程大体可以划分为前后两个阶段。加快轻微刑事案件的办理效率是很长一段时间以来检察机关努力的方向，为了进一步提高对那些有可能被判处三年有期徒刑以下刑罚的轻微刑事案件的捕、诉工作效率，最高人民检察院曾于2007年专门下发一个文件——《关于依法快速办理轻微刑事案件的意见》，要求各级检察机关积极探索实施对符合条件的轻微案件快速办理的机制。但在这个时期，对于检察机关提出的"轻刑快办"工作思路，最高人民法院等司法机关并未引起足够重视，也没有进行积极的呼应，当然也没有出台与最高人民检察院的意见相匹配的司法解释。所以，可以说，"轻刑快办"的早先实践成为了检察机关的独角戏。2007年，上海检察机关事实上开始了"轻

刑快办"的实践,在当年印发的《关于处理轻微犯罪案件的若干意见》中规定,受理案件后,科(处)长经初步审查,对符合规定的轻微犯罪案件,要按照繁简分流的原则,将案情简单且不需要进行刑事和解的,交由快速专办组办理;将需要刑事和解或可能作不起诉处理的轻微犯罪案件交由专人办理。对于符合规定并且案情简单、不需要刑事和解的轻微犯罪案件,要缩短审查起诉期限,予以快速办理。可以适用简易程序审理的,应在十日内办结;可以适用普通程序简化审理的,应在十五日内办结。在快速办理过程中,如果发现案件存在需要退回补充侦查或其他不符合案件快速办理条件的,应当第一时间向部门负责人报告,并由其决定将案件办理转为普通审查方式,审查期限累计计算。在快速办理过程中,可以简化制作审查起诉终结报告,如果审查起诉认定的事实与侦查机关移送起诉所认定的事实基本一致的,则不需要重复叙述;可简单地列明证据来源以及通过证据能够证明的案件事实,但该案处理意见不能简化。

重要的转机发生于 2013 年,中央政法委在当年 8 月召开了一个现场会,该会的主题是实行轻微刑事案件快速办理机制暨发挥拘役刑教育矫治作用,由此正式开启"轻刑快办"在全国司法系统全面推广的序幕。全国不少地区开始了地方性的探索和实践,这一阶段的"轻刑快办"程序,既涵盖了侦查阶段,也涵盖了起诉和审判阶段,对于提高轻微刑事案件的办理效率起到了一定的积极作用。2014 年前后,上海检察机关根据中央的有关精神,进一步深入推进在轻微刑事案件快速办理机制方面的探索实践活动,先后下发了关于推进轻微刑事案件办理的实施细则和指导意见,在涉及轻案范围、专门办案组织、办案期限等关键问题上,作出了一系列明确的规范和要求,并探索出"四集中"①"三简化"②举措等,进一步推进了办案效率的提升。根据相关公开报道,

---

① 即集中受理、集中讯问、集中起诉、集中出庭办案模式。
② 即讯问笔录模板化、起诉书与量刑建议书一体化、简化案件审批手续。

2014 年第一季度,上海市检察机关按照"轻刑快办"程序受理并提起公诉 1056 件,占起诉案件数的 15.6％,审查起诉个案平均用时 5.15 天。①

2014 年 6 月,经过全国人大常委会授权,在上海等 18 个城市启动了为期两年的刑事案件速裁程序试点工作。根据最高人民法院、最高人民检察院、公安部、司法部(以下简称"两高两部")共同实施的试点工作办法,刑事速裁程序主要的适用对象为:可能被法院判处一年有期徒刑、拘役、管制或单处罚金的轻微刑事案件。显而易见的是,速裁程序适用的条件其实是非常严格的,首先,要求被告人必须对自己的罪行表示认罪;其次,要求被告人必须同意适用速裁程序;另外,还要求被告人对法律适用没有争议且对检察机关提出的量刑建议也表示同意。此外,速裁程序中还包含了诸如简化文书格式、不需要进行法庭调查、法庭辩论等的一整套比较系统的有助于简化程序的制度措施,与速裁程序相配套的还有建立援助值班律师制度,需要在法院、看守所派驻法律援助值班律师,为处于羁押状态的案件嫌疑人、被告人及时提供的法律帮助,帮助嫌疑人和被告人全面准确了解自己的诉讼权利义务。

"轻刑快办"、刑事速裁属于刑事诉讼简易程序的组成部分,可以视为特殊的简易程序。从规则层面看,由一般简易程序发展到"轻刑快办",再到刑事速裁,在程序设计的简易程度上呈现出了逐渐递增的趋势。通过上述这些论述,可以看出,自 1996 年《刑事诉讼法》开启刑事简易程序的探索实践,在经过将近二十年的发展变迁之后,我国刑事诉讼领域已经逐步形成由特殊的简易程序(即"轻刑快办"和刑事速裁制度)和一般的简易程序共同组成的多元化、层次化的刑事诉讼简易程序体系。②

五、我国公诉简化程序的发展规律

从我国刑事简易程序的发展来看,简化程序遵循了这样的发展

---

① 林中明:《上海探索轻案快办机制》,《检察日报》2014 年 5 月 31 日第 1 版。
② 闵春雷、贾志强:《我国刑事简易程序的实践困境及其出路》,《理论学刊》2015 年第 8 期。

规律:简易程序的形式从单一走向多元,简易程序的自身特征从单纯追求效率走向程序正当化,简易程序的改革依据从于法无据走向于法有据。

1. 简易程序的形式从单一走向多元化,适用范围不断扩大

公诉简化程序的发展呈现出适用范围不断扩大的总体趋势。在社会不断发展的过程中,刑事案件的类型日益多样化,同时,社会上刑事犯罪数量大量增加,出现了刑事诉讼案件不断积压的问题,这促使世界各国开始积极寻求解决刑事积案,解决司法资源相对有限无法消化积案的出路和办法。而简易程序因为可以有效地提高诉讼效率、减少诉讼时间、优化司法资源配置,引起普遍的重视从而在各国的司法实践中得到不断的发展与完善。我国探索简易程序制度,经历了从一开始纯粹以"严打"为目的的非理性的速决程序,到发展出真正的简易程序,其间经历了简易程序与普通程序简易审并存的阶段,最后发展到包含统一的简易程序和特殊的简易程序制度("轻刑快办"、刑事速裁)。

2. 被告人的权利保障越来越受重视

从世界范围的刑事诉讼简易程序规范来看,各国在设置简易程序的过程中,程序的简化并不是说就可以把程序正义这一关键问题弃之于不顾,恰恰相反,在程序简化的同时,司法机关应当给予犯罪嫌疑人和被告人更加充分的权利保障,特别是对程序的决定权等方面应当给予充分的尊重。这是因为,简易程序已经对一些刑事程序进行了省减,在客观上造成被告人行使某些诉讼权利的机会消减了,所以,如果不明确给予当事人选择适用或不适用简易程序的权利,对当事人来说是很不公平的,甚至可以说是有违人权的。从我国刑事诉讼简易程序发展变化的过程可以看出,随着法治理念的发展进步,我国在刑事诉讼领域对被告人权利的关注度越来越高,保障也越来越充分到位。首先,2012年《刑事诉讼法》明确给予当事人对是否适用简易程序的选择权,如果被告人对适用简易程序有异议的话就不能适用简易程序。而此前,简

易程序由检察院和法院双方合意即可启动,被告人没有参与权。其次,2012 年《刑事诉讼法》规定,对于那些适用简易程序审理的公诉案件,检察机关也必须派员出席法庭,这与此前的《刑事诉讼法》规定和司法实践通常做法完全是大相径庭,无论对于当事人权利的保护还是对客观正义的实现都是具有积极意义的。这是因为,检察机关派员参与简易程序的庭审,不单单是支持公诉的客观需要,同时也是维护以"控审分离、控辩平等对抗、审判中立"为主要标志的三角形诉讼构造的客观需要。另外,出席简易程序庭审也是检察机关履行法律监督职能的需要,有利于检察机关对简易程序中的审判活动加强监督,并促进司法裁判的公平公正。

3. 简化程序改革从于法无据走向于法有据

2003 年"两高"与司法部共同"开发"了"普通程序简易审"的程序,尽管这一创设是建立在司法实践客观需要的基础之上的,客观上在提高诉讼效率方面也发挥了积极的作用,但从严格法治的角度来看,这种创设明显违背了宪法精神,因为根据我国《立法法》的规定,只有人大及其常委会通过的法律才可以创设"诉讼和仲裁制度",无论如何,司法解释都不应该拥有创设新的简易程序的权限。当然,这也反映了依宪治国、依法治国的阶段性水平和特征,随着对法治国家建设理解的不断深入,包括司法改革等在内的各项工作依法进行的意识和程度不断提升(比如,刑事速裁程序的试点,就是通过全国人大常委会正式授权"两高"启动的,使得改革于法有据,体现了依法治国精神)。可以肯定的是,从今以后,在推进简易程序改革的进程中,由司法机关甚至于司法行政机关创设一种简易程序、地方法院未经授权直接进行新型简易程序试点的时代将一去不复返了。①

---

① 付奇义:《刑事简易程序的发展规律与改革方向》,《三峡大学学报(人文社会科学版)》2005 年第 1 期。

■ 第四节　出庭公诉

出庭公诉是指人民法院在开庭审理公诉案件时,检察机关派员出席法庭,指控证实犯罪,协助法庭依法查明事实并做出正确裁判的一项诉讼活动。出庭工作是公诉工作的一个重要环节,重视和抓好出庭公诉工作,不仅是加强检察机关法律监督能力建设的一个重要组成部分,而且也是惩治犯罪、保障人权,化解矛盾的一个重要手段和平台。①

一、新中国成立初期出庭公诉的方式

中华人民共和国成立初期,上海检察机关尚未承担出庭支持公诉职责。1956 年,根据《人民检察院组织法》的规定,检察机关开始承担出庭支持公诉工作。当年 1 月 29 日,老闸区人民检察院开始试行,凡起诉案件都由检察长或检察员出席法庭支持公诉。开庭后,审判员宣布案件的性质、字号、核对被告人身份,告知被告人法庭组成人员、被告人诉讼权利。接着,由审判长宣读人民检察院起诉书,并按起诉书指控进行庭审调查,被告人可以申辩,公诉人也可以发问。庭审调查结束后,被告人还可以作最后陈述,公诉人也可以发表意见。之后,审判长宣布退庭,由合议庭进行评议,定期审判。

随后,上海全市各级检察机关全面开展这项工作,有的区人民检察院检察长选择重大案件出庭支持公诉,有的区人民检察院选派检察员出庭,使干部熟悉支持公诉的程序和做法,到 1956 年第三季度,出庭支持公诉的比例达法院开庭审理案件的 54%。1957 年,上海市人民检察院在老闸区等检察院试行基础上,对出庭支持公诉作出规定,要求起诉的案件全部出庭。1962 年,上海市人民检察院制定《上海市人民检察院办

---

① 贺恒扬:《关于出庭公诉工作的几个问题》,《人民检察》2010 年第 14 期。

案工作条例》，明确出庭支持公诉工作对揭露犯罪、震慑敌人、宣传党的政策、动员群众遵守法律、遵守纪律、自觉维护社会治安、同一切违法犯罪现象作斗争的重大作用，规定应当出庭的案件必须出庭。检察机关接到法院开庭审理通知后，对于组织群众参加旁听，开展法纪宣传的公判案件，都出庭支持公诉；对于不组织群众旁听的案件，除有特殊情况外，原则上都出庭；对案情简单、罪行一般、证据齐全、罪犯供认不讳的案件可不出庭。出庭中检察员有的宣读起诉书，对被告人的狡辩进行驳斥，最后作出从重从轻的处理意见；有的不宣读起诉书，也不发表处理意见。出庭支持公诉工作存在的问题是，一些检察干部出庭前准备工作做得不够充分，说服力不强，无旁听群众参加时发言不够谨慎。至 1963 年，出庭支持公诉比例上升到 60%—70%，这一出庭率一直持续至 1966 年。1967 年以后，由于"文化大革命"的影响，出庭支持公诉工作中断。①

二、出庭支持公诉工作逐步走向规范化

1979 年，上海全市出庭支持公诉的工作开始由检察机关全部承担起来。1980 年 1 月 1 日，《刑事诉讼法》正式实施后，上海检察机关根据法律规定，对人民法院开庭审理的公诉案件，除了个别案件犯罪罪行较轻，且经人民法院同意的没有出庭外，对于其他案件检察机关全部派员出席法庭支持公诉。1980 年，在总结一年出庭支持公诉实践的基础上，逐步明确加强出庭前的准备工作。在出庭前重点核查犯罪的关键情节，特别是对技术性作案、杀人、伤害、交通肇事、重大责任事故等案件，熟悉犯罪现场，进行科学鉴定，把情节搞清楚。对被告人辩解的事实和理由，查明是有理还是无理，对于无理狡辩，分清是抵赖事实，还是抵赖罪责，搞准辩驳的事实证据和法律依据。同时，重视被告人提出的反证，认真核实，做到不枉不纵。充分估计可能遇到的问题，如共同犯

① 《上海检察志》编纂委员会编：《上海检察志》，上海社会科学院出版社 1999 年版，第 95 页。

罪中被告人相互推诿罪责，证人、被害人的证言在庭上发生变化等，防止临时措手不及。认真制作好起诉书和公诉词，列举犯罪事实叙述清楚，弄清证据间的内在联系，相互印证，揭露犯罪。对重大复杂的案件，编制证据索引，根据犯罪情节，分清主次，包括反驳被告可能辩解的证据，逐一列编，以便临场应用。找准庭审中辩论的主要问题，答辩内容精确、切题，运用概念准确，逻辑严谨，论点论据统一，对对方的辩解、论点、论据，作有针对性的辩驳，根据不同案件的特点揭露犯罪。

1983 年至 1986 年在严厉打击严重刑事犯罪斗争中，在时间紧任务重的情况下，检察机关依然重视出庭支持公诉工作。规定出庭前做到"四个必须"，即：必须重温案卷，吃透案情，防止遗忘；必须结合案件，学习有关法律，把握犯罪基本特征，做到法庭辩论中有理有据，有法可依；必须根据案件具体情况和被告人的态度有针对性地拟写好公诉词，充分揭露犯罪，适时宣传法制；必须认真分析案情和被告人的态度，充分估计被告人或辩护人在法庭上可能提出的问题，拟写好答辩提纲。庭审调查中，注意掌握被告人的心理活动，对被告人跟随辩护人的提问改变原供词的、为开脱罪责推向客观的、拒不供认又怕从重处罚的等不同情况，注意采用不同形式进行发问，促使被告人打消侥幸抵赖心理，如实供述犯罪。法庭辩论中，抓住重点进行答辩，辩护人对起诉书认定的犯罪事实提出异议的，要力举确凿证据予以答辩；对政策、法律作歪曲解释的要答辩；把犯罪的主观动因归结成客观造成的要答辩；无理要求从轻减轻处理的要答辩。

1985 年，上海市人民检察院制定了《出庭支持公诉工作的规定》《出庭支持公诉工作的评分标准》等文件，规范出庭支持公诉工作。根据上述文件，多数案件都应该派员出席法庭支持公诉，文件规定了出庭前的三项准备工作：(1)熟悉案情、证据、法律和对象，掌握案件的基本犯罪事实、关键情节，以及证明被告人有罪、无罪或从重、从轻、减轻的证据。还要掌握被告人的认罪态度和到案后的心理状态。(2)拟写公诉词和答辩提纲。公诉词应根据不同案件特点,避免千篇一律。答辩提纲应具有预见性,充分预见到被告人、辩护人可能提出的主要辩解意见。(3)拟写法庭调查讯问提纲,将被告人的供述等证据材料择要摘录。规定了出席法庭时应着检察制服,着装整齐,精神饱满,仪表端庄,宣读起诉书应当口齿清楚,准确有力,庭审中一般应讲普通话。规定了检察人员出席法庭的主要任务是协助审判人员搞好法庭调查,查明案情,制服被告人,认真听取审判人员的审问和被告人的供述,以及辩护人的发问,发现审判人员在法庭调查中遗漏应该调查的事实,或者罪行的关键情节没有问清,或被告人狡辩抵赖时,经审判长许可,公诉人应主动及时补充提问或宣读、出示有关证据。强调要做好法庭答辩,法庭答辩应以起诉书认定的和庭审查明的事实为根据,针对被告人、辩护人提出的辩解理由,从事实、证据和法律规定上进行辩论,答辩要注意客观性、针对性、逻辑性,对被告人和辩护人的合理辩解,应予采纳,对无理辩解则应据理反驳,做到有理有节。同时还对庭审监督的任务作了具体规定。

1986 年,为贯彻全国刑事检察业务会议的精神,各级检察院都把出庭支持公诉作为一项重要工作来抓,举办出庭支持公诉研讨班和出庭公诉攻关小组,采取课堂研讨和出庭实践、观摩评议相结合的方法,对出庭支持公诉中出现的新情况、新问题进行研讨攻关,提高起诉干部出庭公诉的应变能力。对一些重大、疑难案件组织庭前"对抗辩论"或开"模拟法庭",从中找到开庭时可能出现的辩护意见和如何答辩的方法,组织了"对抗辩论"和"模拟法庭"二十多次。有的区县检察院观摩其他检察院出庭,交流出庭公诉经验。有的区县检察院主动与法官、律师座谈,听取意见建议,努力查找出庭支持公诉中存在的问题。组织干部进行业务学习,掌握国家法律、政策和"两高"有关司法解释。进行公诉词制作、出庭记录比赛。汇集《出庭公诉经验选编》,推广成功的出庭公诉做法。其间,上海检察人员出庭公诉的主要经验归纳起来就是出庭前必须做到"四个熟悉",法庭调查必须做到"四个发问",公诉词必须突出"三性",辩论过程中必须坚持"六个必答"。①

三、《刑事诉讼法》的修改与出庭支持公诉制度的进一步规范化

1996 年《刑事诉讼法》修改,最大的变化之一就是进一步强化了庭审中的诉辩对抗,这对公诉人出庭公诉提出了较之以往更高的要求,进一步强化出庭公诉能力、规范出庭公诉工作,成为摆在公诉部门面前的一项重要任务。在此背景下,1996 年,上海市人民检察院检委会通过《关于公诉人出席第一审法庭的意见(试行)》和《关于出席第二审法庭的意见(试行)》。这两个文件均明确规定,对于公诉案件,除适用简易程序不需要出席法庭以外的,都必须派员出庭支持公诉。公诉人应在开庭前法院书记员宣读法庭纪律后入庭。在法庭调查阶段,在审判长宣布法庭调查开始后,公诉人应起立并用普通话宣读《起诉书》。(1)当庭讯问。经审判长告知后可以讯问被告人。公诉人在讯问时应当紧扣起诉书指控的犯罪事实,对被告人否认部分或全部犯罪事实的,公诉人在讯问时,可以通过讯问揭露矛盾点;对被告人拒不供认的,公诉人可以通过举证发问证实犯罪。(2)当庭询问。公诉人对被害人、附带民事诉讼的原告人、诉讼代理人向被告人的发问,应当认真听取,发现离题时,可提请审判长予以制止。对辩护人的不当发问,可以提请审判长予以制止,辩护人的发问使得被告人的供述出现前后矛盾,有可能对定罪

---

① 所谓"四个熟悉"是指为保证提审效果,开庭之前必须熟悉案情、证据、对象以及相关的政策法律;所谓"四个发问"是指:(1)起诉书认定的犯罪事实,在审判人员调查时没有问到的或被告人、辩护人否认的必须发问。(2)被告人供述超出起诉书认定的或辩护人提出新的论据,证明有罪或无罪的,必须发问。(3)在一些主要情节上被告人避重就轻的或者言过其实的,必须发问。(4)对一些可能引起争议的问题必须发问。公诉词的"三性",是指公诉词必须具有针对性、客观性和说理性;所谓辩论中的"六个必答"是指庭审过程中被告人或辩护人提出有关证据和事实方面的辩解,对被告人和辩护人提出的无罪辩解,对被告人和辩护人提出关于罪名的辩护,对被告人或辩护人提出应当从轻减轻或一些不符合法定的要求,被告人或辩护人把犯罪归于客观或辩护人故意歪曲党的政策和国家法律的,必须作出回答。

量刑产生直接影响的,公诉人应向审判长示意,要求补充讯问被告人,以澄清事实。公诉人应当注意审判人员对被告人的讯问和对证人、鉴定人的询问内容。(3)举证质证。公诉人举证时,应根据指控的犯罪事实和证据的证明效力,结合庭审时的具体情况,合理、有效地使用证据。公诉人可以向证人发问,发问应围绕与被告人定罪量刑紧密相关的事实进行,以进一步澄清事实,证实犯罪,向证人发问应明确、简练。公诉人向鉴定人发问,应围绕专业性的解释和鉴定结论的科学依据进行。公诉人出示物证时,应对物证获取的来源、特征以及物证所要证明的事实向法庭作概括说明,然后让当事人、证人辨认。不便以及无法直接拿到法庭上进行出示的相关物证,公诉人应当向法庭出示原物的照片或录像。公诉人在宣读未到庭的证人证言时,应将证人的基本情况、证人证言的制作时间、制作人员以及该证言所能证明的事实向法庭作概括说明,然后宣读与案件事实有关的内容。公诉人就当事人、辩护人对宣读的证人证言有异议的,可以进行质证。公诉人对辩护人宣读未到庭的证人证言,表示有异议的,应发表意见并进行质证。公诉人在宣读鉴定结论、勘验笔录和其他作为证据的文书时,可以将鉴定结论、勘验笔录的来源、制作和所能证实的事实向法庭作概括说明,然后宣读具体内容。公诉人就当事人、辩护人对宣读的鉴定结论、勘验笔录或其他书证材料有异议的,可以质证。公诉人对辩护人宣读上述证据材料表示有异议的,应发表意见并进行质证。(4)法庭辩论。公诉人在法庭调查结束后,应根据案件情况发表意见。公诉人发表公诉意见,应根据法庭调查情况进行归纳,进一步阐述公诉主张和指控犯罪的主要依据和理由。对一些有重大影响、犯罪情节恶劣的案件,还应充分揭露犯罪造成的社会危害性。如果辩护人的辩护意见与公诉意见分歧较大的,公诉人应切实作好答辩应对的有关准备。答辩应当主要围绕定罪量刑、证据论证等关键问题。(5)出庭仪表。公诉人出庭时应服装整洁,仪表端庄,用语文明规范。

1996 年 7 月 2 日下午,徐汇区检察院会同该区法院,在全市第一个按照修订后的《刑事诉讼法》规定的一审程序,对被告人王某、汪某某抢劫、妨害公务一案进行实战开庭。担任出庭支持公诉任务的是徐汇区院检察员、上海市市级优秀公诉人郭菲力和助理检察员郑利群。该庭历时 3 个多小时,在审判长的主持下,整个庭审举证以公诉人为主进行,由公诉人讯问被告人,通过法庭传被害人、证人出庭作证,宣读未到庭证人的证言笔录,出示物证,与被告人及辩护人进行法庭辩论。

1996 年修订后的《刑事诉讼法》虽然对出庭公诉及庭审程序作了原则性规定,但具体操作没有明确,在实践中检察机关与法院进行反复磋商研讨,达成一致意见。一方面,维护庭审过程中法官的权威和主持权:在整个庭审过程中,各个阶段的开始与结束,前后阶段区分与衔接、各方行使权利的顺序等,全部由审判长指挥掌控,而公诉人在审判长的主持下行使自己的诉权;公诉人在举证、通知证人出庭等的过渡语当中,前面冠以"审判长"的称呼语,以示对审判长和法庭的尊重;公诉人根据庭审情况如需要临时发言时,应以举手方式向审判长提出申请,经准许后发言。[1]另一方面,审判人员也充分保证公诉人行使完整独立的诉权:在公诉人对被告人讯问阶段,公诉人对被告人讯问顺序及怎样对被告人讯问、讯问时间的长短,可以根据案情和揭露证实犯罪的需要,由公诉人决定,不受审判长限制;审判长宣布公诉人举证后,由公诉人决定证人出庭的先后顺序和发问内容,在证人出庭作证过程中,由公诉人根据举证需要决定是否出示有关物证让证人或当事人辨认,这些举证活动均由公诉人直接用宣布语进行过渡,比如,"审判长,下面由×××证人到庭作证","审判长,下面公诉人将×号物证交证人(或被告人)辨认",而不用"请允许公诉人通知××证人到庭作证"之类的请求语;公诉人

---

① 　曹晓航:《新庭审程序的尝试——李小克、刘延委抢劫案庭审记》,《检察风云》1997 年第 1 期。

宣读未到庭证人证言和其他作为证据的文书时,其内容和顺序由公诉人根据需要来决定,过渡语为"审判长,下面由公诉人宣读×××证人证言",同样不用请求语。按照修订后的《刑事诉讼法》进行庭审,最明显的特征是法庭上指控职能的强化和举证责任的转换。在此之前,公诉人主要是通过在法庭上宣读起诉书以及配合法庭开展案件调查等方式来体现指控犯罪的职能,但是,具体如何指控和举证则主要是由审判人员去完成的。然而,1996年的《刑事诉讼法》修订后,公诉人指控犯罪的职能明显增强了。公诉人必须当庭对被告人进行讯问,向证人发问,并承担证据出示、宣读证据文书等一系列的举证责任。可以说,1996年《刑事诉讼法》的修订推动了公诉人的指控职能具体化、举证责任法律化。

四、出庭公诉制度走向专业化、系统化

随着对公诉工作质量以及规范化的要求越来越高,出庭公诉作为展现公诉人风采、体现公诉人有力指控犯罪表现的一道环节,受到了更大的重视和关注,进一步规范公诉人出庭活动的规章制度不断健全完善。2004年,最高人民检察院印发了《公诉人出庭行为规范(试行)》对规范公诉人出庭支持公诉行为作了具体的要求。上海市人民检察院先后制定了《公诉人(检察员)出庭预案制作基本标准》《检察官出席刑事法庭的基本评议要求》等规定。2007年,上海市人民检察院公诉部门以上述文件为依据,出台了《上海检察机关公诉部门出庭规范细则(试行)》,该《细则》共七十二条,内容分为"基本准则""出庭仪表""出庭行为""出庭语言""附则"五个部分,内容规定极其详尽。比如,关于出庭仪表,不仅规定了着装要求,也明确了妆饰的限制。在着装方面,要求出庭着制式服装。春季、秋季、冬季应内穿制式白衬衫,佩戴制式红领带,外穿制式西装;夏季应上穿制式蓝灰色短袖或长袖衬衫,佩戴制式蓝领带,下穿制式西裤或裙装。不得混穿制服。着装应整洁,不得挽袖

子、卷裤腿；纽扣应完整扣起，不得敞开；制式衬衫下摆应束于裤腰或裙腰内。大检徽应端正佩戴于左胸前，不得佩戴其他徽章。领带应平整、端正，不得歪斜或露出纽扣。出庭应着制式皮鞋或其他与制式皮鞋款式相似的黑色皮鞋；不得穿拖鞋式样的皮鞋、凉鞋，不得穿露趾鞋、露跟鞋。一同出庭的人员应着同季、同款制服。在妆饰方面，要求公诉人发型应自然、整洁，不得染彩发。不得涂彩色指甲或者有意留长指甲，不得戴耳环，不得戴戒指等饰物，不得戴彩色眼镜。男同志不得留长发、蓄胡须，不得剃光头；后颈部头发不得过衣领，两侧头发不得覆盖耳部，不得留长鬓角。女同志可化淡妆，但不得浓妆艳抹。不得披长发，头发超过衣领应束起。不得佩戴色彩艳丽的发饰。

总之，该出庭规范对公诉人出庭时的穿着装束、出行工具、语言举止、举证与辩论的程序、方式、出庭用语等都作了非常具体细致的规定，使公诉人出庭有了十分明确的规定可以遵循。与此前颁布实施的涉及出庭公诉的规范性文件相比，该规定的内容更为细密详尽，可以认为是对长期以来公诉出庭实践活动的经验做法的系统性梳理和总结，公诉出庭规范日臻完善。

为保证出庭规范化水平的提升，上海市人民检察院于 2007 年在实施《上海检察机关公诉部门出庭规范细则（试行）》的同时，印发了《上海检察机关公诉部门出庭规范化考核标准》，从仪表规范、姿势规范和表达规范等三个方面对公诉人出庭情况进行考核，并于 2008 年印发了《审查起诉、出庭公诉案件质量评估办法》，从实体和程序两个方面对公诉人出庭质量进行评价。与此同时，市检察院还组织开展集中听庭评议活动，通过暗访听庭，每周随机从各级院上报的开庭信息中选取案件，事先不与任何人打招呼，直接赴法院听庭，对照出庭规范要求，逐庭拟写听庭评议，按月编写情况通报下发全市，督导出庭规范化工作。还开展示范庭和观摩庭活动，加强出庭实战培训。组织由全国优秀公诉人出庭公诉的观摩示范庭，并进行评议。

五、出庭支持规范化与能力的要求不断提高

2012 年,《刑事诉讼法》再次迎来重大修改,这对检察机关的出庭公诉带来新的影响。一是简易程序公诉案件出庭带来检察机关出庭工作量的显著增长。新《刑事诉讼法》有利于提高庭审效率、弥补检察机关对简易程序案件庭审监督缺失等问题,但这一变化也使得基层检察机关的出庭公诉任务骤然增加,每个案件都要出庭公诉,人案矛盾问题进一步凸显。二是证据制度的变化给出庭公诉能力带来更大的挑战。新《刑事诉讼法》所确定的非法证据排除规则,对公诉人在庭审过程中及时进行应变处置的能力提出了很大的挑战。这是因为,根据非法证据排除规则的精神,作为定罪量刑依据的证据都需在庭审环节进行彻底的举证、质证以便"验明正身",这很容易产生这样一个结果,即检方与辩方在庭审过程中,针对证据的合法性问题展开激烈的辩论。这一变化无疑会增加公诉人出庭公诉的工作量、难度以及压力,也容易影响庭审效果。另外,证人、鉴定人、专家等出庭作证也客观上增加了公诉人指控犯罪的难度,特别是对公诉人驾驭庭审的能力以及掌握专业领域知识的能力也提出了更高的要求。三是律师权利的扩大客观上增强了出庭公诉的对抗性。2012 年《刑事诉讼法》修订后,律师在阅卷、会见、调查、取证等方面的权利得到更有效的保障,律师辩护能力进一步增强,控辩双方更势均力敌,公诉人要面对的直接对抗更加强烈,这对公诉人出庭支持公诉的能力提出了更高的要求,出庭公诉相应地也需要更加规范、高效、有力。

第 五 章
公诉特别程序制度

■ 第一节　未成年人公诉制度

　　未成年人公诉制度是一项以未成年人为对象的特别程序,与一般公诉程序相比,未成年人公诉制度在公诉活动中更加注重综合治理,注重结合公诉活动,对未成年犯罪嫌疑人、被告人进行教育矫治,注重运用轻缓的刑事政策。上海是未成年人刑事检察制度的发源地之一。上海未成年人刑事检察部门从一开始附属于审查起诉部门的少年起诉组,在长期发展的过程中,逐渐成为具备独立编制的以未成年人群体为专门工作对象的检察机关内设机构。未成年人检察的工作内容也发生了较大的变化,从一开始的纯粹的起诉业务,逐渐扩展为包含批捕、起诉、预防、治理等职能为一体的具有较强专业化属性的工作,上海未成年人检察工作在探索实践的过程中形成了较为完整的体系,产生了较为鲜明的一些特色。[1]

一、未成年人公诉工作的形成与未成年人刑事检察机构的建立

（一）新中国成立初期对未成年案件的特殊办理机制

　　上海检察机关很早就开始关注未成年案件的特殊办理。例如,

---

[1]　樊荣庆:《上海未成年人刑事制度发展的价值取向》,《青少年犯罪问题》2002 年第 4 期。

1958 年卢湾区检察院鉴于未成年刑事犯罪案件多发的情况,在办案之余专门成立调查小组,在妇联、共青团等部门配合下,深入犯罪青少年的学校、居所,了解情况并分析犯罪原因,对违法青少年开展教育,预防青少年犯罪。1979 年,检察机关恢复重建后,各级检察机关在办案中,对违法犯罪的青少年采取有别于成年人的处理方式,即采取教育、挽救和改造的方针,对虽有一定罪行的青少年犯,可以不捕或免于起诉或不起诉的,坚决贯彻教育挽救为主的方针,不轻易绳之以法,而是建议公安机关送劳动教养或工读学校教育,或采取单位、地区和家庭"三结合"教育的办法,做好转化工作,检察机关定期进行回访考察。例如,1982 年静安区检察院办理了一起失足少年犯孟某某的案件,立足于教育挽救和改造,努力做好犯罪分子的思想转化工作,受到了良好的效果。区检察院在办理孟某某盗窃案件过程中,树立了罪罚相当的法制观念和实事求是的态度,坚持对具体案件作具体分析。孟某某,男,十六岁,原系上海市大同中学 1980 届学生,1978 年因有盗窃行为被少教两年,1980 年 9 月至 11 月间,先后闯窃、撬窃作案 11 次,窃得本市新闸路、南京西路、威海卫路居民财物一千余元。区检察院在审查起诉中,对孟某某犯罪的主客观原因进行了全面调查分析,发现孟出生不久,父母就离婚了,从小缺乏家庭温暖和教育。"文化大革命"中孟某某沾染了不良习气,进而发展到偷窃,被送进少教所教养。解教后孟的母亲再三要求学校让其复学,使其改邪归正,却被学校拒绝。于是,孟闲散于社会,在少教朋友的诱引下,参与赌博,并偷钱重新走上犯罪道路。区检察院以孟某某犯盗窃罪起诉到法院,并在法庭上发表公诉词,既揭露了孟某某的犯罪事实和社会危害,又分析了他的思想演变过程,明确指出他尚未成年,鉴于其坦白认罪态度较好,有悔改愿望,建议法庭从轻处理。与此同时,区检察院在审讯过程中,反复对孟某某进行启发教育,激发其对自己罪行的痛恨,又热情鼓励他悔过自新,激发其重新做人的勇气,使孟某某甚为感动,当庭表示要吸取教训,认真改造自己。

（二）未成年人办案组与未成年专门办案机制的出现与发展

1986 年，上海出现了第一个专门办理未成年人刑事案件的专业化的办案组织。是年，长宁区人民检察院在全市检察系统内，率先成立了少年犯起诉组，专事未成年人犯罪的审查起诉工作，这在全国检察系统内首开先河。1987 年 6 月，自上海市人大常委会颁布了《上海市青少年保护条例》后，各区县检察院均相应设立了"少年组"或指定专人办理未成年罪案审查批捕、起诉工作。①各级检察机关设立的少年组以及专职干部，除审查批捕、起（免）诉未成年犯罪案件外，其工作范围不断扩大，还承担了对不捕、免诉的未成年人的帮教考察，对青少年犯罪情况的调查研究，在青少年中开展宣传教育等综合治理任务，有效地发挥了检察职能作用。上海市检察院认真总结了各区县院的工作实践经验，并在此基础上，制定了《关于审查起（免）诉未成年人犯罪案件工作细则》，同时对批准逮捕未成年人犯工作也作了内部规定。这些工作细则和规定对办理未成年犯罪案件的指导思想、目的要求、组织形式、受案、程序方法以及综合治理等内容，作了明确的规定。此后，根据"两高两部"《关于办理少年刑事案件建立相互配套工作体系的通知》等文件的有关精神，上海市各级检察机关积极参与到"司法一条龙"的工作中，绝大多数基层院都与公、法、司等部门建立了办理未成年人刑事案件互相配套的工作网络，使羁押、批捕、预审、起诉、审判、辩护等工作衔接起来，为发挥司法机关的整体优势创造了有利条件。1988 年，上海市人民检察院在长宁区召开未成年人刑检工作现场会，推广长宁区检察院在未成年检察工作方面的经验，要求各级检察机关起诉部门设立未成年人刑事案件起诉组。至 1991 年底，上海市各级检察院在起诉部门内相继设立审理未成年人刑事案件的专门小组，配备 55 名专职干部。②

171

①② 《上海检察志》编纂委员会编：《上海检察志》，上海社会科学院出版社 1999 年版，第 96 页。

未成年起诉组的探索虽然取得成效,但由于未成年起诉组没有独立的建制和固定的人员编制,在刑检工作超负荷运转情况下,往往要兼办其他刑事案件,致使影响到少年犯罪工作的深入开展。1992年,全国人大常委会颁布《中华人民共和国未成年人保护法》,为落实法律精神,上海市人民检察院提出,要加大力气进一步推动未成年人刑检工作向纵深发展,为此应当积极探索建立专门的未成年人刑事检察机构。同年8月,虹口区检察院设立未成年人刑事检察科,集批捕、起诉、监所三大业务于一身。这既是上海市第一个专门的未检部门,也是全国范围第一个未检部门。1996年,上海各级检察机关全部实现了独立建制的未检工作机构,与上海市公安、法院的预审、起诉审判等环节相互衔接,形成了办理未成年犯罪案件的配套工作体系。2009年,上海市检察机关成立全国第一个省级检察机关未成年人刑事检察专门机构。

二、不断探索适合未成年人特点的公诉特别程序制度

未成年人检察部门既要遵循刑事法律规范及原则,同时还参照我国加入的有关国际条约所确定的未成年人刑事政策,积极吸收和借鉴世界各国未成年人刑事诉讼相关制度的先进经验,探索形成了一些独特的未检办案模式与具体制度。

(一)探索实施受争议的"捕诉一体"机制

"捕诉防一体"的机制是上海检察机关在探索未成年人刑事公诉实践活动中,一步步摸索出来并逐步成型和完善的。这种捕诉一体机制的争论很大,支持者主张其有利于全面实现对涉罪未成年人权益的特殊保护,反对者则主张捕诉一体使得检察机关内部原本应当存在的制约监督关系荡然无存。上海刚开始推进未成年人刑事检察工作时,实际上采用的是捕与诉相互交叉的一种工作模式,具体而言就是在同一个犯罪嫌疑人的案件中,由不同的办案人员分别负责对未成年犯罪嫌

疑人实施批捕和提起公诉工作。捕诉交叉的模式在运行了一段时间之后,尽管运行的过程还算正常顺畅,但是大家也感到在这种模式下,对于批捕或公诉业务本身而言没有问题,却不利于承办人全面深入了解涉案未成年人的情况,没有对其犯罪的原因和心理等进行深入的分析,从而无法对其展开具有针对性、实效性的教育和预防等工作。于是,一些基层检察机关开始探索实施"捕诉一体"的工作模式。这种模式,简单而言是指检察机关在办理未成年人刑事案件的过程中,指派同一个办案小组或者是同一个承办人,全面负责批捕、起诉、出庭等各项工作,通过"一杠子到底"的措施,促进未成年人案件办理工作质量、效率的提升,更重要的是,通过专人负责可以全面深入地了解未成年人的心理特点、家庭背景、犯罪经过等信息,从而在办案的同时,有针对性地展开教育、感化、挽救等工作。这一办案模式的创立,对上海未成年人刑事检察工作的发展产生了深远的影响。[1]但这一制度从设计之初便备受检察系统内外的质疑,主要是这种捕诉一体的机制,使刑事诉讼法关于批捕与公诉相对分离、相互制约的制度设计在未成年人刑事案件办理中实际上失去了意义。随着对未成年犯罪综合治理的理念日益成熟,在公诉活动中不断强化对未成年人犯罪的预防,捕诉一体机制进一步发展为"捕、诉、防一体化"机制。2000年,上海市人民检察院制定了《未检条线试行批捕、起诉、预防于一体的工作运行机制的试行意见》,确定杨浦、长宁、虹口、浦东、金山、闵行区检察院等六家单位试行"捕诉防一体"的工作机制,并于不久之后在全市范围统一规范了该项工作,于2003年制定了《未成年人刑事检察工作若干规定》。

"寓教于审,感化挽救"是上海未成年人刑事检察工作最大的特点,这一特征在三个环节上有鲜明的体现:第一,在审讯环节注重心理矫

---

[1]　樊荣庆:《上海未成年人刑事制度发展的价值取向》,《青少年犯罪问题》2002年第4期。

治。针对未成年犯罪在移送批捕和起诉后产生的思想和心理的特点，承办人在审讯中改变以往坐堂问案的形式，侧重于启发诱导，消除其顾虑，进行政策法律宣传，使他们认清罪责，增强荣辱感，帮助他们克服自卑感，指明前途，鼓励他们重塑自我，把思想、道德、法制教育融于一体，产生了很好效果。第二，在出庭支持公诉环节上注重以理服人，以情动人。公诉人在指控犯罪的同时，对于犯罪情节不是很严重，主观恶性不是很深，并且有悔罪表现的未成年被告人，主动建议法庭依法从宽处理。在庭审辩论中，通过剖析未成年犯走上犯罪道路的演变过程，阐明其犯罪的主客观原因和社会危害性，论证犯罪的法律依据和理由，通过这样答辩既有利于被告人认罪服法，也有利于法庭全面、正确地定罪量刑。在庭审辩论结束后增设的"教育程序"中，公诉人运用最能打动未成年犯心灵的事例，解决未成年犯思想症结上的问题，进一步唤醒他们的良知，起到了促使未成年犯转变的积极作用。公诉人出席宣判庭时，因势利导、对症施教，对宣告缓刑或判实刑的未成年犯，分别进行防止重蹈覆辙和加强改造自新的教育，坚定他们重塑自我的信心。同时，公诉人抓住宣判庭的有利时机，向未成年犯的法定代理人宣讲监护人的法律责任，动员他们共同教育挽救失足青少年。第三，在不捕和免诉环节上注重配套帮教。为了使未成年犯在思想上有人教，工作学习上有人带，生活上有人管，在决定不捕或免诉前，检察干部用谈心的方法，对未成年犯由浅入深地进行认罪服法、道德法制、人生前途等专题教育，为他们痛改前非打下基础。各级起诉部门在宣布免诉决定后，依靠家长、学校（单位）、里弄组成帮教小组。检察干部则经常"走出去"回访和"请进来"座谈，全面考察免诉后的青少年的思想状况和现实表现。根据有关资料，仅 1991 年，上海市检察机关起诉部门就回访免诉青少年犯 255 人次，召开座谈会 25 次。根据跟踪调查，1990 年、1991 年两年的 200 名免诉的青少年中，重新犯罪的仅 1 人，说明感化、挽救的工作效果比较明显。

（二）探索合适成年人参与未成年刑事案件制度

20 世纪八九十年代，在快速城市化的过程中，由于上海市外来人口不断增加，很多人因为忙于工作对其子女疏于监管，导致在未成年人犯罪中，外地来沪人员所占的比重呈现出持续上升的趋势。由于外地来沪犯罪的未成年人缺乏有效的监护条件，严格按照法律法规的话，难以对其采取取保候审或监视居住的强制措施，未成年人犯罪嫌疑人的相关权利难以获得充分保障。于是，上海市检察机关在未成年人刑事检察实践中，开始积极探索寻求解决的办法。自 2004 年起，长宁等一些区县检察院开始探索实践合适成年人参与未成年人刑事案件的制度，规定了合适成年人的参与条件、操作程序具体等问题。比如，规定教师、青少年社工、共青团干部等群体是合适成年人的主要来源；规定合适成年人在参与的过程中，必须履行严格保密的义务，不得泄露未成年犯罪嫌疑人个人信息和案件情况，不得干扰讯问等。该项制度被视为监护人无法到场的一项救济机制，逐步在上海市检察系统推广开来，根据资料显示，仅 2007 年，上海市检察机关便对 60 余名未成年人（主要是外地来沪未成年人）适用该机制。[①]2010 年 4 月 20 日，上海市人民检察院会同上海市高级法院、公安局、司法局制发了《关于合适成年人参与刑事诉讼的规定》，在全市成立了一支由 411 人组成的合适成年人队伍，统一规范了上海未成年司法实践中的合适成年人参与刑事诉讼制度。[②]根据这一规定，在侦查、审查起诉以及法院开庭审理的过程中，需要对涉罪未成年人进行讯问的，如果该未成年人的法定代理人因种种原因不到现场，案件承办人必须负责通知对未成年人负有保护职责的有关国家机关或者社会团体指派适格的成年人代表到场，代替法定代理人行使部分诉权，以便让涉罪未成年人的合法权益能够得到最好的保障。

---

① 数据引自 2007 年《上海检察年鉴》。
② 卫建萍：《上海合适成年人可参与未成年人刑事案件》，《人民法院报》2010 年 4 月 20 日第 1 版。

（三）探索免诉质证与诉前考察制度

1992年，上海市人民检察院印发《未成年人刑事案件起（免）诉工作细则》，规范未成年刑事案件的起（免）诉。之后，开始探索实施免诉质证制度。所谓的免诉质证，是指在检察机关审理未成年犯免予起诉案时，为确保正确适用法律，需要由有关各方对案件的事实、证据和适用法律等共同进行质证。免诉质证的一般步骤是由未成年人检察科聘请居委会、青少年保护办公室的干部共同组成质证评议组，负责主持质证会。质证开始后，承办人应在发表免诉词的时候，采用容易被未成年被告人所接受的方式，深刻剖析未成年人犯罪的原因以及其犯罪行为给社会造成的危害性，并注意针对不同的心理特征和走上犯罪道路的原因，敦促和引导未成年被告人的法定代理人承担起相应的管教责任。被告人、法定代理人、辩护人对认定的事实和证据进行质证。最后，由评议组综合双方意见进行评议，并将评议建议提交检察委员会讨论决定是否免予起诉。①长宁、黄浦等区检察机关先后开始探索实施对未成年被告人免诉案件进行质证的做法，使免诉案件增强了透明度，保证了案件的质量，未成年被告人及其家长增强了法制观念。

另外，一些基层检察机关开始探索诉前取保考察制度，研究并制定了诉前取保考察的具体办法。比如，在适用范围上，诉前取保考察的对象一般具有以下特点：犯罪情节轻微，社会危害性小；无前科劣迹，有悔改表现；具备必要的帮教条件。承办人对公安机关移送起诉的未成年人犯罪案件进行全面审查，对于符合这些条件的案件，经过科室内部讨论，提出初步的处理意见，报请分管检察长审查并作出是否可以适用诉前取保考察的决定。"近几年来，上海的检察机关共对270名符合条件的涉案未成年人采取诉前取保考察，根据考察表现，已对其中205名考察期满的未成年人作出相对不起诉决定，挽救了一批失足少年。"②此

---

① 《上海检察志》编纂委员会编：《上海检察志》，上海社会科学院出版社1999年版，第97页。
② 施坚轩：《上海将全面推进未成年人考察教育制度》，《文汇报》2007年4月18日第2版。

后,诉前取保考察逐渐发展成为诉前考察制度。2005 年,上海市综治办等八家单位联合实施对违法犯罪情节较轻的未成年人实行考察教育制度的活动,同年 7 月,上海市人民检察院与团市委联合发文、制定细则,针对涉罪非在校未成年人开展诉前考察教育,通过为期三个月的面谈交流、思想小结、公益劳动等考察措施,全面考量未成年犯罪嫌疑人在社区的态度、行为和表现。

（四）对未成年人案件分案起诉的探索

分案起诉指的是对于成年人和未成年人共同犯罪的刑事案件,检察机关在审查起诉过程中,为充分保障未成年人的权益,将一个案件拆分为独立的若干个案件分别提起公诉的、适用于未成年人的特殊刑事诉讼制度。在西方不少国家,都有未成年人刑事案件分案的传统与制度,有的国家甚至将分案原则提前到了侦查阶段,其出发点主要是考虑未成年人特殊的心理与生理条件和成年人有着明显的不同。[1]上海市检察机关在公诉实践活动中发现,未成年人与成年人共同犯罪案件同案审理,存在诸多弊端。比如,由于未成年被告人在心智上尚未健全,突然面对相当严肃而紧张的法庭氛围,往往在心理上会产生巨大的压力,客观上使得教育、感化的相关工作难以很好地开展;与此同时,成年人与未成年人同案审理的话,成年被告人在法庭上抗拒庭审、拒不悔罪认罪的拙劣表现,往往也会对未成年被告人产生负面影响。同案审理也不利于司法机关对未成年人有针对性地实施更为轻缓的司法政策,因为法庭作出判决时,会考虑同一个案件的被告人之间在量刑上不能有太大的差异,因法庭对未成年被告人进行了从轻或减轻处罚而使其处罚相应得到减轻,[2]从罪刑相适应的角度来说,这种对成年被告人的减轻处罚没有充分的理由,是不适当的。因此,检察机关在司法实践中

---

① 周小萍、曾宁:《略论未成年刑事诉讼中的分案起诉制度》,《青少年犯罪问题》2000 年第 5 期。
② 曾宁:《未成年人刑事诉讼中分案制度的试行》,《上海政法干部管理学院学报》2001 年 7 月第 16 卷第 4 期。

开始探索分案起诉制度。1997年,虹口区院未检部门率先尝试未成年人刑事案件分案起诉工作。1998年初,上海市人民检察院选定在虹口、浦东、松江等单位试行未成年人刑事案件分案起诉工作,其他区县院同步尝试。2005年6月21日,最高人民检察院组织召开全国部分省市参加的未成年人公诉工作会议,研讨《未成年人分案起诉》,长宁区检察院参加此次会议并制定《未成年人案件分案起诉若干规定》。2005年12月23日,上海市检察院与上海市高级法院会签了《关于对未成年人与成年人共同犯罪的案件实行分案起诉、分庭审理的若干规定》等规定。未成年人案件分庭起诉自此有了规范性依据,根据规定,检察院对于受理的未成年人与成年人共同犯罪的案件,可以分案向法院提起公诉,法院应当分庭审理,由少年庭和刑庭分别审理未成年人和成年人的刑事案件,法院内部的少年庭与刑庭应当就证人出庭、定罪量刑等问题加强沟通、协调。2006年,最高人民检察院印发的关于办理未成年人刑事案件的相关规定明确除了几种特殊情况之外,未成年人和成年人共同犯罪案件都应该分案起诉,至此未成年刑事案件分案制度得到了最高司法机关的认可。上海等地试点单位的实践证明,在保护未成年人合法权益方面,分案起诉制度发挥了一定的积极作用。然而,凡事皆有两面性,分案起诉也存在一些弊端,比如因分案起诉、审理可能造成对事实的认定不一致、对成年人和未成年人的量刑不均衡以及一个案件两庭处理导致诉讼成本上升等问题,同时在适用标准的把握上也存在认识分歧,司法机关适用分案起诉制度的随意性比较大,还存在当事人对不当分案起诉的救济缺失的问题,[①]这些问题都需要在实践中引起足够的重视。

(五)探索未成年人犯罪记录封存制度

在办理未成年人犯罪案件的过程中,检察官发现未成年人身心还

① 胡巧绒:《完善分案起诉制度》,《中国检察官》2008年第9期。

不够成熟，如果犯罪记录一直存在，相当于早早地给未成年人贴上犯罪标签，这将伴随其一生，使其在未来的日子里，必须承受来自社会的种种歧视与非议，使未成年人对未来产生失望乃至绝望的心理，最终滋生破罐子破摔、厌恶乃至报复社会的心理，犯罪记录的存在严重不利于未成年人的悔过自新，不利于司法机关对未成年犯罪进行预防与矫治。于是，2004 年，长宁区检察院未检部门开始了未成年人刑事污点限制公开制度的探索。2006 年，探索未成年人案件刑事污点限制公开制度在上海市检察系统逐步推广开来，检察机关在对涉案未成年作出不起诉决定后，制作《不起诉决定书》，但《不起诉决定书》不进入个人人事档案，而是保存于司法机关，进行有条件的封存，未经批准程序不得对外披露。犯罪记录有条件封存的当事人一般是被检察机关作出不起诉决定、被法院判处三年以后有期徒刑的未成年人。[1]2012 年修订的《刑事诉讼法》首次从立法上明确对未成年人犯罪记录实施严格的封存制度，根据规定，犯罪时年龄不满十八周岁，且被判刑罚在五年有期徒刑以下的未成年人的犯罪记录应当适用封存制度，未成年人的犯罪记录除了司法机关、国家机关需要查询之外，不得对单位和个人公开。

■ 第二节　公诉阶段的刑事和解[2]

刑事和解是 21 世纪之后方才出现进入我国司法视野的一个新概念。关于刑事和解的概念，比较普遍的观点认为，是指刑事案件中的侵害者通过认罪服判、主动赔偿损失、赔礼道歉等方式，与刑事案件的被

---

[1]　林中明、谢东旭：《让失足未成年"无痕迹"回归社会》，《上海人大》2009 年第 3 期。

[2]　刑事和解是一项贯穿于侦查、起诉、审判全过程的司法机制，在不同的诉讼阶段都有刑事和解的可能。由于本书的主题系公诉制度，因此本节的论述主要围绕审查起诉阶段的刑事和解制度的具体运作。当然，由于刑事和解是一项整体性的制度安排，因而在本书具体论述的过程中不可避免地将涉及侦查、审判阶段的刑事和解问题，比如分析公诉阶段刑事和解的案件适用范围实际上就是分析整个刑事诉讼过程刑事和解的案件适用范围。

害人达成和解协议,司法机关对侵害者便可以不再追究其刑事责任、免除刑事处罚或者进行从轻处罚的一种制度。①刑事和解制度在我国产生的时间比较晚,从其概念的提出到 2012 年《刑事诉讼法》作出正式规定,前后不过短短十来年。上海是最早开展刑事和解司法实践的地区之一,上海检察机关也较早在公诉制度中实施了刑事和解的有关措施,②这些探索和实践活动为 2012 年我国的刑事和解国家立法提供了一定的参考,同时也为其他一些地区司法机关开展刑事和解的司法实践提供了借鉴。本节将围绕上海检察机关如何在公诉制度中引入刑事和解展开探讨,重点考察与分析刑事和解的形成过程、操作程序、存在不足及发展方向等相关问题。

一、公诉阶段刑事和解制度在上海形成与发展的过程

刑事和解制度在我国的法学研究和司法实践中是一个新生事物。根据笔者有限的视野,我国最早系统介绍西方刑事和解概念及制度的应是武汉大学刘凌梅博士,其于 2001 年发表的《西方国家刑事和解理论与实践介评》③一文,对西方刑事和解的理论根源、内容等具体问题进行了比较全面的介绍。在此之后,关于刑事和解的研究开始逐渐增多,学术界和实务界投入了巨大热情开展刑事和解研究,有的研究基础理论问题,有的通过实证方法分析实施情况和成效等问题,有的在学术

---

① 参见陈光中、葛玲:《刑事和解初探》,《中国法学》2006 年第 5 期。结合 2012 年修订的《刑事诉讼法》的相关规定和司法实践,笔者认为,我国现行的刑事和解应当具备以下几个基本要件:一是属于特定的刑事案件范围(通常是轻微犯罪,且有特定受害人,严重犯罪以及以国家秩序为侵害对象的犯罪不能和解),二是属特定的案发原因(通常是应激、偶发犯罪,或者过失犯罪,因邻里矛盾引发的犯罪居多),三是案件处于刑事诉讼的某个阶段(即可能发生在侦查阶段,也可能发生在公诉阶段或审判阶段),四是加害人自愿对被害人进行赔偿并表达悔罪之意(绝大多数刑事和解案件中都存在物质性赔偿,悔罪的表现通常是向被害人赔礼道歉),五是被害人对加害人予以某种程度的谅解(如表示不愿再追究加害人的刑事责任),六是司法机关对当事人和解的认可并将其作为对犯罪嫌疑人、被害人进行宽缓处理的依据(如公安机关撤销案件,检察机关不起诉或提出从宽处理的量刑建议,法院作出从宽的量刑判决等)。

② 林仪明:《从非正式规则到正式规则——以当代刑事和解制度的形成与发展为例》,《民间法》2016 年第 17 卷。

③ 刘凌梅:《西方国家刑事和解理论与实践介评》,《现代法学》2001 年第 1 期。

研究的基础上对立法问题提出建议。而几乎就在学术界开始进行理论研究的同时，司法实务界也开始了司法实践和探索活动。根据相关资料，我国最早开始刑事和解司法实践的应当是北京市朝阳区人民检察院。2002 年初，朝阳区人民检察院率先制定了《轻伤害案件处理程序实施规则》，在近一年的时间里，对轻伤害案件作出不起诉决定的共 26 件，27 人，其中多数被告人向被害人积极赔偿并取得谅解。①2003 年 7 月，北京市委政法委下发了办理轻伤害案件工作研讨会纪要，规定对确因民间纠纷造成的轻伤害案件，满足特定条件的，在被害人向政法机关出具书面请求后，可以按照规定作出撤销案件、不起诉、免予刑事处分或判处非监禁刑等决定。②几乎与北京同时，上海也开始了刑事和解的司法实践，2002 年 7 月，杨浦区司法局与公安分局联合制发《关于对民间纠纷引发伤害案件联合进行调处的实施意见（试行）》，规定对于民间纠纷引发的轻伤害案件，如果当事方都有意愿调解，可以由公安部门委托人民调解委员会主持调解，对于调解成功的，公安机关进行刑事或者治安处理。这开创了轻伤害案件由公安机关委托人民调解的模式，上海刑事和解司法实践也由此开端。该工作模式在实践中取得了调解成功率高、协议履行率高，解决成本低、再犯率低的办案效果。③此后，浙江、山东、湖南等省的司法机关也纷纷参与了刑事和解的司法实践活动，产生了形式多样的刑事和解模式。根据有关统计，截至 2013 年 5 月，全国各地各个级别的司法机关所制定的涉及刑事和解的规范性文件至少有 40 部之多，④

---

①　参见崔丽：《北京朝阳检察院扩大轻伤害案件不起诉范围》，《中国青年报》2002 年 12 月 26 日第 5 版。
②　参见孙维萍、邢鹏虎：《两岸刑事和解制度比较》，《中国刑事法杂志》2010 年第 3 期。
③　参见《上海杨浦区开展轻伤害委托人民调解试点工作》，《人民调解》2006 年第 3 期。
④　具体可参考周凯东：《检察环节刑事和解研究》，吉林大学 2013 年博士论文。周凯东博士收集整理了全国各地司法机关制定的 40 部涉及刑事和解的规范性文件，考虑到很多司法工作不一定见诸媒体，必然存在更多刑事和解的规范性文件，仅笔者所知就有不少上海区县司法机关制定的刑事和解规范性文件没有被周博士所收集。因此，仅从各级司法机关制定规范性文件的角度，就可以窥知各地司法机关对刑事和解工作的重视。

足见我国司法实务界对于探索刑事和解制度的重视和关注。

（一）杨浦区检察院的"试水"①

尽管上海自 2002 年就开始了刑事和解的探索,但检察机关在公诉环节引入刑事和解的实践到 2004 年才真正开始,这次"试水"的是上海市杨浦区人民检察院。虽然比北京市朝阳区人民检察院的实践活动晚了两年,但从全国范围来看,当时开展刑事和解实践的检察机关并不多,杨浦区检察院的试点依然可以算是"领风气之先"。杨浦区检察院决定开展刑事和解主要是基于其区域的特点和刑事案件的特色考虑。杨浦区辖区内人口多,居住环境拥挤,邻里纠纷案件多发易发,而由民事纠纷转变为轻微刑事案件的情况很多。杨浦的检察官们认为,如果这部分案件都按照传统办法处理,虽然可以将犯罪分子"绳之以法",但却可能加剧社区矛盾,并引发更多的社会不安定因素。因此,如果遵照传统的司法理念,严格依照法律程序起诉被告人,很可能赢了法律效果却输了社会效果。由此,检察官们开始尝试对因人民内部矛盾引发的、偶发的、初犯的轻微刑事案件作出不起诉处理。为此,他们专门开展了有关调研活动,在调研中发现刑事和解既有一定的法律依据,②也有现实的客观需要。刑事和解理论层面的构建要比实践走得更早,早在2003 年,在杨浦区检察院承担的上海市检察机关重点调研课题《检察人权保障机制研究》的调研报告中,就已经提出了在办理轻伤害案件的时候适用刑事和解的设想。

2005 年 4 月,经过一段时间的试行后,杨浦区检察院与杨浦区司法局会签了《关于在办理轻微刑事案件中委托人民调解的若干规定》。

---

① 虽然内部资料显示长宁区检察院也在 2004 年前后开展了刑事和解的探索,但从媒体公开报道的情况来看,基本上可以认为杨浦区检察院是上海最早开展刑事和解的基层检察机关,是最早的"试水"者。

② 其观点的主要逻辑是:根据《刑事诉讼法》的规定,轻伤害案件既可以由检察机关提起公诉,也可以由被害人提起自诉,检察机关如果对符合条件的轻伤害案件不提起公诉,被害人还可以通过自诉程序追究加害人的刑责,而在自诉案件中,根据法律规定是可以和解并撤回起诉的。因此,轻伤害公诉案件实施和解也是有一定法律依据的,至少没有违背法律的精神。

2005 年 8 月,杨浦区检察院将一起审查起诉中的轻伤害刑事案件委托五角场街道人民调解委员会调处。①犯罪嫌疑人和被害人达成协议,被害人放弃追究犯罪嫌疑人刑事责任,得到相应的经济赔偿,检察机关对犯罪嫌疑人作出不起诉决定。此后,杨浦区检察院又于 2005 年 11 月,会同区法院、区公安局、区司法局会签文件,明确了区域内轻伤害案件发生后的立案侦查、审查起诉、审判阶段适用和解的指导思想、依据、适用范围、管辖、期限以及程序等内容,②在上海市范围内率先建立起由民间纠纷引发轻伤害案件的委托人民调解工作机制,并在实践中引起积极的社会反响。

　　杨浦区检察院在公诉活动中积极促成轻伤害案件当事人的和解,2005 年,共委托人民调解委员会调解伤害案件 6 件,③全部取得成功。主要做法:第一,严格把握刑事和解的基本原则,严格建立在当事人自愿的基础之上,绝不可强制要求案件双方当事人达成和解,相反要绝对尊重当事人的意愿,一方当事人如表示不愿调解,案件便会转回常规程序办理。④第二,严格控制和解案件的适用范围,限制为"因琐事纠葛、邻里纠纷而引发的轻伤害案件",对那些有预谋、有计划实施的打击报复性质犯罪,以及社会危害性大的犯罪绝不能适用刑事和解。第三,严格控制刑事和解的适用主体,刑事和解只适用于那些初犯、偶犯、过失犯罪并且不进行刑事处理也不至于危害社会的犯罪嫌疑人,而那些长期为非作歹、为恶一方的犯罪嫌疑人则非但不能适用刑事和解,相反要从快从速依法追究其刑事责任。第四,严格规范刑事和解的过程,避免权力滥用。公诉部门在同意案件承办人适用刑事和解的意见后,需将案件提交检委

---

　　① 该案的犯罪嫌疑人与被害人在酒店因琐事发生纠葛后,持刀将被害人砍成轻伤,承办案件的检察官鉴于被害人自身存在过错,而犯罪嫌疑人系初犯并且悔罪态度好,在双方同意调解的前提下,在审查起诉阶段委托人民调解组织调处解决。

　　② 参见胡峥:《刑事和解有待破题立法》,《民主与法治时报》2008 年 8 月 11 日第 A10 版。

　　③ 张福康主编:《杨浦年鉴 2005》,汉语大词典出版社 2005 年版,第 72 页。

　　④ 林仪明:《从非正式规则到正式规则——以当代刑事和解制度的形成与发展为例》,《民间法》2016 年第 17 卷。

会讨论,由检委会作出是否适用刑事和解程序的决定,并邀请特约检察员等进行监督,确保和解过程公开公正。第五,注重跟踪了解刑事和解后的效果,定期走访了解,及时掌握犯罪嫌疑人回归社会的情况,预防出现新的犯罪。关于当事人达成刑事和解后案件在法律程序上如何处理的问题,杨浦区检察院主要采取两点方式:一是对案件作出相对不起诉决定;二是将案件作为不公诉案件处理,退回公安机关另处。

从有关的资料来看,杨浦区检察院开展轻伤害案件刑事和解的实践确实取得了一定成效。从当时媒体的一些报道可以发现,轻伤害案件刑事和解比较有效地化解了社会矛盾,一些偶犯、初犯的犯罪嫌疑人得到了挽救。

（二）逐步扩展的刑事和解实践

杨浦区司法机关开展刑事和解的探索及成效引起了上海市公、检、法、司的关注。2006 年 5 月 12 日,上海市高级法院、检察院、公安局、司法局共同会签了《关于轻伤害案件委托人民调解的若干意见》（沪司发法制［2006］5 号）,这可以视为对杨浦区探索轻伤害案件委托人民调解经验的认可和推广。至此,轻伤害案件委托人民调解的机制开始逐步在全市范围内推广开来,①上海各级检察机关开始逐步在相关的公诉案件中适用刑事和解机制,而多数的刑事和解发生在公诉阶段,②与此前杨浦区检察院的"试水"相比,刑事和解制度又有了新的发展。通

---

① 准确说应该是"刑事和解的司法机制逐渐推广开来",因为虽然上海公、检、法、司会签了轻伤害案件委托人民调解的协议,但在具体的司法操作中,"委托人民调解"只是处理轻伤害和解案件的一种途径,在有些区县检察机关的公诉实践活动中,"委托人民调解"甚至不是主要的处理途径,相反,不少公诉案件是通过检察官促成加害人与被害人双方自行和解,或者在检察官的主持下当事双方达成刑事和解协议的。但无论如何,不可否认的是杨浦区探索轻伤害案件委托人民调解的实践,以及上海市公检法司会签轻伤害案件委托人民调解的做法,对于转变上海司法机关执法理念、积极运用刑事和解机制具有重要的引导作用。

② 也有一些刑事案件是在审查批捕过程中达成和解的,而且这些案件主要是未成年人犯罪案件,总体数量很少,主要原因是审查批捕阶段时间有限,同时审查批捕只是一种强制措施而非诉讼阶段,职能相对有限（主要是决定是否批捕）。从上海检察机关开展刑事和解的实践来看,绝大多数刑事和解都发生在公诉阶段。

过建立轻微刑事案件快速办理等工作机制,积极找寻化解社会矛盾的路径,促进社会和谐。据统计,2007 年—2009 年,上海各级检察机关公诉部门共开展刑事和解案件 290 件,和解成功 243 件,成功率达83.79%,相关经验做法被最高检察院转发。①

　　1. 规范和扩大适用刑事和解的案件范围

　　《关于轻伤害案件委托人民调解的若干意见》对和解的案件范围作了规定,即因民间纠纷引发的故意伤害致人轻伤且社会影响不大的案件可适用刑事和解,并通过排除法明确将一些案件排除出刑事和解的适用范围。②在该项制度实施和推进的过程中,公诉部门很快发现《关于轻伤害案件委托人民调解的若干意见》对于刑事和解适用范围的规定明显无法满足现实的需要,如果严格按照《关于轻伤害案件委托人民调解的若干意见》的规定执行,许多符合刑事和解制度精神的轻微刑事案件无法启动和解程序,比如一些轻微的职务侵占等案件的当事人有意愿进行刑事和解,但却无法纳入和解的范畴。③此时,扩展刑事和解的适用范围成了公诉实践中的客观需要。2007 年 8 月,为贯彻宽严相济刑事司法政策,上海市人民检察院制发了《处理轻微犯罪案件的若干意见(试行)》,规定对轻微犯罪案件实行宽缓、快速处理,其中对于轻微犯罪的范围作了规定,④相对于《关于轻伤害案件委托人民调解的若干

---

　　① 南杰、施坚轩:《上海检察机关 3 年和解刑事案件成功率超八成》,《上海商报》2010 年 8 月 13日第 1 版。

　　② 主要有六类:"(一)雇凶伤人、涉黑涉恶、寻衅滋事、聚众斗殴及其他恶性犯罪致人轻伤的;(二)行为人系累犯,或在服刑、劳动教养和被采取强制措施期间,因纠纷致人轻伤的;(三)多次伤害他人身体或致三人以上轻伤的;(四)轻伤害案件中又涉及其他犯罪的;(五)携带凶器伤害他人的;(六)其他不宜委托人民调解的。"

　　③ 林仪明:《从非正式规则到正式规则——以当代刑事和解制度的形成与发展为例》,《民间法》2016 年第 17 卷。

　　④ 根据该《意见》的规定,轻微刑事案件主要是指对依法可能判处三年以下有期徒刑、拘役、管制或单处附加刑,具有犯罪情节轻微、初犯偶犯、真诚悔罪、积极退赔、挽回损失或者取得被害人谅解等酌定从宽处罚情节的犯罪。另外,特殊群体如 70 周岁以上老年人、25 周岁以下在校学生以及正在怀孕或哺乳自己婴儿的妇女的犯罪,虽不具有前述情形,但综合案件具体情况,认为犯罪嫌疑人、被告人主观恶性不大、危害后果不严重的,也可以予以宽缓处理。

意见》的规定而言,这个案件范围有了一定的扩大。此后,各级公诉部门适用刑事和解的案件范围以此为主要依据,进行了适度的扩展。2009 年 12 月 31 日,在中央办公厅转发中政委的文件中提出,"对因民间纠纷引起的一般治安案件、轻微刑事案件和交通事故,公安机关、检察机关要依照法律规定,探索建立运用和解等方式解决问题的机制"。[①]这为刑事和解案件适用范围的扩大提供了政策依据。通过相关的实证调研,可以发现上海检察机关的刑事和解适用范围主要是侵犯私权且有被害人的轻微刑事案件,最常见的是轻微故意伤害、盗窃、交通肇事。根据笔者对 2007 年—2009 年上海市检察机关公诉部门处理的 290 起刑事和解案件所做的不完全统计显示,轻伤害案件 167 件,占 57.6%;盗窃案件 32 件,占 11.3%;交通肇事案件 45 件,占 15.5%;诈骗案件 22 件,占 7.6%;职务侵占、抢劫等其他案件 24 件,占 8.3%。

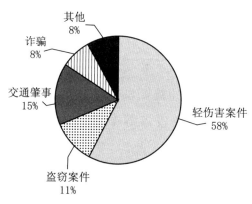

图 5-1　2007 年—2009 年上海公诉案件适用刑事和解的案件分布

2. 规范、完善刑事和解的程序

在刑事和解的程序问题上,根据公、检、法、司会签的《关于轻伤害案件委托人民调解的若干意见》等规范性文件,上海市检察机关对于公诉阶段的刑事和解程序作了具体细化,比如静安、杨浦等一些基层检察机关制发了刑事和解的实施细则。从实践情况看,刑事和解的规范性操作通常包括以下几个方面:

(1)告知相关的权利义务。公诉部门一般在收到公安机关起诉意

① 转引自林仪明:《从非正式规则到正式规则——以当代刑事和解制度的形成与发展为例》,《民间法》2016 年第 17 卷。

见书三日之内,审查是否需要适用刑事和解,并在《犯罪嫌疑人诉讼权利义务告知书》《被害人诉讼权利义务告知书》送达案件当事人及其他诉讼参与人的同时,告知其有申请适用刑事和解等权利。

（2）刑事和解的启动。刑事和解的启动通常有两种方式,一种方式是当事人主动向检察官提出进行刑事和解的申请,较多的情况是具有认罪、悔罪意识的犯罪嫌疑人及其亲属首先提出;另一种方式是检察官在审理案件的过程中,根据案件的实际情况作出是否启动刑事和解的判断,主要考虑的因素包括犯罪的严重程度、实施刑事和解是否产生不利的社会效果、犯罪嫌疑人的认罪态度、犯罪嫌疑人进行赔偿的可能性、被害人的主观态度等等。检察官对案件是否决定启动刑事和解,主要依赖于其个人经验和理念,[①]也就是说检察官对是否启动刑事和解具有一定的裁量权,因为并没有强制性的规范要求检察官对符合刑事和解条件的公诉案件都必须启动刑事和解程序。无论是当事人启动,还是检察官启动,都必须满足首要的、基本的条件,即刑事和解必须建立在加害人、被害人双方平等、自愿的基础之上,这是检察官对刑事和解案件进行审查的重点内容之一。

（3）刑事和解的主持。从公诉实践情况来看,通常有四种形式:由检察官主持;委托人民调解委员会主持;由犯罪嫌疑人所在的基层组织（如居委会）主持调解;检察官的推动下当事人自行达成和解协议。[②]从相关实证性调研的结论来看,由检察官主持和解的比例最高,其次是委托人民调解委员会主持调解,当事人自行和解所占的比重越来越大。

---

① 公诉案件刑事和解程序能否启动,与检察官个人的经验与观念具有较大关系,通常而言,生活经验比较丰富、注重案件社会效果的检察官更愿意主动启动刑事和解程序。一些客观因素也会影响检察官对刑事和解的适用,比如刑事和解延长办案期限、增加办案负担,有些刑事和解沟通协商的过程反复、烦琐、耗时,这种客观情况必然使一些检察官犹豫于是否适用刑事和解,再加上上级检察机关对不起诉率考核指标的约束,使得检察官更没有适用刑事和解的积极性、主动性,这是造成刑事和解适用率低的重要因素。

② 林仪明:《从非正式规则到正式规则——以当代刑事和解制度的形成与发展为例》,《民间法》2016 年第 17 卷。

以 2007 年至 2009 年上海市浦东、静安、杨浦、宝山、长宁、黄浦六个区检察机关开展刑事和解的情况作为分析样本,发现在成年人公诉案件中,检察机关主持和解占 56.5%,委托人民调解占 20.3%,当事人自行和解占 23.2%,且自行和解比例呈逐年上升趋势。在未成年人公诉案件中,检察机关主持和解占 8.6%,委托人民调解占 36.6%,当事人自行和解占 54.8%。①

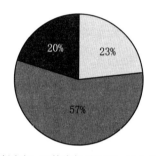

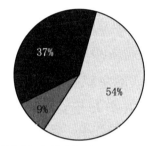

□ 自行和解　■ 检察机关调解　■ 人民调解　　　□ 自行和解　■ 检察机关调解　■ 人民调解

图 5-2　2007 年—2009 年上海成年人公诉案件刑事和解方式　**图 5-3　2007 年—2009 年上海未成年人公诉案件刑事和解方式**

（4）刑事和解的过程。关于刑事和解的过程如何进行,没有具体的规定,有些案件是在检察官或调解人的主持下,当事人面对面协商民事赔偿问题,侵害人当面道歉、表达悔意,被害人表示谅解。但不少案件侵害人由于正处在羁押状态,因此,由其亲属或辩护人代为协商和解事宜。

（5）刑事和解后的处理。刑事和解程序启动后,无非两个结果,一是达成和解协议,二是未能达成和解协议,如当事人双方没有达成和解协议的,检察官按法定程序继续办理案件,依法作出是否起诉的决定并根据案件情况向法院提出相应的量刑建议。如果当事人双方达成和解

---

① 张勇、顾文、林倩:《刑事和解中检察机关能动司法的制度选择——基于上海经验的实证研究》,《政治与法律》2010 年第 11 期。这个实证调研在统计刑事和解主持的时候忽略了另外一种情况,即通过犯罪嫌疑人所在基层组织主持促成刑事和解的情况,根据笔者了解,这种形式虽然为数不多,但在公诉实践活动中的确存在。在处理一些邻里纠纷案件中,个别有经验的资深检察官会邀请居委会等基层组织共同参与,促成当事人和解,取得比较理性的效果。

协议,一般情况下,检察官会要求当事人双方签订书面的和解协议,并据此作出处理决定,一般有三种处理方式:相对不起诉、退回公安机关并建议另处以及起诉并建议从轻处理。根据实证研究的结论,在公诉实践中,作出相对不起诉处理所占比重最大(52.9%,占全部相对不起诉案件的26.2%),其次是退回公安机关作撤案处理

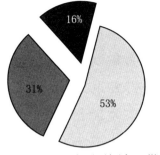

■从轻处理 □相对不起诉 ■撤案

图 5-4 上海公诉案件刑事和解后的处理方式

(31.4%),最后是起诉并提出从轻处理的量刑建议(15.7%)。

(6)刑事和解案件的内部审批与监督机制。上海检察机关从一开始就很重视刑事和解案件的内部审批与监督,要求严格适用三级审批制度,由承办人审查后提出处理意见,层报主诉检察官、部门负责人、分管检察长审批。同时,还对刑事和解工作进行过程监督,防止和解工作中出现执法不严等情况。

3. 未成年人公诉案件中刑事和解制度被广泛适用

上海检察机关未成年人刑事检察部门成为刑事和解制度的积极实践者,在为数不少的未成年人公诉案件中引入刑事和解程序,适用率甚至超过了普通成年人刑事案件的刑事和解适用率。早在 2006 年初,徐汇区检察院就运用刑事和解制度成功办理了一起未成年人公诉案件。案件发生在三个未成年人之间,犯罪嫌疑人张某、梁某因琐事对同学小丽进行侮辱、殴打,造成多处软组织挫伤。徐汇区检察院在审查起诉该案后认为,该案发生在未成年人之间,作案情节尚属轻微,且张某、梁某到案后认罪态度较好,多次主动与双方的家长进行沟通,最终促成双方达成赔偿协议,被害人小丽的家长也表示愿意对两名未成年犯罪嫌疑人予以谅解,徐汇区检察院经过三个月的诉前考察,最终对张某、梁某作出相对不诉决定。[①]为了更好

---

① 董启元:《上海推行未成年人刑案和解制度》,《民主与法制时报》2006 年 11 月 27 日第 A11 版。

地理解和适用刑事和解制度,2007 年上半年,上海市人民检察院未成年人刑事检察部门专门召开了未成年人案件刑事和解理论研讨会,对刑事和解制度的可行性、操作性与制度构建进行了研讨,为在全市范围推进该制度提供了理论支撑。闵行、杨浦、青浦等区县检察院未检部门积极探索推进未成年人案件刑事和解工作,主要的措施包括:制定完善未成年人案件适用刑事和解的操作规则;与当地法院、公安、司法部门达成处理未成年人刑事和解案件的协议,制发相关工作意见;试行未成年犯罪嫌疑人及其法定代理人、被害人申请刑事和解告知制度,设计完善轻微刑事案件刑事和解流程;扩大适用范围,由轻伤害扩展到较轻的盗窃、抢夺等侵财案件,并进一步适用于情节轻微的抢劫、故意伤害致人重伤等案件以及以侵犯个人法益为主的寻衅滋事案件。根据有关统计,2006 年至 2008 年,上海各级检察机关共在 32 件未成年人案件中适用刑事和解,其中抢劫犯罪案件 12 件,所占比例达 37.5%;盗窃及故意伤害案件各占 25%[1];丰富刑事和解达成方式,提高委托人民调解的效率,对具备和解条件的案件,承办人及时通知人民调解员提前介入,同步开展调解,并加强刑事办案与调解工作的配合衔接。另外,有的区县检察院未检部门在当事人自行和解、人民调解员调解的基础上,借助社区检察室、司法所共同开展和解工作;规范刑事和解案件处理方式,对达成刑事和解的案件,根据案件和涉罪未成年人的具体情况,选择建议公安机关撤案、相对不起诉或起诉至法院后建议适用非监禁刑等不同处理方式,避免缺乏针对性的"一刀切"处理方式;推动法律援助律师介入刑事和解,有的区县检察院未检部门推动组建未成年人刑事案件法律援助律师队伍,引导法律援助律师为其主张民事赔偿和其他诉讼权利。

---

[1] 樊荣庆:《未成年人案件引入刑事和解制度的思考》,载宋英辉、袁金彪主编:《我国刑事和解的理论与实践》,北京大学出版社 2009 年版,第 62 页。

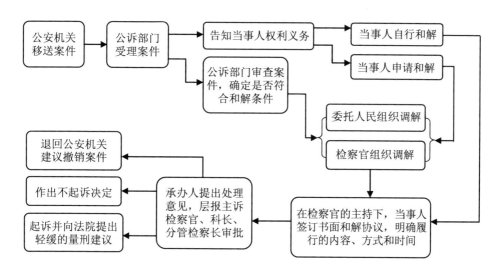

图 5-5　上海检察机关公诉阶段刑事和解的流程

（三）2012 年《刑事诉讼法》修订之后的刑事和解实践

在上海等地区先行开始刑事和解司法实践的同时,中央司法机关对刑事和解实践开始予以关注和推广,逐步出台一系列意见和措施。2006 年,最高人民检察院正式把轻微刑事案件和解机制列为公诉改革的重点工作。2008 年,中央政法委《关于深化司法体制和工作机制改革若干问题的意见》提出探索建立刑事和解制度。2009 年,中央政法委有关文件再次提出,对因民间纠纷引起的一般治安案件、轻微刑事案件和交通事故,探索建立运用和解等方式解决问题的机制。2011 年,最高人民检察院印发《关于办理当事人达成和解的轻微刑事案件的若干意见》,对刑事和解的适用范围、和解内容、和解途径及案件处理等作了具体规定。

刑事和解制度写入《刑事诉讼法》。随着探索实践活动逐步展开,关于刑事和解制度是否应写入刑诉法的问题引起热议。实务界的人士鉴于刑事和解法律依据不足引发争议的问题(比如,各地区适用范围规定不一、操作程序不规范、刑事和解合法性受质疑等问题)积极主张将刑事和解纳入法律框架。学术界亦对刑事和解高度关注,在各地刑事和解司法实践的基础上，开展了大量的学术研究，一些学者积极支持刑事和解立法，在刑事诉讼法修改建议稿中专门就刑事和解问题进行阐述。①终于，在社会各界的积极努力下，《刑事诉讼法》正式进入全国人大审议之前，刑事和解入法实际上早已没有悬念。2012年《刑事诉讼法》修改，增设了当事人和解的公诉案件特别诉讼程序，首次通过立法方式，规范了公诉案件当事人和解制度，明确规定了刑事和解适用的案件范围，也规定了刑事和解的适用条件和适用程序。对于刑事和解后的处理，新《刑事诉讼法》对公诉阶段规定了两种处理方式，即当事人达成和解的，检察机关可以依法作出相对不起诉决定，或者向法院提出从宽处罚的量刑建议，这意味在此前试点的过程中，一些基层检察机关在处理刑事和解时将达成和解的案件退回公安机关并建议其撤案的做法不被法律所认可。2012年10月16日，最高人民检察院检委会通过的《人民检察院刑事诉讼规则》对公诉阶段的刑事和解进一步细化，如规定刑事和解协议书的主要内容、履行方式、变更和撤销等。

公诉案件刑事和解制度在上海形成、发展的趋势大致如下：（1）刑事和解案件适用范围总体上呈现扩大化的趋势，从最初局限于邻里纠纷引起的轻伤害案件发展到宣告刑为有期徒刑三年以下的轻微刑事案件（实践中多数案件宣告刑在三年以下），再到后来将宣告刑为有期徒刑七年以下的过失犯罪也纳入刑事和解的范畴，可以看出刑事和解案件适用范围总体上呈现出逐步扩大的趋势，体现了实践过程的审慎态度。（2）刑事和解的适用条件趋向于更加具体、严格、规范。（3）刑事和解后的案件处理更加符合程序法的要求，比如，将刑事和解后的案件退回公安机关撤案（另处）的做法由于缺乏程序正义的精神，在新《刑事

① 比如，陈光中教授领衔的刑事诉讼法再修改课题组就对刑事和解问题进行了研究，主张考虑到"刑事和解制度既体现了中国'和为贵'的传统和谐文化，又有利于提高诉讼效率和有效地解决刑事犯罪所带来的各种纠纷和矛盾，以及刑事和解制度、恢复性司法在国际社会的蓬勃发展趋势"，建议将刑事和解作为新刑诉法的一项基本原则。参见陈光中：《〈刑事诉讼法修改专家建议稿〉重点问题概述》，《人民检察》2006年第11期。

表 5-1　三个不同阶段上海公诉案件刑事和解的司法实践情况对比

对比事项＼不同阶段	杨浦区检察院"试水"阶段（2004—2005 年）	刑事和解逐步推广阶段（2006—2012 年）	刑诉法修改之后（2013 年 1 月 1 日至今）
案件适用范围	轻伤害案件（主要限于邻里纠纷引起的故意伤害案件，一般是初犯、偶犯）。	轻微刑事案件（以轻伤害案件为主，在实践探索过程中，逐步将适用范围扩展到抢劫、抢夺、盗窃、交通肇事、职务侵占等罪名，通常宣告刑在三年以下）。	1. 因民间纠纷引起，涉嫌刑法分则第四章、第五章规定的犯罪案件，宣告刑在三年有期徒刑以下的； 2. 过失犯罪（除渎职犯罪外，并且宣告刑在 7 年以下）。
适用和解的条件		1. 犯罪嫌疑人具有悔罪态度，愿意对被害人赔偿、道歉； 2. 被害人愿意对犯罪嫌疑人予以谅解； 3. 当事人双方达成和解协议。	1. 犯罪嫌疑人真诚悔过，向被害人赔偿损失、赔礼道歉等； 2. 被害人明确表示对犯罪嫌疑人予以谅解； 3. 双方当事人自愿和解，符合有关法律规定； 4. 属于侵害特定被害人的故意犯罪或者有直接被害人的过失犯罪； 5. 案件事实清楚，证据确实充分； 6. 犯罪嫌疑人不得有 5 年以内曾经故意犯罪的记录。
刑事和解的方式	以委托各街道人民调解委员会的形式为主，有些案件由检察官直接主持调解	1. 当事人自行和解； 2. 检察官主持调解； 3. 委托人民调解委员会调解； 4. 个别案件由村委会、居委会等基层组织主持调解	1. 当事人自行和解； 2. 人民调解委员会调解； 3. 村委会、居委会及当事人所在的单位或者同事、亲友等调解。 检察官可以建议当事人进行和解，并告知权利义务，必要时提供法律咨询。
达成和解后的处理方式	1. 退回公安机关并建议撤案； 2. 作出相对不起诉； 3. 提出宽缓的量刑建议。	1. 退回公安机关并建议撤案； 2. 作出相对不起诉决定； 3. 提出宽缓的量刑建议。	1. 作出相对不起诉决定； 2. 提出从宽处理的量刑建议。

193

诉讼法》出台之后便不再适用。(4)刑事和解案件的数量总体上呈现出上升的趋势,但从适用的比率上看依然偏低。(5)刑事和解案件趋向于提交中立的调解机构调解;尽管上海最早开展刑事和解的实践经验就是将轻伤害和解案件调解提交人民调解机构调解,并通过公检法司共同发文的方式予以推广,但在一段时间里,为数不少的刑事和解案件实际上是在检察官的主持下直接完成调解的,检察官调解的方式曾受到不少质疑①,而且由检察官直接主持调解的确也增加了不少工作负担。基于这样的考虑,新《刑事诉讼法》实施后,检察官逐渐从刑事和解案件主持者的角色中退出,而主要通过人民调解委员会等专业的调解组织来开展调解工作。

公诉专办组专门负责刑事和解案件的办理。与一般公诉案件相比,刑事和解案件专业化程度更高,要求公诉人具备更好的综合素质,特别是要有丰富的社会经验和对外沟通协调能力,掌握群众语言。因此,上海不少基层检察机关开始探索成立刑事和解案件公诉专办组。2012年7月,普陀区人民检察院成立了首家"当事人和解的公诉案件专业化办案组"。刑事和解公诉案件专办的基本模式是:案件受理后,属于刑事和解范围的,登记备案之后分流专办组。其他承办人在办案过程中发现应适用当事人和解的案件,及时移交专办组。专办组要灵活运用和解司法理念,将依法促成当事人和解作为一种司法理念,贯穿于日常办案活动中。例如,青浦区检察院刑事和解专办组曾经办理一起因索债故意伤害他人致死的案件,被害人亲属多次在公开场合表示若不判处曾某极刑则将逐级上访。经详细审查案件材料,承办人认为被害人也存在一定过错,且犯罪嫌疑人真诚悔罪,其亲属在侦查阶段已

---

① 主要观点认为检察官不是一个代表社会的中介调停机构,参与调解可能会造成执法不公。因为从共同追诉犯罪的角度来说,检察官和被害人是密切配合的共同体,在调解民事赔偿中会不自觉站在被害人一方,使加害方和被害人的自愿调解带有强制性色彩。同时,检察机关还要监督刑事和解协议结果并将其纳入司法裁决中,检察机关既当运动员又当裁判员,司法公正很难保证。

履行了一部分赔偿金,于是多次与双方当事人联系,耐心地听取意见,充分地释法说理,后犯罪嫌疑人亲属支付了剩余赔偿款,被害人亲属也表示会罢访息闹,冷静平和地接受司法机关对本案的处理结果,双方最终达成了谅解协议。

借助检调对接工作机制推进刑事和解。检调对接,顾名思义是指检察工作与社会调解工作进行对接,在检察环节努力促成刑事和解、民事申诉和解、涉检信访和解,化解各类社会矛盾的一种工作机制。①检调对接是上海的一项特色工作,2004 年杨浦区检察院试行轻伤害案件委托人民调解,即是检调对接的一种具体形式。将人民调解引入刑事和解的过程,既减少了检察官的诉累,使公诉人免于陷入调解事务的烦扰,提高了公诉办案的效率,又通过专业的调解机制达到更高的调解率和更稳固的调解功效,促进"定分止争,案结事了"。上海人民调解制度发展较早,相对比较健全,②这为检调对接提供了得天独厚的条件,成为上海检察机关开展刑事和解的特色和优势。实际上,根据学者的实地调查显示,除上海等少数社区组织较为发达的地区外,"在我国绝大多数地区,办案人员主导和解占绝大多数,但人民调解员主持和解则在成功率上占有一定优势"。③这一观点从上海检调对接的实践中可以得到支持。据统计,从 2010 年 1 月到 2013 年 3 月,上海市普陀区检察院检调对接工作办公室共受理调解案件 115 件,调解成功 90 件,涉及金

---

①　另有一种狭义观点认为检调对接就是刑事和解,是指检察机关在刑事和解工作中,依托人民调解组织进行调解,被害人或其亲属自愿同犯罪嫌疑人就财产损失、人身伤害达成和解协议,并经公诉部门依法监督和认定,如确属犯罪嫌疑人认罪悔过、积极赔偿、被害人谅解、社会危害性不大的案件,可以依照法律规定对犯罪嫌疑人做出相关从轻处理,以求运用刑事和解努力化解矛盾纠纷。

②　上海在人民调解制度上具有自身优势。早在民国时期就已经建立了民间调解机构,中华人民共和国成立之后上海市政府颁发了《上海市市区接管委员会办理调解案件暂行办法》等文件,开始了人民调解的组织建设,人民调解工作得到了快速发展,虽然历经文革十年的停滞,但在改革开放之后又得到了继续发展,在人民调解的组织机构、工作做法等方面走在全国前列,创造了不少人民调解的先进经验。上海人民调解组织机构比较健全,调解人员素质较高,调解的效果整体较好,为减轻公检法机关的案件负担作出了积极贡献。具体参见魏晔:《上海人民调解工作的历史沿革、变化发展及其思考》,华东政法大学 2001 年硕士学位论文。

③　宋英辉等:《公诉案件刑事和解实证研究》,《法学研究》2009 年第 3 期。

额 440 余万元,其中 84 件为刑事和解,未发生一起当事人违背承诺不履行协议的情况。①

组织开展对刑事和解案件的听证。为了提升刑事和解过程的公开性、规范性和合理性,避免当事人与公众产生误解,各基层检察机关开始探索在将公开听证程序引入刑事和解实践。公开听证会议前检察机关通过权利义务告知书等方式充分告知案件当事人有关权利和义务。听证会议过程中全面听取意见。听证会在检察官或调解员的主持下进行,有辩护律师、被害人代理律师参加的和解会议,效率更高、效果更好。听证会的结论成为检察机关处理案件的依据,听证会后承办人根据听证情况制作审查报告,提出对案件的适当处理决定。2013 年 4 月,上海首例刑事和解案件听证会在浦东新区检察院召开,听证员听取了犯罪嫌疑人所在单位代表、承办民警等的意见,并确认双方就民事赔偿所达成的协议的确是当事人双方真实意思的表示,案件符合法律规定。在检察官的主持下,制作了刑事和解协议书,犯罪嫌疑人和被害人家属在协议书上签字表示认可。②

探索司法救助与刑事和解的结合。实践中,一些犯罪嫌疑人、被告人因为经济困难,没有足够的偿付能力,因此尽管主观上也积极悔过,愿意与被害人一方达成和解,但由于经济方面的客观原因,导致和解受阻。针对这一状况,一些基层检察机关通过探寻刑事被害人救助工作与刑事和解工作的契合点,促进刑事和解的开展。主动延伸被害人救助工作触手,一方面对因犯罪得不到有效赔偿,生活陷入严重困难的刑事被害人及其近亲属予以及时救助;另一方面对被告人予以训诫,考察其是否有主观悔改意愿。为了确保刑事救助和刑事和解的准确性、恰

---

① 林中明、张佳楠:《90 件检调对接和解案无一反悔》,《检察日报》2013 年 5 月 11 日第 1 版。

② 刘明远:《上海浦东新区检察院召开全市首例刑事和解案件听证会》,正义网 2013 年 4 月 9 日,http://www.jcrb.com/procuratorate/jckx/201304/t20130409_1084727.html,最后访问时间 2014 年 9 月 10 日。

当性,一些基层检察院建立控申、公诉、未检等部门信息互通机制,由公诉、未检承办人对当事人的和解进行事先审查,包括当事人双方和解的意思表示是否真实可靠,赔偿数额与实际损害是否平衡,被告人是否真诚悔过,被害人及其法定代理人、近亲属是否明确表示谅解被告人等,在查明情况的基础上决定是否对刑事和解案件中的当事人进行司法救助。

二、关于公诉案件刑事和解的思考

公诉案件刑事和解从其概念的提出到 2012 年我国刑事诉讼法就刑事和解作出正式规定,发展的速度之快令人惊叹,人们也许会问:刑事和解制度快速形成的背后有着怎样的推动力? 发展过程是否毫无争议? 实践是否真如期待的那样完全发挥理想的成效? 结合刑事和解制度发展历程的回顾,笔者对此进行了一些粗浅的思考。

（一）公诉案件刑事和解的时代背景

我国刑事和解制度的形成与发展并非偶然,它是我国经济社会发展到特定阶段的必然选择,是法治文明进步和刑事法律发展的必然结果。

首先,国际上刑法理念的变迁为刑事和解制度的形成提供了理论依据。不少人认为,我国的刑事和解制度源起于欧美国家 1970 年代开始兴起的"恢复性司法"[①]运动,但通过实证考察可以发现其实不然,至少没有直接证据证明我国基层司法机关的刑事和解探索活动,在多大程度上是受"恢复性司法"思潮的影响或支配而启动的。相反,从上海市杨浦区探索轻伤害案件委托人民调解制度的历史来看,我国的刑事和解更像是一种原生的制度,正如当时参与启动刑事和解制度的相关负责人所说,"其实,刑事和解'杨浦模式'形成之初,尚未有上述提法,

---

① "恢复性司法"（Restorative Justice）,是指在 20 世纪 70 年代开始在西方兴起的刑事司法运动。学界普遍认为,恢复性司法是对犯罪行为做出的系统性反应,它着重于治疗犯罪给被害人、犯罪人以及社会所带来或所引发的伤害。相对于传统的刑事司法而言,恢复性司法将重点放在对被害人的经济补偿、被害人与犯罪人关系的修复以及被害人重新回归社会等方面。参见［美］丹尼尔·W.凡奈思:《全球视野下的恢复性司法》,王莉译,《南京大学学报》2005 年第 4 期。

纯粹取决于杨浦的区域特点和刑案特色"。①笔者认为,这符合上海刑事和解探索的实际情况,这是因为,一方面,通常一种刑法理念从引入、传播到被日益接受直至影响司法实践,一般需要较长的时间,短则数年长则数十年,而西方"恢复性司法"理念的引入与基层司法机关开展刑事和解的实践几乎同时,从逻辑上讲"恢复性司法"理念应当没有足够的时间影响最初的刑事和解实践。一个例证即是上海最初的刑事和解实践并没有使用"恢复性司法"或者"刑事和解"的名称、概念,而是用了"轻伤害案件委托人民调解"这样一个充满东方色彩的名称,这至少在某种程度上可以说明,上海刑事和解的实践并非西方"恢复性司法"的产物。而另外一个例证是最早启动刑事和解实践的杨浦区检察院在其承担的一项最高检重点课题中对其探索刑事和解制度的理论基础予以阐述,认为"私诉(自诉)优先原则"才是其理论基础。另一方面,我国刑事和解的基层实践,并不具备西方"恢复性司法"的理论基础,②相反,我国启动刑事和解的动因要"单纯"得多,说到底就是基层司法机关基于基层司法的现实需要,在不违反法律基本精神的前提下,发挥主观能动性,对既有的刑事司法规则进行创造性的局部改造。③

---

① 胡峥:《"刑事和解"有待立法破题》,《民主与法制时报》2008年8月11日第A10版。

② 陈光中教授认为,恢复性司法与我国刑事和解的理论基础不同,恢复性司法源于对传统刑事司法制度和刑罚制度的反思,以及对犯罪性质的重新认识。因此,恢复性司法是一种后现代主义的法律思潮,是建立在对传统刑事法制度的批判基础之上的,并且十分强调社区的参与。而我国刑事和解的源头可以追溯到人类原始社会末期以赎金代替复仇的纠纷解决方式,历史上和现代的许多制度都带有这种纠纷解决方式的印记,比如赎刑、罚金、对被害人的损害赔偿令等,加害人和被害人和解解决纠纷的理念和实践在人类历史中一直和主流的刑事纠纷解决方式并存着,我国自古以来不乏此类尝试,进入现代社会之后,这种生发于本土的纠纷解决理念在传统的基础上也在变化更新。参见陈光中、葛琳:《刑事和解初探》,《中国法学》2006年第5期。

③ 经过多年的严打斗争,基层司法机关越发感到,传统的刑事司法理念刚性有余、柔性不足,过度强调对于犯罪人的刑罚制裁,缺乏必要的灵活性,他们在司法实务工作中发现,一方面,不少轻微刑事犯罪实际上并非必须适用刑罚,有些时候刑罚的适用反倒使一些本可以回归社会的犯罪人日后重新走上犯罪的道路;另一方面,从被害人的角度来看,对犯罪人施以刑罚并不能为其挽回实际利益,不少被害人更愿意接受犯罪人的赔偿而非对犯罪人的刑罚。另外,不少案件发生于邻里之间或因琐事而起,犯罪人多数是因一时激愤施暴而并非十恶不赦之徒,当事人之间往往具备和解的基础和意愿,和解不但符合当事人双方的利益,也符合国家的利益,因为和解有利于减少司法资源的消耗。正是基于这些现实的考量,北京、上海等地区的基层司法机关开始从轻伤害刑事案件入手开展刑事和解的实践,一个值得注意的现象是这些基层司法机关最初都不约而同将刑事和解的对象确定为发生在邻里、亲属、同事之间的轻微刑事案件,这一定程度上也能证明刑事和解的探索基于社会现实需要的观点。

尽管我国的刑事和解制度并非源自西方的"恢复性司法"，但在理念和操作上却与"恢复性司法"有不少契合点，在刑事和解探索实践的过程中，"恢复性司法"理念不失时机的引入和传播，正好提供了有力的理论武器，这在一定程度上促进了刑事和解制度的推广和入法。以被害人为中心的新的刑事法律理念构成了"恢复性司法"的价值基础，有别于传统刑法理念，①它认为犯罪行为既是对法律违犯，也给被害人及社会造成损害，如果想要伸张社会正义，则应该积极恢复犯罪行为给被害人以及社区所造成的损害，给被害者提供赔偿、补偿等有意义的救济。②刑罚虽然能够起到一定的威慑和预防作用，但从司法实践的效果来看其作用毕竟有限，相反，通过犯罪人与被害人的和解、帮助犯罪人重新回归社会其实更有助于防止犯罪的再次发生。"恢复性司法"作为西方20世纪六七十年代刑法理论的重大发展，受到许多国家的重视并积极引入本国的司法实践，取得了积极的成效。③恢复性司法也引起了有关国际组织的关注，在2000年4月召开的联合国预防犯罪和罪犯处遇大会上，与会者对恢复性司法予以热烈讨论和高度评价，通过了一项旨在推行恢复性司法草案。2002年，联合国经济和社会理事会提出在刑事事项中采用恢复性方案的基本原则，为各国司法部门适用恢复性罪犯矫治程序提供了一个行动的纲领。因此，我国刑事和解制度的形成与发展乃是国际大势所趋。

---

①　传统的刑法理念主要以报应刑为基础，认为犯罪是对法律和秩序的侵害，刑罚的目的就在于恢复法律和秩序，因而，刑事司法的全部活动就是围绕如何将犯罪人付诸刑罚而展开，相反很少关注犯罪中的被害人。传统的刑事诉讼程序是国家为了追诉犯罪、维护公共利益而设置，通过一系列严格的程序步骤推进，最终实现刑罚权。在此过程中，无论是被告人还是被害人都难以左右诉讼的结果，只能按照法定程序完成诉讼，并且按照诉讼角色的安排继续保持一种对抗关系。

②　参见吴宗宪：《恢复性司法评述》，《江苏公安专科学校学报》2002年第3期。

③　20世纪末，恢复性司法在欧美几十个国家获得快速发展。例如，新西兰早在1989年就通过立法肯定了当地土著毛利人的带有恢复性司法特征的犯罪处理方式，要求司法机关对青少年犯罪广泛适用恢复性司法方式；1999年加拿大全国恢复性司法与争议解决指导委员会资助了14项恢复性司法的示范性计划；美国政府司法部于1998年制定了《实施平衡性恢复性司法方案行动指南》，全面推进恢复性司法。参见刘东根：《恢复性司法及其借鉴》，《环球法律评论》2006年第2期。

虽然我国刑事和解制度不是"恢复性司法"的产物,但在诸多方面却与"恢复性司法"存在相似之处,比如,都体现了对被害人利益的尊重和关注,被害人得以参与刑事诉讼的过程,其意见影响刑事诉讼的结果;被害人得到相应的物质赔偿,精神层面也获得某种程度的抚慰,一定程度上恢复了其被犯罪人侵害的利益;为犯罪人提供了免除或减轻刑罚的可能性,使犯罪人有条件更快、更加体面地回归社会;犯罪人与被害人彼此间的悔罪与谅解,能够消解彼此的仇恨,恢复因犯罪而造成的紧张关系,也增进社会的和谐;将民事上的协商、调解机制引入刑事司法,以灵活、柔性的方式促进矛盾的化解;一定程度上减轻了司法负担,减少了司法成本。我国刑事和解制度与西方"恢复性司法"的这些汇合点,不能简单地理解为一种偶然,而应当将其视为与国际刑法观念融合发展的必然结果,随着全球化、现代化的进程进一步加强,各国在经济社会生活中必然面临越来越多的共同问题,而在寻找解决问题的方法上也必然面临更多的共同选择,具体到刑事司法层面,类似于刑事和解与"恢复性司法"这样的汇合必然越来越多。

其次,"和谐社会"理念的提出为刑事和解的实践提供了政策基础。改革开放之后,我国经济长期处于高速发展的过程中,到 2003 年人均国内生产总值已经达到 1000 美元,正式进入了发展中国家通常面临的社会矛盾凸发期。[①]从社会现实来看,由于社会处于转型期,体制转换、结构调整和社会变革带来了各种社会问题和矛盾冲突,在司法领域,刑事案件高居不下。在这样的背景下,2004 年 9 月 16 日召开的中国共产党十六届四中全会提出了"构建社会主义和谐社会",期待通过系统性的制度构建,化解日益严峻的社会矛盾问题。2006 年 10 月 11 日,十六届六中全会通过关于构建和谐社会若干重大问题的决定,指出要"更加积

---

① 西方经济学家认为,发展中国家经济发展到一定阶段,如果国家不能很好地解决经济持续增长的问题,就很容易陷入"中等收入陷阱",经济增长停滞或徘徊,与此同时此前经济高速增长所积累的各种社会矛盾将会集中爆发。

极主动地正视矛盾、化解矛盾，最大限度地增加和谐因素，最大限度地减少不和谐因素，不断促进社会和谐"。"和谐社会"理念的提出，恰在北京、上海、浙江等地试行刑事和解的起始阶段，试行工作正面临着来自社会各方的质疑和争议，此时提出"和谐社会"理念，正好为这项工作的开展提供了有力的政策依据。在此期间，一些法律界人士纷纷撰文论述刑事和解与"和谐社会"的关系，一些学者开始主张从我国传统"和合"思想中去探寻渊源，为刑事和解制度的存在和发展提供理论依据。①尽管笔者并不赞成将我国刑事和解制度的渊源追溯至古代的"和合"思想，但不可否认的是，中国文化传统中"息事宁人""厌讼"的观念的确在一定程度上影响今天人们的行为方式，刑事和解案件中的部分当事人也的确可能是基于这样的观念而选择相互和解这条路径，"和合"思想可以成为刑事和解制度的一个理论依据而非渊源。过去的司法活动，常常忽略了刑事案件中被害人的感受与需求，实际上，被害人作为犯罪的直接受害者，其受到的伤害程度是衡量犯罪社会危害性的重要尺度，在对被告人进行量刑时，不应无视被害人的感受以及对被告人的诉求。在司法实践中因为无视被害人的诉求而引发缠访缠诉的现象并不少见，使普通刑事案件转化成破坏社会和谐的不稳定因素。促进沟通协调，促使被害人与被告人达成和解，化解矛盾，修复被破坏的社会关系，更有利和谐稳定。总而言之，"和谐社会"理念的提出，客观上为刑事和解的开展减少了争议，成为公诉案件和解制度最重要的政策基础。

---

①　比如，2006 年 7 月 21 日至 22 日，中国人民大学刑事法律科学研究中心和北京市检察官协会共同举办了主题为"和谐社会语境下的刑事和解"的全国学术研讨会，来自全国知名高校、研究机构、法院系统、检察院系统、公安系统的 200 余名专家，共同深入探讨刑事和解与和谐社会构建的问题。这样规模的研讨会的召开，说明和谐社会与刑事和解问题当时已经受到法律界的重视。在这个研讨会上，一些学者如中国政法大学范崇义教授、北京大学陈瑞华教授等人就观点鲜明地主张，刑事和解不是"舶来品"，而是"东方经验"的代表，认为中国博大精深的"和合"思想包含了和谐司法的理念，和谐社会理念的提出以及和谐司法理念的建立在我国具有本土化的特点，在刑事和解制度的建设上也应当坚持我们的文化特点。参见黄京平、甄贞、刘凤岭：《和谐社会构建中的刑事和解——"和谐社会语境下的刑事和解"研讨会观点综述》，《中国刑事法杂志》2006 年第 5 期。

其三，从"严打"到宽缓刑事政策的转变为刑事和解的开展提供了指导原则。刑事政策是刑事法律的灵魂，是刑事司法活动的导向和指针。刑事政策产生于特定的历史阶段，某项刑事政策通常都是建立在一定的社会基础之上，因此，它与社会的发展变迁有着相当密切的联系，社会形势发生了变化，刑事政策也会应时而动，我国古代政治家"治乱世用重典，治平世用轻典"的治国理论，可以视为对刑事政策变迁原理的精辟论述。1949 年中华人民共和国成立以后，从建国之初提出的"惩办与宽大相结合"刑事政策到 1983 年之后的"严打"方针，都是根据当时的社会情况和犯罪态势确定的刑事政策。长期以来，尤其是改革开放之后的二十多年时间里，我国在社会治安和对犯罪的治理方略上，更多强调"严打"以及以高压态势对待犯罪，这在犯罪案件数量高企的特殊背景下虽然有其合理性，但在执行中一味强调打击并不能从根本上解决犯罪和相应的社会矛盾。与"严打"刑事政策的初衷相悖的是，一面是"严打"活动一个接一个，刑罚力度丝毫不放松，而另一面是刑事案件数量不降反升，且呈逐年递增的总体态势。进入 21 世纪，中央对刑事司法政策的理解和认识也更加科学理性，逐渐认识到刑事司法政策对化解矛盾、促进社会和谐的作用。有学者认为，二十多年改革开放带来的社会转型使中国的刑事政策模式由传统的国家本位型向"国家—社会"双本位型发展，[①]如果说"严打"是典型的国家本位型刑事政策，那么"宽严相济"就属于"国家—社会"双本位型刑事政策的代表，因为在"宽严相济"的刑事政策之下，不再强调国家对刑罚权的绝对垄断和控制，而是对犯罪进行分类处理，将轻微刑事案件通过和解、矫正等非刑罚的方式由社会相关主体参与处理，这样就实现了国家和社会共同控制和预防犯罪的目的。"宽严相济"刑事政策对刑事和解制度的发展起到了促进作用，刑事和解成为了落实"宽严相济"刑事政策的一项具体措施，为"从宽"刑事

---

① 参见严励：《刑事政策的模式建构》，《刑事法评论（第 13 卷）》，中国政法大学出版社 2003 年版，第 163 页。

案件提供了替代刑罚手段的途径，因而日益受到各级司法机关的重视和推广。

最后，社会矛盾激增与司法负担加重为刑事和解的开展提供了现实需求。传统刑事诉讼理论以被告人和国家为中心，尽管法律上实现了对犯罪的惩处，但成本高且收益有限。[①]正如前文所述，多年"严打"刑事政策并未实现理想中的犯罪控制效果，相反犯罪数量逐年提高。不断攀升的案件数量增加了司法成本，也使得司法人员不堪重负。但这些案件其实多数是轻微刑事案件。据统计，2005年至2006年上海市检察机关公诉部门受理的2.6万余件公诉案件中，轻微刑事案件约占到案件总数的60%以上。[②]这些轻微刑事案件，特别是一些案件由于涉及民间纠纷、邻里关系、情感纠葛等，处理起来反而费时费力，缠访缠诉的现象也是屡见不鲜。[③]刑事和解制度成为提高诉讼效率、减少司法成本的一项选择，刑事和解案件上诉率普遍较低。特别是通过刑事和解能够使被害人得到一定的物质补偿和精神抚慰，有助于避免被害人缠访缠诉问题发生。最后，刑事司法的最终目的是预防犯罪。许多实证研究也已表明，对轻微犯罪人施以监禁并非最佳选择，因为监狱系统常常成为犯罪的交叉传播"传染源"，使得犯罪分子有机会互相交流犯罪经验、传播恶习，刑满释放后再犯率较高，即使是一贯表现良好、初犯、偶犯的犯罪人由于监禁期间受到不良影响也有成为惯犯的可能，原本以控制和预防犯罪为目的的监禁刑反倒增加了犯罪再发的风险系数。因此，对我国来说，推广刑事和解可以理解为基于司法现状的一种理性选择，至少是上海等基层司法机关探索这项制度的初衷之一。

---

① 王作富、但未丽：《刑事和解的刑事政策价值》，《中国刑事杂志》2007年第2期。
② 曹玲娟：《上海：探索公诉阶段刑事和解制度》，《人民日报》2006年8月17日第4版。
③ 林仪明：《从非正式规则到正式规则——以当代刑事和解的形成与发展为例》，《民间法》2016年第17卷。

（二）刑事和解制度形成和发展过程中的有关争议

尽管如上文所述，刑事和解制度是 21 世纪初我国经济社会发展和法治理念进步的产物，刑事和解制度的发展和入法乃大势所趋，但是这并不意味着社会公众对刑事和解的毫无异议、一片赞歌，相反，在刑事和解制度形成与推广的过程中，一些争议甚至批评也随之而起，有的人将刑事和解称为"当代中国刑事纠纷处理中的'破产消灾现象'"，①不少学者尽管并不否认刑事和解存在的合理性，但却认为这种合理性只是现实的合理性，而非理论上的正当性。②在刑事和解制度业已入法、成为新刑诉法的一项特别程序的背景下，重新理性反思这些曾经出现过的质疑之声，会发现不少争议和批评其实并非完全没有道理，而且争议中所涉及的一些问题直到今天依然是刑事和解制度与实践需要去直面和解决的。

纵观过去出现过的对于刑事和解的质疑，总体上可以分成两个类型：第一种类型是从刑法理论入手，认为刑事和解违背了刑法的基本精神；第二种类型是从实证角度入手（或推导），认为刑事和解非但不能达到制度设计的初衷，反而会增加新的矛盾。

有的人认为刑事和解挑战了刑法上的"罪刑法定"原则。罪刑法定原则要求"依照法律定罪处刑"而非"依照当事人之间的协商、协议定罪处罚"，"和解"并不是可以作出撤案或不起诉决定的法定充分条件。刑事和解制度似乎在鼓励加害人与被害人以合意的方式排除法律已明确规定的犯罪的法律后果，试图在刑罚制度之外探讨有回旋余地的纠纷解决机制，是"以国家刑罚权的退让，换取被害人原本很难兑现的经济赔偿权"，而这必然一定程度上削弱刑法的强制性、权威性，有损法律的严肃性和司法的公正性。③

---

① 宋高初：《当代中国刑事纠纷处理中的破财消灾现象》，《法学评论》2010 年第 4 期。
② 李梦娟：《刑事和解在争议中前行》，《民主与法制时报》2009 年 8 月 17 日第 A06 版。
③ 刘承韪等：《刑事和解的正当性追问》，《人民日报》2009 年 7 月 13 日第 3 版。

有的人认为刑事和解与罪责刑相适应原则相悖。罪行相一致是现代刑法的基本精神,简单地说就是罪行要与刑罚相对应,罪重严罚,罪轻轻罚。而刑事和解多数时候是基于物质利益而达成的一种相互妥协,①难免会引发人们对于刑事和解是"以钱买刑"的质疑。而被害人与加害人的这种妥协将使罪与刑关系不再相适应,使罪与刑的对应关系变形,这与罪责刑相适应原则相违背,在一定程度上软化了刑法的严厉性。

有的人认为刑事和解对法律面前人人平等的基本原则产生了损害。经济上赔偿的情况成为能否实现刑事和解的一个重要因素,在一些案件中甚至可以说是关键因素,某种意义上讲,刑事和解的本质是以金钱为媒介而出让法律原则。金钱进入刑罚领域会导致一种逻辑:穷人和富人将生活在两个不同的法律制度下,某些对于穷人是犯罪的行为,对于富人却只是"生意上的失败";某些犯罪行为,对于穷人是刑罚,而对于富人就成了民事赔偿,或可以用金钱折抵部分刑罚;最为严重的是,对于可以判死刑的犯罪,穷人的代价是生命,而富人则是金钱。②可见,刑事和解违反了刑罚的均衡原则,在贫富不等,甚至贫富差距较大的社会中,刑事和解造成了穷人与富人事实上的不平等,对那些相对属

---

①　在司法实践中,多数案件是基于金钱或实物的赔偿而达成刑事和解的,这确是事实。根据北京师范大学宋英辉教授领衔的课题组对上海、江苏等地区刑事和解实证调研的情况来看,经济赔偿仍是刑事和解最为主要的内容。参见宋英辉等:《公诉案件刑事和解实证研究》,《法学研究》2009年第3期。

②　在司法实践中不乏这样的案例,比如,2007年1月,广东省东莞市中级人民法院对一起抢劫案所做的判决引起了社会广泛争议,争议的焦点正是被告人赔钱和解可否免死的问题。2005年11月1日晚9时左右,被告人王某、赖某某、周某某抢劫并致被害人蔡某某死亡。在公诉机关提起刑事诉讼的同时,被害人的家属也依法提起了附带民事诉讼。因为该案的发生,被害人一家的生活已陷入了极端困顿的境地,蔡的女儿也因此面临失学。得悉此情况后,法官多次组织案件的双方当事人进行细致的调解。被告人王某的家属同意先行赔偿原告5万元人民币,原告对此结果表示满意。被告人也表示要痛改前非。最后,法官根据双方真实意思表达,并依照法律,对被告人王某作出一定程度的从轻处罚,一审判处死缓。法院表示提倡对民事部分进行调解,但这项措施被质疑"有钱人犯罪受到的处罚将比没钱人轻"。由可能的死刑到最终的死缓,法院以经济损失赔偿作为减刑的参考因素,是否超出了法律的范畴?这在当时引起了广泛的争议。参见邬凤英:《应该为"赔钱减刑"设定一条底线》,《中国保险报》2007年2月5日第2版。

于社会底层的犯罪人来说,可能因为贫穷限制了其经济上的赔付能力,而无法获得被害人谅解,导致失去和解的机会,只能依法接受应得的刑事处罚,与那些同样罪行但经济条件甚好的当事人相比,造成一个被起诉判刑而另一个只需要经过训诫道歉的情况,这并不符合正义要求,有违法律面前人人平等的基本的法律精神。

有的人认为刑事和解客观上将会削弱刑罚的一般预防功能。刑罚所具有的一般预防功能,在于通过依法惩处犯罪行为,对潜在的犯罪者产生威慑作用,从而达到控制和减少犯罪发生的作用。在任何社会秩序中,刑罚都被视为具有最高的强制性,而其强制性又主要表现为基于报应主义需求的惩罚功能的发挥。然而,在刑事和解中,允许以经济补偿方式事实上代替刑罚执行,刑罚的预防功能还能不能得到发挥? 正如伯恩特·许乃曼所指出的:"刑罚必须实现对行为道义上的责难,如果只适用于属于民法核心的经济赔偿以及实现道德上的蔑视,那么积极预防的效果将受到威胁。"①对富人而言,刑事和解显著降低刑法的威慑力,难以促使其形成真正的认罪、悔罪的意识,不能达到刑法一般预防的目的。

有的人认为刑事和解对社会道德理念将造成冲击。中国正处于社会转型时期,发展很不平衡、收入分配差距等方面的问题比较突出,"仇富"已不仅仅是一个名词,而成为引燃社会矛盾的导火索。在这种状况下,在刑事和解制度下,被害人接受赔偿换取对加害人的免刑或轻刑,金钱财富似乎成为"万能",这容易助长拜金主义思想,使富裕者肆意妄为,使穷人利益更受侵害,更加有害于社会和谐稳定和国家长治久安。同时,刑事和解制度允许加害人与被害人以意思自治解决刑事纠纷,意味着允许他们私了处分我们赖以生存的社会规则、社会秩序,这无疑是社会道德的退化。因此,刑事和解虽冠以人权保护、增进和谐之名,实

---

① [德]伯恩特·许乃曼:《刑事制度中之被害人角色研究》,《中国刑事法杂志》2001 年第 2 期。

际上却可能造成社会道德观念的弱化以及刑事法治的倒退。

最后，还有的人认为刑事和解有引发腐败的可能，进而威胁司法的公信力。因为刑事和解给一些人用财富打通法律关节提供了名正言顺的理由，理论上很可能会给司法人员徇私枉法提供了更多空间，以促进"和解"为由，对一些本该起诉的刑事案件不予起诉，存在司法腐败的风险。倘若司法人员吃拿了人家的，对本不同意和解的被害人极力劝诱调停，甚至用公权力施压，处于弱势又欠缺法律知识的被害人的代价只能是合法权益的受损；反过来，被害人对司法人员施加影响，从而让其尽可能多地偏向自己，给司法人员"回扣"，也会使加害人的权益受到侵害。若真如此，本就愈受质疑的司法公信力将不复存在。①

（三）刑事和解制度的意义与问题

客观看待上海检察机关自2004年开始探索实施的刑事和解制度，应当认为已经取得了一定的成效，同时也依然存在需要完善和改进的方面。从获得的成效方面看，主要有以下几方面：

首先，刑事和解的探索实践，为公诉活动提供了新的观念和思路，促进了公诉人执法理念的转变。根据传统的刑事司法理念，公诉是行使国家刑罚权的司法活动，其首要职责是在案件审查的基础上将确认有罪的犯罪人送交法庭审判，并争取法庭对犯罪人施以刑罚。换句话说，传统司法理念之下，公诉案件的处理方式和路径是单一的，即由司法机关完全掌控案件的处理权，在公诉阶段，检察官根据犯罪事实与证据来决定诉与不诉，只需要考虑在法律层面犯罪嫌疑人是否构成犯罪，其主要追求的价值是通过刑罚手段制裁犯罪以维护法制权威和社会秩序。而刑事和解的实施，虽然不能说是对传统观念的完全颠覆，但却着实引入了新的司法理念，要求检察官在审查案件的过程中不仅要考虑法律层面的问题，也要考虑社会层面的问题；既要维护刑法的权威，也

---

① 周铭川:《刑事和解要避免"花钱减刑"》,《东方早报》2009年8月17日第A06版。

要积极争取当事人的最大权益;既要关注对犯罪的追诉,也要兼顾被害人的救济,要求检察官注意倾听当事人的声音,要求检察官在严格执法、追求程序正义的同时善用通过刑事和解这种"以柔克刚"的方式去争取实质正义,将民事协商引入刑事诉讼过程以实现刑事案件最理想的处理效果。这对检察官执法理念的转变产生了影响,促使检察官在个案处理中站在国家、社会、当事人的多维角度思考,以决定案件处理的最佳方式,从而达到法律效果和社会效果的统一,这无疑对检察官的个人能力和水平提出了更高的要求。

其次,通过公诉阶段的刑事和解,采取了不起诉、建议法院从宽量刑等宽缓的处理措施,使一部分轻微犯罪案件的嫌疑人、被告人避免或减少了羁押时间,得以尽快回归社会。从调研了解的情况来看,刑事和解制度实现了让犯罪人更好回归社会的目标,成功和解的案件中犯罪人的再犯率很低。①比如,2006 年到 2012 年期间,普陀区检察院在办理公诉案件过程中促成刑事和解案件 80 多起,达成刑事和解案件的犯罪嫌疑人、被告人都没有重新犯罪,而当事人之间也没有因关系再度恶化引发新的纠纷。②再犯率低,说明刑事和解并没有出现人们所担心的将会降低刑法的预防效果的情况,相反,刑事和解对于那些轻微刑事案件的犯罪人,有助于其在悔过之后不再重犯。这个观点可以得到相关实证结论的支持。在一项实证研究中,学者对 143 名成功进行刑事和解的犯罪嫌疑人、被告人进行了回访,发现在这些曾经的加害人当中,重

---

① 当然对于刑事和解成功后犯罪人再犯率低的问题也应当理性看待。必须承认的是,刑事和解在预防犯罪方面的确发挥了一定作用,从全国各地刑事和解案件实证调查的情况来看,几乎一致的结论是刑事和解之后的犯罪人很少再犯,这确是事实。但我们不应当忽略另外一个事实,即进入刑事和解范畴的案件往往是那些轻微刑事案件,犯罪人多为初犯、偶犯,而且几乎都是临时起意的激情犯罪,本身主观恶性就比较小,换句话说,即使没有实施刑事和解程序,这类案件中的犯罪人再犯的可能性也较其他严重刑事犯罪(尤其是惯犯)的可能性要低得多。我们必须看到这一客观因素,否则就可能盲目夸大刑事和解的功能和作用,偏离事实。

② 徐慧:《七年刑期表示后果严重,刑事和解会否"花钱买刑"》,《上海法治报》2012 年 7 月 25 日第 A02 版。

新就业和学习的分别有 95 人和 10 人，不论从事何种营生，都没有重新犯罪的记录，仅有 1 人曾经被治安处罚。[1]刑事和解对于未成年犯罪人的价值和意义相对更大，能避免定罪处刑造成未成年犯罪人的心理障碍，一旦和解成功，他们就能得到被害人的谅解，放下心理包袱，缓和或消除对被害人、对司法机关和对社会的一些敌对和仇视心理，增强重新做人的信心，可以避免监禁刑给未成年犯罪人带来的"交叉感染"影响，有利于其在开放、正常的环境中成长，这些都是未成年犯罪人回归社会的重要条件。

第三，刑事和解使一部分被害人得到了救济，缓解了因犯罪造成的生活困难。刑事和解制度的出现与被害人救济不力的客观现实存在一定的逻辑联系。当前，我国依然处于发展的初级阶段，人均国民收入较低，而且存在着比较严重的贫富分化问题，社会保障的整体水平较差。在一些刑事案件中，犯罪不仅使被害人的身心造成伤害，同时也使其家庭经济陷入困境，比如，因交通肇事造成家庭主要劳动力的死亡、因伤害或事故造成家庭主要劳动力的伤残、因欺诈导致被害人个人及家庭财产的损失，等等。在这类案件当中，相比于关心加害人将受到何种刑罚，被害人其实更关心自己能否得到有效的救济，但由于我国的司法救济制度处于刚刚起步阶段，相对于庞大的被害人群体而言救济金只是杯水车薪。虽然被害人还可以通过刑事附带民事诉讼获得救济，但是且不论刑事附带民事诉讼的经济补偿标准过低、救济力度不足的问题，单说刑事附带民事诉讼裁判"打白条"的普遍现象就足以让被害人对其失去信心。[2]因此，刑事和解有助于缓解被害人的经济损失，保障其权

---

① 宋英辉、郭云忠、李哲、何挺：《2364 份问卷八方面透视刑事和解》，《检察日报》2009 年 1 月 21 日第 7 版。

② 在我国，刑事案件被害人难以通过刑事附带民事诉讼的方式获得有效的救济。一方面，刑事附带民事诉讼的赔偿标准设定过低，另一方面，刑事附带民事诉讼案件的赔偿执行率过低。笔者在工作中曾亲自办理过数起刑事附带民事诉讼的公诉案件，没有一起案件能够真正执行到位，检法机关与被害人一样感到无奈。可见，刑事附带民事裁判"打白条"的现象并非虚言，刑事附带民事诉讼普遍无法使被害人得到足够的民事救济。

益。经济上的赔偿在促进当事人矛盾化解的同时,也确实解决了被害人的经济困难。比如,松江区检察院在办理一起交通肇事案件审查起诉过程中,鉴于被害人家庭实际困难的考虑,主动联系交通肇事犯罪嫌疑人的家人,既阐明了嫌疑人应负的法律责任,也客观反映了被害人的境况,最终促成双方当事人达成刑事和解协议,被害人家属向承办检察官赠送了两面分别写有"普法解惑、办案严谨"和"执法如山、公正廉明"的锦旗,对检察官依法办案解民忧的行为表示感谢。①

最后,提高了公诉活动的质量,体现诉讼经济的理念。刑事和解制度设计的初衷之一,是追求诉讼经济,减少司法资源在轻微刑事案件中的过度耗费,同时特别要避免一些案件当事人纠诉、缠诉造成司法成本的被动上升。从刑事和解实施的实际情况来看,一定程度上实现了诉讼经济的目标,刑事和解的公诉案件上访率、申诉率很低,这也在一定程度上体现了公诉活动的质量。比如,普陀区检察院 2010 年 11 月至 2013 年 5 月,成功开展了 90 件刑事和解案件,未发生当事人违约不执行协议的情况。②总体而言,刑事和解有利于整体上节约司法资源,这是因为,刑事和解有利于提升案件繁简分流的程度,有助于减少法院与羁押场所的人、财、物投入,同时,也减少了因上诉、申诉以及重新犯罪等带来的司法成本。③当然,如果从公诉阶段这个局部来看,适用刑事

---

① 案件概况:2012 年的一天,犯罪嫌疑人崔某在与母亲发生争执后赌气外出,驾驶小汽车行至一偏僻路段时,撞上了步行至此的被害人郑某和王某,导致两人重伤,犯罪嫌疑人崔某慌乱之下驾车逃逸。案件移送松江检察院审查起诉后,被害人王某的母亲找到承办人,讲述其生活困境。原来,被害人郑某和王某均为来沪务工人员,家境贫困,二人均为家里的主要经济来源。因交通事故,家中不仅失去了收入来源,高昂的医疗费用让本已贫困的家庭更是雪上加霜,生活陷入困境。承办检察官了解到情况后,在确认犯罪嫌疑人崔某的认罪悔罪及赔偿意愿后,主动联系嫌疑人的母亲,经多次沟通后最终说明其代为赔偿被害人。最终,嫌疑人崔某在其母亲的帮助下全额履行了赔偿义务,并取得了被害方的谅解,双方在检察机关的主持下达成和解协议。至此,本案得到了圆满的解决,检察官依法办案、为民解忧的做法也得到了案件双方当事人的认可。参见张爱玉:《上海松江区检察院依法办案促成刑事和解获锦旗》,正义网 http://www.jcrb.com/procuratorate/jckx/201303/t20130319_1069772.html,最后访问时间 2014 年 10 月 3 日。
② 林中明、张佳楠:《90 件检调对接和解案无一反悔》,《检察日报》2013 年 5 月 11 日第 1 版。
③ 宋英辉等:《我国刑事和解实证分析》,《中国法学》2008 年第 5 期。

和解的案件司法成本显然要大于不适用刑事和解的案件，因为检察官为促成刑事和解需要付出额外的精力和时间。

尽管刑事和解的实践取得了上述积极成效，但对公诉阶段的刑事和解制度进行实证分析后发现，仍然存在一些需要解决的问题：

一是基层公诉部门对刑事和解的适用存在不均衡的问题。从一些基层检察机关开展刑事和解的实际情况看，各单位在适用刑事和解程序上存在不均衡的现象，有的单位比较积极地推动，适用刑事和解的案件数量、比例相对较大，而有些单位则消极观望，即使在刑事和解已成为新刑诉法的特别程序的情况下，也没有启动刑事和解的积极性。刑事和解适用不均衡，将一定程度上导致区域间刑事案件的处理标准的差异，造成相同案件处理结果上的一定差异。比如，同一情节在正常情况下可判有期徒刑三年的轻伤害犯罪，在积极适用刑事和解的 A 区达成和解后检察机关作出了不起诉决定，而在消极适用刑事和解的 B 区则因为没有启动和解程序而根据常规情况处理，犯罪嫌疑人被判处三年有期徒刑。这种情况存在，不利于实现个案间的均衡正义。为何存在适用上的不均衡？笔者以为，首先是不同单位对于刑事和解的观念与态度存在差异，其次是法律对于刑事和解的适用缺乏强制性，刑事和解并没有成为刑事诉讼的基本原则，检察机关对于是否启动刑事和解具有较大的裁量权，这就导致适用上的较大弹性，[1]另外，可能也与公诉考核机制中对刑事和解的考核要求不高有关。

二是适用的案件范围较窄，而且适用率较低。从近年来上海检察机关公诉部门办理的刑事和解案件来看，主要集中于几类案件：人身伤害案件（包括故意伤害、过失致人重伤和死亡）、交通肇事案件、盗窃案

---

[1]　当然，这种法律设定也符合刑事和解的特点，法律不可能对刑事和解的适用做强制性的规定，因为一个案件是否具备启动和解的条件，除了法律规定的几个基本条件之外，还受当事人双方的态度、情绪、经济情况甚至家庭情况等诸多因素的影响，这些需要由检察官做具体的分析判断。因而，提高刑事和解的适用率，不能希冀法律上做强制性规定，而只能靠检察官提升执法意识与理念，从增进社会和谐、追求刑事诉讼最大边界效应的高度，在更多有望达成和解的案件中启动刑事和解程序。

件、诈骗案件以及其他案件(包括抢劫、抢夺、强制猥亵、敲诈勒索、重大责任事故等),其中最多的是人身伤害案件,占了将近80%,而其他类型案件数量很少。虽然从总体趋势上看,刑事和解的适用率逐步提高,特别是新刑诉法实施之后,刑事和解适用率明显提高,但总体上依然偏低,2013年上海检察机关共提起公诉28112件39020人,但只是对其中的269件轻微刑事案件促成当事人和解,[①]适用率仅为0.96%,而从理论上讲,轻微案件占60%以上,满足刑事和解条件的案件数量应当远远大于269件。刑事和解适用率低,这项制度的价值便难以真正发挥,因为如果和解只发生在个别案件、个别当事人当中,那将只是个别正义而非普遍性的正义。刑事和解适用率低可能有多方面原因,比如,刑事和解延长了公诉办案时间,增加了公诉人的工作负担,同时由于刑事和解案件往往需要经过内部层层审批、手续繁杂,客观上也会降低公诉人主动适用刑事和解的意愿。因此,如要提高刑事和解的适用率,应从深层次探寻刑事和解制度运行的内在动力,形成一种能够推动该项制度常态化运作的激励机制。如在刑事诉讼的审查起诉阶段设立案件分流机制,强化检调对接机制,同时在内部考核体系中设立专门针对刑事和解的考核指标。

三是实际增加了公诉办案时间,增加检察官的负担。以刑事和解处理的公诉案件,需要承办人花费比传统办案方式更多的时间与精力,这是因为,除了常规的审核案件事实、证据,还可能需要走访了解当事人的家庭背景、个人情况等事项;同时,检察官的责任风险也可能加大,因为如果对案件评估不到位,而引发当事人上访、闹访或者其他的后果,责任必然落到办案检察官头上,因此,检察官在决定是否启动刑事和解程序的过程中,慎重起见往往需要多花费一些时间。有学者专门做过实证统计,发现在刑事和解的公诉实践中,检察官开展和解所需要

① 数据来源于2013年《上海市人民检察院工作报告》,《解放日报》2014年1月27日第7版。

的平均时间为 111 分钟,和解平均次数为 1.8 次;有一例刑事和解成功案件耗时竟达 1260 分钟,有的案件前后和解了 6 次才成功。总体上,无论最终和解是否成功,检察官都至少需要花费 2 个小时的时间与加害人方、被害人方或双方进行交谈、沟通,这还不包括检察官为进行和解作准备的时间。[1]因此,虽然从整体上看,刑事和解确实是节约司法资源,但具体到公诉阶段,具体到承办案件的检察官,适用刑事和解并不会让他们变得轻松,相反,刑事和解程序的推进必然会在一定程度上增加工作量和负担,这也成为一些公诉人不愿主动启动刑事和解程序的理由。新刑诉法并没有规定刑事和解的时限,没有增加公诉机关的办案期限,这将进一步加大办案的压力,尤其是对那些根据规定应当快速办理的案件,在快速办理机制之下适用刑事和解,办案期限将更加紧张。

四是达成刑事和解的形式单一,经济赔偿起主导作用。长期以来,经济赔偿在刑事和解中都占据主导地位,经济赔偿是否到位往往成为当事人双方最终能否达成和解协议的决定性因素。2013 年上海检察机关公诉部门办理的刑事和解案件中,以经济赔偿方式和解案件共 220 件,占和解成功案件的 96.49%。经济赔偿在刑事和解的地位过于突出容易产生两个问题,第一是容易让人产生"花钱买刑"的印象,有钱人的犯罪可以通过花钱"赎罪",而没钱的人虽有和解意愿但却因为无法负担经济赔偿而得不到被害人的谅解,造成法律面前的不公平、不平等,这种现象早已为人诟病。第二是使刑事和解的功能消减,即基本上只解决了被害人的赔偿问题,使刑事和解变成刑事附带民事赔偿程序,而没有很好地解决犯罪人如何更好地回归社会的问题,没有充分发挥恢复性司法的功能。无论是立法还是实务操作中,对于如何判断加害人的悔罪态度、在程序上如何保证加害人真诚悔罪、如何通过程序规定

---

[1]　宋英辉等:《公诉案件刑事和解实证研究》,《法学研究》2009 年第 3 期。

使加害人、被害人和社区共同参与充分讨论，这些都没有具体规定，也就是说，和解的过程与重点往往只是赔多少钱的"务实"的问题，而甚少让犯罪人充分表达真诚悔过之意。在这方面，西方国家的做法值得借鉴。比如，英国刑事和解的一般做法中，就非常关注有关各方对犯罪人的悔过，专门设定了具体的程序，针对受害人和犯罪人之间、针对犯罪人和他们的社区以及整个社会之间的关系做多方面的恢复性工作，鼓励犯罪人从中吸取教训。政府部门提供条件帮助犯罪人克服不良因素，促进社会融合。①在我国刑事和解的实践中，应当学习和借鉴西方恢复性司法的核心精神，使刑事和解真正成为促进矛盾化解、维护被害人权益、帮助犯罪人回归社会的一套刑事司法制度。

① 刘仁文：《恢复性司法面对面化解矛盾》，《检察日报》2003 年 7 月 23 日第 4 版。

第 六 章
公诉监督制度

公诉监督是检察监督职能的组成部分,指的是在公诉活动中检察机关对于刑事诉讼过程是否合法实施监督的活动。检察监督与公诉职能共存于检察权之中,表明检察权是一种复合性权力,是我国检察权作为一项独立的国家基本权力的基础。[①]在我国法治结构之下,检察机关是国家的法律监督机关,公诉检察官同时行使公诉权与监督权,是中国公诉制度的重要特色之一,虽然公诉权与监督权合一的模式长期以来受到一些学者的质疑,[②]但从法律监督的定位而言,诉讼监督是公诉职能的组成部分,在公诉活动中同步实施监督更有助于实现对刑事诉讼的同步监督。根据监督对象不同进行分类,公诉监督主要包括两部分:对侦查活动的监督和对审判活动的监督。

■ 第一节　公诉活动中的侦查监督

公诉活动对侦查活动事实上起到一定的监督制约作用,特别是在我国,检察机关既是公诉机关也是监督机关,通过公诉活动对侦查行为

---

① 徐军:《检察监督与公诉职能关系论》,中国政法大学 2008 年博士论文。
② 有观点认为,出庭检察官所具有的公诉人身份需要他在庭审活动中服从法官的指挥,而监督者身份则要求法官受制于己,检察官的这种角色反差是非常强烈的,因此,审、检冲突也便不可避免了。参见陈吉生:《论公诉权与监督权的独立行使》,《政法论丛》1998 年第 1 期。

进行监督乃是应有之义。公诉对侦查的监督，主要体现为审查起诉过程中对移送审查起诉的案卷材料进行审查以及对犯罪嫌疑人进行讯问以发现侦查活动是否合法，并判定是否达到起诉要求，以及是否存在关联的犯罪线索需要进一步侦查等。

一、我国公诉引导侦查制度的形成与发展

公诉引导侦查制度是公诉对侦查进行监督的一种具体形式，指的是检察机关为监督侦查行为，确保调查取证活动依法、客观、全面，以出庭公诉的证据要求为主要标准，对侦查机关的侦查取证活动，提出意见和建议，要求补充证据、补正证据瑕疵以及排除非法证据等的一系列活动。①随着刑事诉讼制度日渐发展完善，提升侦查取证水平，确保刑事案件质量，以及依法有效地协调侦查机关（部门）与公诉（同时也是监督）机关间在刑事诉讼过程中的关系，既要紧密配合完成指控犯罪之职责，又要保持恰如其分的距离，成了司法实务中广受关注的现实问题，公诉引导侦查的制度诞生在这样的实践需求中。

（一）公诉引导侦查制度的出现

2000 年 8 月，最高人民检察院召开"全国检察机关公诉改革会议"，有一种观点认为，公诉引导侦查之说最早便产生于这次会议。因为在这次会上，提出了公诉改革的八项措施，其中有一项便提出，公诉部门要通过强化与侦查机关（部门）的工作联系，实现公诉对侦查工作的引导，依法有效强化公诉证据，有力推动指控和追诉犯罪。②此后，2001 年 6 月，最高人民检察院下发通知，要求各级检察机关主动加强与公安机关的协作配合，以促进办案质效的提高。2002 年 3 月，时任最高人民检察院检察长的韩杼滨在向全国人大的工作报告中提出，检察机关要深化侦查监督和公诉改革，"建立和规范适时介入侦查、强化

① 沈新康：《公诉引导侦查的探索与实践》，《华东政法大学学报》2010 年第 5 期。
② 王松苗：《公诉改革：能否两全其美？》，《人民检察》2000 年第 10 期。

侦查监督的工作机制"。这为检察机关全面开启公诉引导侦查的探索实践提供了明确的方向。同年5月,最高人民检察院召开了全国检察机关刑事检察工作会议,会上进一步提出了强化侦查监督的要求,明确要求各级检察机关积极开展适时介入侦查、引导侦查取证的探索,为此最高人民检察院还专门起草了一份"引导侦查取证试行办法"的草案,供与会人员探讨。至此,公诉引导侦查改革开始全面展开。由于此项改革举措涉及检警关系的协调,因而引发了学界的广泛关注和深入探讨。

（二）上海市检察机关开展公诉引导侦查的实践

在公诉引导侦查作为一项制度正式被提出之前,实际上相关的实践活动早已展开。上海检察机关便是最早开始相关实践的单位之一。根据相关资料,上海检察机关在1983年"严打"期间,便尝试实行提前介入侦查活动。①之所以要提前介入,主要是为了与公安机关配合以实现从重从快打击犯罪的目标。当时,一些重大刑事案件发生的时候,公安机关会第一时间通知检察机关派员参与案件的侦办活动,检察机关通常指派批捕、起诉部门的检察官参与侦查活动,认真听取案情介绍,分析研判案情,同时,也为侦查取证确定重点、提供方向性指导。据了解,当时这种侦诉协同配合的方式效果不错,受到侦查人员欢迎,客观上也提升了侦查工作的质量与效果。根据《上海检察志》的记载,1983年8月至1986年底,上海检察机关根据全国人大常委会的《关于严厉打击严重刑事犯罪活动的决定》,贯彻依法从重、从快的方针,协同公安机关、法院,完成"严打"三个战役。"在'严打'斗争中,审查批捕部门'提前介入'到公安机关的侦查活动中,审阅了公安准备报捕的案件材

---

① 根据司法实践的需要,检察机关逐步扩大了参与侦查活动的范围。由于这种方法是在人民检察院办理批捕、起诉案件之前就参与了公安机关的侦查活动,被称为"提前介入"。事实证明,它不仅有利于提高办案效率,保证案件质量,防止错捕错诉,而且有利于及时纠正侦查活动中的违法行为,不失为侦查监督的一种有效的方法。

料 12500 份,占公安报捕总数的 65%左右。"①在审阅中发现需要补充侦查的,及时向公安机关提出,抓紧取证;发现不应逮捕的,建议公安机关不要报捕;发现在政策、法律上有争议的,及时搜集案例,提交联合办公会议讨论以便统一政策思想。1989 年,最高人民检察院与公安部联合下发《关于加强检察公安机关相互联系的通知》,最高人民检察院专门组织召开全国刑事检察提前介入、信息工作座谈会,上海检察机关根据该《通知》和座谈会的精神,进一步加强了提前介入工作,推动提前介入工作进一步制度化。当时,提前介入工作重点瞄准四类案件,即重、特大刑事案件;在本地区有重大影响的刑事案件;配合专项打击、专项斗争的刑事案件;集中公诉和处理的刑事案件。提前介入的主要方法是,参与公安机关现场勘查、侦查预审和提前阅卷,提前了解案犯犯罪情况,确保从快批捕。②提前介入使检察人员提前熟悉案情,在缩短批捕、起诉的审查时间方面发挥了积极作用,这也符合从重从快打击犯罪的政策精神。不过,需要指出的是,这种提前介入只不过略具引导侦查之"形",而并不具备其"神"。从现有的资料来看,当时检察机关提前介入侦查活动,主要发生在审查批捕阶段,提前介入的主体主要是批捕部门,公诉部门尚未普遍、广泛地提前介入到侦查活动中去。参与"严打活动",从重从快打击犯罪是提前介入制度和实践的原始出发点,从有关资料的内容表述来看,提前介入总是与压缩办案时间、提高办案速度的目标和效果紧密联系在一起。比如,1990 年《上海市人民检察院工作报告》中记述:"各级检察机关参与勘查现场 198 次,提前介入公安机关的侦审活动 2369 次。对构成犯罪的坚持做到快捕快诉;事实不清,证据不足的,及时提出补充侦查;尚未构成犯罪的,作其他处理。通过这些工作,加快了办案速度,保证了办案质量。据统计,先行拘留的人犯审查批捕时间平均为 1.6 天,未刑事拘留的人犯审查批捕时间平均

①② 《上海检察志》编纂委员会编:《上海检察志》,上海社会科学院出版社 1999 年版,第 76 页。

为 6.7 天,审查起诉时间平均 16.8 天。"①

（三）公诉引导侦查实践活动的进一步深入

随着《刑事诉讼法》的修改和实践的不断深入,司法界对于检察提前介入的认识也不断提升,公诉活动中提前介入侦查、引导侦查的实践也开始不断展开。1997 年,上海检察机关各级起诉部门突出打击的重点,对危害严重、社会影响大的案件采取提前介入,共提前阅卷 2510件,平均每件案件审查起诉办案时间为 15 天,依法从快起诉重特大案犯 3772 人。②1998 年 5 月 20 日,上海市虹口区公安分局破获了一起建国以来上海市最大的贩毒案件,一举抓获了陈某某、马某某为首的毒犯19 人,并缴获海洛因 83.58 公斤。为了从重从快办好这起在上海乃至全国有重大影响的案件,打击贩毒势力,二分院起诉处迅速成立了以副处长为领导、办案科为骨干的专案组,适时提前介入该案。他们多次会同公安刑侦人员分析研究案情,共同制订侦讯思路。针对刑侦部门查证、审讯相对薄弱的状况,专案组制作了详细的侦讯提纲,为审查起诉打好扎实的基础。案件移送审查起诉后,承办人员仅用一天时间就写出了审结报告,大大提高了办案效率。③由该案例可以看出,公诉人员提前介入刑事案件侦查活动的过程中,协助侦查人员研究案情、收集固定证据,已经具备了公诉引导侦查机制的雏形,而且从效果来看,公诉部门的提早介入调查取证、了解案情,确实有效减少了公诉环节的办案时间,增强了办案效率。

此时,提前介入的司法实践也开始逐渐走向制度化、规范化。1999年 3 月,上海市人民检察院、上海市公安局共同制发了《关于检察机关适时介入公安机关侦查活动的暂行规定》(以下简称《规定》),对检察机关介入侦查活动的任务、范围、时间、程序等作了相对明确的规定。该

---

① 数据引自 1990 年《上海市人民检察院工作报告》。
② 数据引自 1997 年《上海检察年鉴》。
③ 数据引自 1999 年《上海检察年鉴》。

《规定》提出检察机关介入侦查活动主要任务有三项：（1）提前了解案件情况，熟悉案件事实、证据等关键材料，为后续案件移送检察机关审查批捕、审查起诉提前作好准备；（2）在一些重大刑事案件中，检察机关派员参与现场勘验，参与案件讨论，甚至参与讯（询）问，从批捕、公诉的证据要求向侦查机关提出调查取证的意见建议；（3）依法履行对侦查活动的监督职能，保障犯罪嫌疑人的诉讼权利，及时纠正侦查活动中的违法行为，及时防止和排除非法证据等。《规定》对提前介入的范围进行了明确，检察机关提前介入的案件主要是杀人、爆炸等严重刑事犯罪以及在本地区有重大影响的刑事案件或者疑难复杂案件，当然其他案件公检双方如果认为有必要的话，检察机关也可以提前介入。在提前介入的时间与方式上，《规定》提出两种方式，一是对于一些重大的、在本地区有影响的刑事案件，公安机关可以在案发的第一时间或者是在破案的时候通知检察机关，二是检察机关通过有关渠道了解案发情况，并根据实际的需要可以主动向公安机关提出提前介入的要求，对此，公安机关应当积极配合并为检察机关介入提供便利条件。关于适时介入的程序也作了规定：公安机关需要上海市检察院、市检察分院提前介入的刑事案件，应当由上海市公安局法制处或市局各职能总队通知，市检察院、检察分院认为有必要提前介入的刑事案件，可以与市局法制处或市局各职能总队联系；区县公安机关认为有必要或者区县人民检察院认为有必要提前介入的案件，由分、县局法制科或各办案部门通知检察院，或向分县局法制科、各办案部门提出要求。同时，《规定》还对检察机关提前介入案件提出具体的要求，要求检察人员在提前介入的过程中，以了解熟悉案情、讨论分析案件、提出侦查取证建议为主，不得代替公安机关作相关决定，对于所参与的案件是否应该报捕和起诉等属于侦查机关职权的问题，应当交由公安机关自行决定，检察人员提前介入必须切实做到参与而不干预、讨论而不定论、配合而不代替；而公安机关对人民检察院的适时介入活动应予积极配合，根据工作需要，提供案情介绍、提前阅卷、参与勘验、讨论案件和参与讯(询)问条件。

2002年,上海市人民检察院下发了一份关于在检察机关内部加强侦查监督部门与公诉部门工作联系以及办案衔接的工作意见,根据这一文件的要求,在办理案件过程中,侦查监督部门和公诉部门可以根据诉讼过程和案件情况,介入侦查活动,做好引导侦查取证的工作。介入侦查引导取证活动,在审查逮捕之前,由侦查监督部门负责,并根据《批准逮捕案件的证据规格》进行;在对犯罪嫌疑人批准逮捕之后,由公诉部门负责,并根据《起诉案件的证据参考标准》进行。介入侦查引导取证的检察人员,应当是主办检察官或主诉检察官。办理重大疑难案件,侦查监督部门应当主动与公诉部门联系沟通,听取是否应予逮捕的意见,必要时,也可以邀请公诉部门指派检察官参与案件的讨论。而公诉部门也可以根据侦监部门或者公安机关、本院自侦部门的要求,提前介入案件的侦查活动,或者是了解案件基本情况后认为需要时,主动与相关部门沟通后派员参与案件侦查。对于已批准逮捕的案件,公诉部门可以根据庭审证据的要求,制作《提供法庭审判所需证据材料通知书》送达侦查机关,对侦查机关的调查取证活动进行引导。公诉部门在审查案件时,发现案件事实与审查批捕时的情况相比已经发生了重大变化的,或者对于案件有不同定性的处理意见的,应当与侦监部门沟通并听取其对案件的审查意见。

在司法实践中,公诉引导侦查的方向主要有几个重点:第一,公诉部门注重提前介入一些新的犯罪类型案件,研究新型犯罪案件的特点以及调查取证的关键点,有针对性地加强对侦查活动的引导。随着经济社会的发展,犯罪形态也日益多样化,特别是近年来,金融、互联网等领域的新型犯罪案件不断出现,给依法打击犯罪带来难题。这些新型犯罪,往往在性质认定上比较困难,证据规格和证明标准等没有先例,认定事实、固定证据存在挑战,而这类案件进入庭审后,有时也会碰到一些事先难以预测的突发的问题和情况。对于这种类型的案件,通过公诉引导侦查机制可以同时发挥检察机关在法律适用方面的优势，以及侦查机关在侦查突破方面的优势，以新型犯罪的法律要件构成为基础，引导侦查取证活动依法、高效、精准进行。比如 2003 年，上海农凯发展（集团）有限公司及其法定代表周某某、周某某、毛某某等人操纵证券交易价格、虚报注册资本案，系一起社会影响较大、境内外关注的案件。为确保案件质量，一分院公诉处于 2003 年 10 月起提前介入该案，经过近半年的连续奋战，于 2004 年 4 月 22 日提起公诉，经 5 月 18、19 日连续两天长达 18 个小时的开庭审理，起诉书指控的事实及定罪意见均被法院采纳。①第二，公诉部门注重加强对自侦案件调查取证的引导。公诉引导侦查，这里所说的"侦查"，既是指公安机关对普通刑事犯罪的侦查活动，同时也包括检察机关自行开展的对职务犯罪案件的侦查活动。职务犯罪案件的查办有时也需要公诉部门提前介入，这是因为职务犯罪案件往往都是高智商犯罪，一方面证据调查与固定比较困难，另一方面犯罪分子比较狡猾，犯罪手段比较高明，指控犯罪的难度往往也会更大。因此，公诉部门提前介入，既有利于提前了解案件，也有助于发挥专业优势对取证方向提出建议。另外，提前介入事实上也有利于形成检察机关内部不同权力之间的相互监督制约关系，防止"灯下黑"。由于自侦案件通常侦查的过程对保密性要求较高，因此对于公诉介入的相应要求也会比较高，公诉部门适时介入通常是由检察长或者侦查部门主动提出，介入的主要任务是提前了解案情，参与案件讨论会，有时也会与侦查人员一起到侦查现场进行指导，在此过程中公诉检察官对侦查取证方向、完善证据体系、补充关键证据等提出意见。2008年，在上海市检察院公诉部门与反渎部门共同下发的《关于在反渎、公诉工作中加强协作配合的暂行规定》中规定，在反渎职侵权部门侦查重大、疑难、复杂案件的过程中，碰到需要公诉部门提前介入、指导取证

① 数据引自 2004 年《上海检察年鉴》。

的,可以邀请公诉部门介入侦查,指导取证,公诉部门应当派员协助配合。2013年,上海市检察院下发了《关于加强侦查部门与刑检部门配合制约的意见》,对公诉部门提前介入自侦案件的办理、引导取证的权力义务和程序进行了具体的规定。第三,对突发的、重大有影响的案件及时介入引导侦查。强化大局意识,维护社会和谐稳定是包括检察机关在内的政法部门共同的责任,因为对于一些影响社会稳定的、突发的、重大的刑事案件,检察机关有责任与公安机关加强配合,确保案件得到及时妥善的处理,达到理想的法律效果和社会效果。因此,加强对突发、重大刑事案件的侦查引导也是公诉引导侦查制度的重点之一。比如,某日凌晨,一家知名快餐店发生了一起流浪者把餐厅服务员刺死的案件,该案件在互联网上引发广泛关注,受害人家属也到闹市区聚集。一分院公诉部门了解舆情后及时主动与刑侦部门联系,提前介入侦破工作。由于嫌疑人系流浪者,抓捕难度较大,公诉部门承办人建议侦查机关查看周边的监控摄像,访查周边居民,最终锁定嫌疑人位置并成功破案。①

公诉引导侦查在内容方面有以下几个重点:首先,应当重点对证据的收集和固定工作进行引导,公诉部门应当以审判为中心,根据庭审的证据标准要求,依据各类刑事案件的证明标准,引导侦查机关对重点的、关键的证据,进行全面到位的收集和固定,为庭审准备充分证据。通过引导侦查,重点强化言词证据的稳定性,强化证据之间的关联性和逻辑性,确保取证行为的合法性和规范性,最终形成合法、有效、严密的证据链条。其次,重点对如何适用法律的问题进行引导。个别时候,公诉人会对侦查方向提供一些引导,但总体而言,侦查方向并非公诉人的专业特长,相反,公诉人的引导重点在于案件的法律适用上如何把握,特别是对于一些在法律认定上意见分歧较大的案件,公诉人应当发挥

---

① 沈新康:《公诉引导侦查的探索与完善》,《华东政法大学学报》2010年第5期。

业务优势,引导侦查机关紧紧围绕犯罪的构成要件、法定情节等调查收集证据,引导侦查机关对与量刑情节相关的事实证据进行调查。最后,重点突出对侦查工作合法性的同步监督。公诉引导侦查的过程并不单纯是引导侦查机关对相关事实加以固定,对相关证据进行收集,相反,引导的过程,实际上也是检察机关公诉部门履行法律监督职能的过程。通过介入,公诉部门可以比较全面地了解办案过程,了解侦查行为是否规范、证据来源是否合法,发现侦查过程存在违法、违规行为的问题要及时提出处置意见,问题较轻的要求及时纠正并补正相关证据,问题严重的、涉及违法的要及时移送线索给相关职能部门,以体现法律的严肃性。

(四)公诉引导侦查制度在司法实践中发挥的实际作用与存在的不足

公诉提前介入侦查活动提供引导,具有几个方面的积极意义:第一,公诉引导侦查制度有助于提高公诉工作效能,通过引导侦查,可以提前了解案情,提早为起诉工作进行准备,一定程度上可以缩短办案的期限,提高效率。第二,引导侦查有助于节约司法资源,因为通过引导侦查一方面可以减少退回补充侦查案件的数量,另一方面对于不属于犯罪或者情节显著轻微的案件可以及时建议侦查机关终止侦查,从而将案件提前消化在侦查阶段。第三,引导侦查有助于提高公诉质量,因为通过引导侦查,以庭审的标准引导收集和固定事实证据,确保证据质量,确保为开庭做好各项准备,从而降低不诉率和无罪率,更加有力地指控犯罪。第四,引导侦查可以起到监督侦查活动,避免侦查机关滥用权力,防止和纠正其过分积极或者消极的处分案件,及时发现、预防和纠正违法的侦查行为,从而保障犯罪嫌疑人和相关诉讼参与人的合法权益。

公诉引导侦查制度的产生有其历史的必然性。一方面,公诉引导侦查的产生与公安机关开展的刑侦体制改革和人民法院开展的庭审制度改革具有密切的关系,可以说是检察机关为主动适应新的司法环境而采取的新举措。这是因为,1997 年 6 月全国公安机关开始实施刑侦体制改革,取消预审部门后一度造成刑侦案件质量大幅下降,这一问题最终传导到检察环节,对审查起诉工作的质量产生了直接的负面影响。通过公诉部门的事后审查,即便发现了案件证据存在重大的瑕疵必须补充侦查,却很可能因为过了最佳取证时间导致补正已经不可能。另一方面,公诉引导侦查也与我国侦、诉分离的刑事诉讼模式直接相关,在这一模式之下,侦查与公诉活动相互脱节,虽然检察机关有侦查监督的法定职责,但要对侦查活动进行实时监督却没有抓手,对侦查活动的监督,仅能够通过书面审查,对刑讯逼供是否存在、鉴定是否规范等问题实际上是很难作出准确判断的。即便在公诉审查过程中发现存在违法行使侦查权的问题,但刑讯逼供等问题已经发生,在有的案件中甚至可能已经造成严重的负面影响,因此,在我国现行的立法框架与刑事诉讼模式下,解决上述问题的一条思路便是建立公诉介入侦查机制,既引导侦查活动,也监督侦查机关。

公诉引导侦查机制的出现与庭审模式的变化也有一定的关系。1996 年我国《刑事诉讼法》在借鉴英美法系当事人主义的基础上,确立了新的庭审方式,与以往相比庭审抗辩性明显增强。"新刑事审判方式以控审分离、控辩对抗为基点进行构建,法官由原来的积极审问者变为保留一定职权,但倾向于中立、公正的裁判者。检察官与辩护方相对立,完全承担起追诉犯罪的举证责任。"[①]新的庭审模式一定程度上改变了以往法官庭外阅卷、对案件事实证据先入为主、庭审走过场的弊端,也对公诉人的能力提出了更高的要求,"承担控诉职能的检察官面临败诉的风险增大,为了能够客观地正确指控犯罪,检察官必须对公安机关收集、固定的证据的能力和证明力有相当的信心"[②]尽管面临庭审对抗性加强、败诉风险加大的严峻形势,但检察官并没得到侦查机关

---

① 陈卫东:《侦检一体化与刑事审前程序的重构》,《国家检察官学院学报》2002 年第 1 期。
② 吕继东:《检察引导侦查取证的程序构建》,《江苏警官学院学报》2003 年第 5 期。

比庭审改革前更强有力的证据支持,正是在这种情况下,检察机关不得不开启公诉引导侦查的改革。

在十余年的探索实践中,作为诉讼体制改革措施之一的公诉引导侦查制度取得了一定成果。但由于受制于一些主、客观因素,公诉引导侦查制度在实践的过程中也出现了不少缺陷:首先,缺乏法律依据导致实践过程困难重重,随意性很大。由于法律对公诉引导侦查并无明文规定,公诉引导侦查能否取得成功,很大程度上取决于侦查机关是否积极配合。同时,对于侦查机关不采纳公诉部门意见或建议的问题,《刑事诉讼法》中没有相关惩戒后果规定,这也使得公诉引导侦查中的监督和制约作用显得力度不足。其次,引导侦查过程中常常出现角色偏离,有违制度设计之初衷。有些公诉人对引导侦查没有很好地理解,把"引导"误解为"指挥",有的甚至与侦查机关开展联合办案,一定程度上替代了侦查的职能。还有些公诉人误解了引导侦查的内涵,过分强调配合关系,而有意无意地忽略本应有的监督制约关系,对违法侦查行为睁一只眼闭一只眼,这既不利于提高案件质量,也容易放纵冤假错案的发生。再次,有些侦查机关与公诉机关在工作协调方面没有做到位。有的没有针对如何引导侦查的问题达成共识,相互间存在不配合甚至抵触的情况;有的没有建立有质量的深入的沟通机制,比如,侦查人员对公诉阶段审查标准、证据要求不甚了解,导致侦查过程中收集的证据达不到公诉证据标准。最后,实践中存在一些侦查人员法治意识、证据观念、程序理念不强的问题,而公诉部门检察官在引导侦查方面的经验和能力也有待提升。

二、捕诉衔接机制的产生与发展

捕诉关系是检察机关内部批捕与公诉两项职能之间的关系,捕诉关系在四十余年的检察实践中发生了明显变化。捕诉关系中的一种称为"捕诉合一",指的是由某个部门的某个承办人统一行使批捕和公诉这两项权力的工作机制。另一种称为"捕诉分立",指的是由两个不同职能、不同承办人对同一个案件、同一案件当事人分别行使逮捕、公诉的权力。[①]捕诉衔接主要是在捕诉分立的背景下出现的。

（一）对捕诉合一与捕诉分立两种模式的利弊分析

1978 年检察机关恢复重建后的很长时间里，批捕与公诉两项职能都集中于一个部门行使，即通常所说的刑检部门。根据 1979 年《检察院组织法》规定，自最高检察机关以下的各级检察机关一般都设立了刑事检察部门，负责刑事案件的批捕和起诉工作。1979 年 3 月 6 日，上海市人民检察院内部机构设置 1 室 4 处。1984 年 12 月，根据中央政法委的要求，并经上海市编制委员会批准，上海市人民检察院内部机构改设 1 部 2 室 6 处，即政治部、办公室、研究室、行政装备处、一处（刑事检察处）、二处（法纪检察处）、三处（经济检察处）、四处（监所检察处）、五处（控告申诉检察处）。在此之后，上海市检察院内设机构虽几经扩充，但批捕权与公诉权一直没有分离，一直由刑事检察部门统一行使，这种捕诉关系被称为"捕诉合一"的模式。

"捕诉合一"具有一定的合理性。比如，有助于引导侦查，对侦查活动进行持续不间断的全程监督；比如，有助于检察机关与侦查机关持续联系，及时提出补证的要求，从而有利于提升公诉效率、防范公诉风险；比如，在"捕诉合一"模式下，同一个承办人同时负责起诉与批捕，对案情相当熟悉，可以避免重复的阅卷、审核等过程，并减少退回补充侦查的可能性，能够缩短侦查羁押时间，促进降低司法成本。

但是，诸事皆有利弊，虽然"捕诉合一"模式具有一定的益处，但也存在着一些明显缺陷和问题。第一，"捕诉合一"模式之下，逮捕程序独立价值很容易被忽视甚至是否定。在现代法治国家，逮捕权是一项十分重要的权力，逮捕程序被认为是一项关涉人权的重要程序，在保障人权方面意义重大。而在"捕诉合一"模式下，控诉方同时也是逮捕条件

---

① 丁浩勇：《"捕诉衔接"机制研究》，《中国检察官》2016 年第 11 期。

的把握者,几乎完全掌握逮捕程序的权力,在此情况下,很可能会发生滥用或者不当使用逮捕权的情况:(1)出现应该批捕但没有捕的情况。在一些取证难度较大的案件中,公诉人可能因为担心批准逮捕之后证据仍然无法提取,将起诉时的证据标准作为批捕的证据标准使用,造成该捕的不捕,客观上产生了放纵犯罪的消极后果。(2)也有可能出现滥用逮捕权的情况。在追诉犯罪的过程中,公诉人为了最大程度上起诉犯罪嫌疑人的便利,简单粗暴的方法就是限制嫌疑人的人身自由,从而造成一些完全可以采取取保候审、监视居住的犯罪嫌疑人以"以捕代诉"的方式被不当监禁。第二,不利于权力的制约,造成检察机关内部权力缺乏监督,最终会影响法律监督的地位,也会影响公诉案件的质量。在"捕诉合一"模式下,批捕与公诉两项职能间的监督制约机制完全失效,承办人有可能会觉得自己已经在审查批捕阶段对案件事实有了全面的掌握,进入审查起诉阶段后,直接就按照审查批捕阶段所认定的事实和证据提起公诉,很容易遗漏新证据,从而影响案件的起诉质量。如此,一个案件在批捕阶段如果发生错误,那么到了起诉阶段很有可能会继续出错,最终成为错案,使案件当事人的权利遭到严重侵害。

(二)"捕诉分立"制度的确立与问题的产生

1996年,为了解决"捕诉合一"体制存在的上述问题,最高人民检察院在部分基层检察机关试点"捕诉分立"的经验基础上,终于在全国检察机关第二次刑事检察工作会议上,提出在各级检察机关内部分设批捕和起诉两个部门。1999年,最高人民检察院刑事检察厅被分设为审查逮捕厅和审查起诉厅,2000年,审查批捕厅更名为侦查监督厅,审查起诉厅更名为公诉厅。根据最高人民检察院的统一部署,上海检察机关各级审查起诉部门也更名为公诉处(科),同时又专门成立了侦查监督处(科)。在此之后,便开始了一段时间"捕诉分离"的司法实践,一直持续至今。当然在此期间,在个别领域、环节上也有重新进行"捕诉合一"的尝试,比如,在未成年人刑事检察、金融检察等工作中,试行了

"捕、诉、研、防"一体的机制,公诉权与批捕权重新合二为一。

"捕诉分立"模式实施以来,随着法治建设不断发展和检察工作不断精细化、专业化,侦查监督与公诉职能都分别得到了发展。"捕诉分立"模式总体上符合我国刑事诉讼制度的内在要求,但也暴露出诸多不足与问题:

1. 法律监督作用的发挥还不够到位

强化对侦查活动的监督长期以来都是检察改革的重点内容。但是,不可忽视的事实是,司法实践中侦查监督虚化、弱化、形式化的问题还是在一定程度上存在的。比如,公安机关对被逮捕的犯罪嫌疑人、被告人予以释放或变更强制措施,但不通知或不及时通知检察机关的情况并不少见。比如,对取保候审的刑事案件,检察机关的法律监督作用的发挥也不够充分。比如,对侦查活动中违法或不规范调查取证的行为监督的力度也不够到位。由于侦监部门的审查批捕任务重、审查期限短,对侦查机关不规范甚至违法取证的行为往往不会发现,即使发现纠正的效果不好,法律监督工作存在盲区。

2. 在介入侦查和引导侦查方面存在明显的能力不足问题

由于批捕的条件明显低于起诉,因此,很多案件中公安机关在批捕后移送起诉前都需要对证据进行补充完善。然而,检察机关对这一阶段的监督有时会存在空白,因为侦监部门作出批捕决定后便觉得大功告成,而公诉部门此时又没有直接介入的法律依据(存在公诉引导侦查的个案例外),这就造成侦查机关在一些案件中对补充收集的证据不够重视,移送起诉时证据质量不高,达不到起诉要求。捕诉关系尚无法很好地适应起诉引导侦查、服从以庭审为中心的新型刑事诉讼的要求。

3. 造成一部分指控犯罪的工作无效重复,甚至浪费司法资源

在"捕诉分立"的条件下,对于侦监部门在审查批捕过程中已经做过的那些阅卷工作,到了审查起诉阶段,公诉部门还需要重复一遍,这很容易造成大量无谓的重复劳动,浪费有限的司法资源,拖延办案期

限,增加当事人诉累。

(三)捕诉衔接机制的必要性与探索

在"捕诉分立"模式实施几年之后,上文所述的捕诉衔接中的问题逐渐暴露出来,这便使得建立捕诉衔接机制开始显得越发必要。建立捕诉衔接工作机制,根本目的是通过协调侦监部门和公诉部门间如何相互配合、协同办案的关系,解决"捕诉分立"模式下的诸如侦查监督力度不足、介入引导侦查缺位、内部案件审查工作无效重复等问题。

2006年,为充分发挥检察职能,深入推进打黑除恶专项斗争和治理社会治安八大"顽症",进一步规范刑事检察工作,上海市人民检察院研究制定了《关于开展打黑除恶专项斗争和治理社会治安八大"顽症"政策法律的适用意见》《关于侦查监督部门与公诉部门工作衔接的暂行规定》和《关于刑事案件督办的规定》。这三个文件明确了开展打黑除恶专项斗争和治理社会治安八大"顽症"的政策法律问题,细化了捕诉衔接、案件督办的工作程序。比如《关于开展打黑除恶专项斗争和治理社会治安八大"顽症"政策法律的适用意见》规定:"……要加强侦查监督与公诉部门的工作衔接,深入研究协作方法,重视有条件批捕、捕诉交叉、捕后改变强制措施、立案监督和追捕纠错等五类案件的侦查监督,进一步完善捕诉衔接工作机制。"而《关于侦查监督部门与公诉部门工作衔接的暂行规定》则对捕诉衔接作了细致的规定,对于捕诉衔接的定义、主体、案件范围、程序等都作了具体而明确的规定。2007年,上海市人民检察院下发的《关于处理轻微刑事案件的若干意见》中对捕诉衔接机制也作了规定:"建立报捕案件审查起诉的快速通道。对于侦查监督部门在审查批捕时建议侦查机关快速移送审查起诉的案件,科(处)长分案时可以直接交由快速专办组快速办理;在快速办理过程中转为普通审查方式办理的,应将意见及时反馈给侦查监督部门。审查起诉过程中,要充分利用侦查监督部门在审查批捕环节形成的案件材料,提高办案效率;对犯罪嫌疑人已经被逮捕的轻微犯罪案件,经审查认为需要变更逮捕措施或不起诉的,应当在提交检察长决定或检察委员会讨论决定之前,向侦查监督部门通报有关情况,并说明理由。"2010年在上海市人民检察院下发的相关文件中再次强调,要加强与侦查监督部门的捕诉衔接:"一要建立健全沟通协作、资源共享机制,及时互通案情及相关信息;二要建立健全案件研讨机制,共同研判案件中法律适用、事实认定等难点问题;三要建立健全风险评估机制,共同防范办理过程中可能出现的隐患及引发的社会矛盾,切实提高办案效率,确保形成维稳与打击合力。"

根据上海市人民检察院的相关文件规定,一些基层检察机关在司法实践中,积极探索实现捕诉衔接的最佳方式,推动建立捕诉督工作衔接机制,主要包含以下一些内容:

(一)适用范围。包括捕前协商案件、适用快速通道办理的轻微刑事案件以及需提前介入案件。

(二)形成不同层次的对口衔接机制。分为主办、主诉检察官、副科长、科长三个层次的对口联系,明确职责,全方位衔接。

(三)建立特别案件的快速衔接机制。对于符合快速办理条件的案件,侦监部门批捕后及时填写《快速移送审查起诉建议书》,建议侦查机关及时移送审查起诉,同时将相关材料移送公诉部门,形成贯穿检察诉讼全过程的简案快办流程。

(四)重大疑难复杂案件提前介入加强配合衔接。对重大、疑难复杂案件,侦监、公诉部门应当视情适时共同介入侦查,做好引导侦查取证的工作,在此过程中加强分工配合与相关衔接工作。

(五)全方位加强诉讼监督。重点围绕变更强制措施、捕后续侦、证据不足不捕案件、立案监督案件、追诉案件等加强诉讼监督,努力提升监督工作的质量。

(六)形成信息通报与资源共享制度。侦监部门、公诉部门对立案监督、不捕、追捕、追诉等重点监督类型案件实行互为备案,同时还借助检察办案软件互通信息,对诉讼情况实现资源共享。

（七）建立第三方评估与责任追究机制。由研究室督导督查员对捕诉督工作衔接的情况进行总结和评鉴,出现严重问题的,按照错案追究责任制的规定追究相关人员责任。

（八）建立长效沟通机制。定期召开联席会议,对一个阶段案件办理情况进行沟通反馈。

■ 第二节　公诉环节的审判监督

公诉环节的刑事审判监督是指人民检察院依照法定的职权和程序,对人民法院的刑事审判活动是否合法以及所作的裁判是否正确而实施的专门的法律监督活动,[①]其目的在于保障刑事审判权得到正确的行使,防止审判人员违法裁判,保障刑事诉讼当事人的合法权益,维护国家司法的权威和公正。

一、审判监督在我国早期公诉活动中的出现

在我国古代,刑民不分,实体与程序不分,司法与行政不分,对未生效的判决申诉和已生效判决的申诉的界限区分也不清楚,不存在现代意义上的刑事审判上诉和再审程序,[②]自然更不存在现代意义上的审判监督制度。[③]清朝末年,在"西法东渐"的过程中逐渐建立起了现代刑

---

① 杨玉俊、胡春健:《刑事审判监督制度之完善》,《华东政法学院学报》2005 年第 5 期。

② 陈光中主编:《刑事诉讼法学(新编)》,中国政法大学出版社 1996 年版,第 20 页。

③ 中国古代社会刑事诉讼制度具有重狱讼、慎刑罚的突出特点,对于防止错误判决、平反冤狱还是比较重视的,也存在一些成体系的纠错救济制度,比如,建立了乞鞫和取因服辩制度,可以认为是早期的刑事案件请求复审制度;比如,建立了"登闻鼓"等直接向当地最高行政长官、中央一级司法机关乃至皇帝请求复审的直诉制度;比如,建立了皇帝、最高司法机关和监察御史查录犯人,发现冤狱,纠正平反冤案或督办久悬未决案件的"录囚"制度;比如,建立了具有查纠和平反冤案、监察司法功能的御史监察制度等,但这些古代的刑事诉讼制度中,恩赐性、特权性、随意性、功利性色彩很浓,与现代意义上的具有法治精神和价值的审判监督制度完全不同。

事诉讼制度和检察制度,公诉制度随之逐步形成和发展起来,检察机关开始在公诉活动中行使审判监督权的实践。

1911 年,由沈家本主持修编,效仿日本起草《刑事诉讼法草案》,第一次将再审程序(其中包含审判监督制度)作为独立的诉讼程序在法律案中加以设定。然而,不无遗憾的是,该法最终因清王朝的迅速灭亡而没有实行。尽管该草案最终没有正式颁行,但草案当中规定的包括审判监督在内的部分法律条文却被北洋政府和国民党政府时期制定相关法律时所继续沿用,形成了相应的刑事诉讼制度。1921 年,北洋政府在借鉴《刑事诉讼法草案》的基础上颁布了我国历史上第一部刑事诉讼专门法典——《刑事诉讼条例》。该法律文件中专门设置了审判监督制度。国民政府时期,先后于 1928 年颁布、1935 年修订的《刑事诉讼法》也规定了审判监督程序,具体又可分为再审程序和非常上诉两种程序。①

新民主主义革命时期,在革命根据地和人民民主政权建立的过程中,逐渐建立起具有社会主义特征的人民司法制度,而在此过程中审判监督制度也形成并逐步发展起来。早在第二次国内革命战争时期,审判监督制度在中国共产党领导的苏区就已经产生,再审监督权力由附属于裁判部的检察员行使。1934 年中华苏维埃中央执行委员会公布的法律文件中规定,刑事案件实行两审终审,但是经过两审之后,如果检察员还认为裁判有问题的,还可以通过抗议,要求法院再行审判一次。抗战时期,各革命根据地颁行的单行法规中,也有不少涉及审判监督程序的规定。比如,陕甘宁边区政府颁布的《边区刑事诉讼条例草案》规定了审判监督程序;《晋冀鲁豫边区高等法院组织条例》规定,检察长如果对高等法院的判决有不同意见,有权向边区政府提出控告,此处"控告"实际也就是当下审判监督程序中的抗诉制度。在解放战争时

---

① 其中,再审程序是纠正原判决认定事实的错误的程序,非常上诉程序是纠正违背法令的审判的程序。有权提出非常上诉程序的只能是最高法院的检察长,提起非常上诉程序的案件直接由最高法院管辖。除原判不利于被告者外,非常上诉判决的法律效力不及于被告。

期,刑事诉讼程序日益健全,而审判监督制度的内容也越来越丰富,例如,华北人民政府颁布的《为确定刑事复核制度的通令》《为清理已决及未决案犯的训令》等法令,都规定了平反改判错案的原则。1947年《关东各级司法机关暂行组织条例草案》甚至规定,检察官行使"对法律是否遵守之最高检察权",这就使检察员"上诉"职权的行使,更具有了特别的监督性,而这就是刑事抗诉制度的本质特征。①

1949年12月20日,中央人民政府在颁布的《中央人民政府最高人民检察署试行组织条例》第五条中规定,最高人民检察署直接行使并领导下级人民检察署行使"对各级司法机关之违法判决提出抗议"的职权,这标志着刑事抗诉制度在中华人民共和国的正式确立。1951年9月,中央人民政府委员会第十二次会议通过的《中华人民共和国法院暂行组织条例》《各地方人民检察署组织通则》规定,检察署对于法院的生效判决有提起抗诉的权力。1954年,第一次全国人民代表大会同时通过了法院和检察院组织法,其中都规定了抗诉制度,确定了抗诉的审判监督性质,并具体划分为二审程序的抗诉和审判监督程序的抗诉两种类型,并把抗诉的理由和对象明确为"确有错误的判决和裁定"。1954年《人民检察院组织法》在对检察院再审抗议权作出规定时,使用了"审判监督程序"的名称,在中华人民共和国的法律文件中第一次使用这一名称。

二、新中国成立后上海公诉活动中探索建立审判监督制度

上海检察机关较早开展刑事审判监督活动,1950年代初期,检察机关审查反革命案件的判决,如果发现存在判决不当的情况,便会提请上海市军管会进行重新审判。1951年,《中华人民共和国惩治反革命条例》颁布后,上海市人民检察署根据华东军政委员会关于纠正对反革命案件判刑过轻偏向的指示,对上海市从1949年9月至1950年10月

① 鲁宏立:《刑事抗诉制度历史沿革问题探讨》,《经济与法制》2010年10月(总第254期)。

已判决的反革命案件 144 件,共 519 人进行复查,发现判决不当的,提请上海市军管会复判。改处死刑 271 人,死刑缓期执行 40 人。1955年,随着上海市各级人民检察院的普遍建立,审判监督工作开始逐步推开,受理不服法院判决的申诉,对于确实存在错误的裁判,向法院提出抗议或者提出改判的意见。1956 年,上海市人民检察院召开全市审判监督经验交流会,规定对错误判决、裁定抗议的程序和做法,以及对审判活动监督的具体内容。审查依照上诉程序提出抗议的案件一律由检察员审查后签注意见。抗议书应移送法院二份,其中一份由二审法院于开庭前送达被告。提出抗议的检察院应将抗议书副本移送上一级检察院审查,上一级检察院如不同意下级检察院的抗议,可以要求下级检察院撤回抗议,也可以撤销这一抗议。依照上诉程序提起抗议的案件,二审法院开庭时,由上一级检察院派员出庭支持抗议并对二审法院实行监督。被告人不服法院判决的上诉案件,应由起诉检察院的上一级检察院派员出席上诉庭,实行监督。对法庭的审判活动监督要求包括:(1)注意法庭组成人员是否合法;(2)法庭有无向被告人交代各项权利;(3)起诉书是否已在开庭前三天送达被告人;(4)如案经上级法院撤销而再审,上级法院的判决有否送达被告人;(5)审判人员有无诱供、逼供及侵犯被告人合法权利的其他违法行为。1956 年 1 月至 11 月,对法院判决不当按照上诉程序提出抗议 18 件,法院审结 13 件,改判 8件,维持原判 5 件。[①]1957 年下半年,检察机关受到批判,直至"文化大革命"中检察机关撤销,审判监督职能一直未很好地行使。

三、1979 年《刑事诉讼法》颁布之后的法律监督实践

(一)探索审判监督的范围和方式

1979 年 7 月 1 日,全国人大通过了新中国第一部刑事诉讼法

---

① 《上海检察志》编纂委员会:《上海检察志》,上海社会科学院出版社 1999 年版,第 94 页。

典——《中华人民共和国刑事诉讼法》,专章规定了再审程序(审判监督程序)。同日通过的《中华人民共和国人民检察院组织法》第十八条也对审判监督程序作出了规定。上海市各级检察机关依照《中华人民共和国人民检察院组织法》和《中华人民共和国刑事诉讼法》依法开展审判监督。以书面或口头形式对人民法院审判活动中有违法的提出纠正,对确有错误的判决和裁定依法提出抗诉。抗诉被视为审判监督工作的重点,具体监督内容包括:(1)判决在认定的主要犯罪事实方面有显著出入,从而影响正确运用法律;(2)确定罪名有明显错误,从而引起适用法律不当;(3)确因数罪并罚而未实行数罪并罚;(4)显属有罪作无罪判决;(5)严重违反法定程序,可能影响案件正确判决等情况向法院提出抗诉。1980 年,各级检察机关共对法院判决不当案件提出抗诉47 件 26 人(其中按照上诉程序提出抗诉 42 件 21 人,按照审判监督程序抗诉 5 件 5 人,提出抗诉的案件占法院判决总数的 1.1%。上级检察院审查后撤回抗诉 10 件。37 件经抗诉后,法院改判加重处罚的 25件,发回重审的 4 件,共 29 件,占抗诉案件总数的 79%)。这一阶段,刑事审判监督工作质量并不是太高。1981 年 10 月,上海市人民检察院对全市的抗诉案件进行检查发现存在抗诉不当、办案质量不高的问题,发现办案人员掌握法律和司法政策不扎实的问题。一些办案人员对刑事案犯不加区别地一律要求从重惩办,不善于区分量刑上畸轻畸重和偏轻偏重的界限,把一些罪罚基本上相符的案件作为量刑不当提出抗诉;没有严格按照以事实为根据,以法律为准绳的原则办事,对主要事实和证据没有搞准确就提出抗诉。于是,上海市人民检察院对基层单位提出的抗诉案件统一审查把关,严格依照并遵循抗诉的条件和程序。对法院判决或裁定不当的案件提出抗诉采取上下结合,集体讨论,严格把关的方法,对事实有出入的抗诉案件重新进行调查。

1981 年,根据各单位初步实践积累的经验,上海市人民检察院总结编写了《审判监督要点》,虽然一共只有十六条,但对刑事案件庭审过

程以及刑事裁判结果的监督都作了相对比较明确细致的规定,比如:
(1)对于审判公开程序的监督规定:"对于不应公开审理而公开审理的,要当庭提出纠正,如不被接受,公诉人应提请法庭记录在案并退庭","宣告判决未公开进行的;当庭宣告判决的未在五日内将判决书送当事人和人民检察院的;或者定期宣判后未立即将判决书送达的,一般口头提出意见,并将超过法定期限的情况记录在检察卷中"。(2)对当事人诉讼权利保障的监督规定:"开庭时,审判长没有告知当事人有申请回避权、被告人有辩护权的,应当立即提出纠正意见","被告人是聋哑或者未成年人而没有委托辩护人的,人民法院应当为他指定辩护人,如果没有指定的,建议延期审理","在法庭调查后,未按法定程序让被告人、辩护人进行辩护或辩论终结后未让被告最后陈述的,应当庭提出补正","对剥夺被告人的上诉权的,一般的先提出口头纠正意见;如果意见不被接受,则发出纠正违法通知书"。(3)对庭审举证质证程序的监督规定:"审判人员在庭审过程中进行逼供和诱供的,视具体情况可在开庭后提出意见或当庭提出纠正意见","审判人员询问证人未告知证人法律责任的,可以及时建议法庭补正,或在公诉人询问时予以补正","审判人员没有出示必须出示的物证和没有宣读必须宣读的证言笔录、鉴定结论、勘验笔录的,应当庭提出建议","在法庭审判过程中,如遇诉讼参与人违反法庭秩序或当事人和辩护人对证人、鉴定人发问的内容与案件无关而审判长未予制止的,应当立即提请审判长予以制止。如果违反法庭秩序,情节严重,审判长没有采取措施的,应当及时建议审判长采取适当措施。如不被接受,应当请审判庭记录在卷,声明保留依法追究的权利";"对判决结果的监督规定,发现判决存在认定事实严重错误的、认定犯罪性质和适用法律错误的以及量刑明显不当等情形的,应当在上诉期限内,向上一级人民法院提出抗诉"。

1986年,为加强审判监督,提高抗诉工作质量,上海市人民检察院结合抗诉工作实践,制发了《上海市人民检察院关于加强抗诉工作的几

237

点意见(试行)》,提出了抗诉工作必须坚持积极而又慎重的原则,做到每个抗诉案件事实清楚、证据确凿、法律依据充分,保证抗之有据,诉之有理。对确有错误的判决、裁定应当提出抗诉,包含八种情形:(1)有罪作无罪判决的;(2)认定犯罪事实确有错误,影响定罪量刑的;(3)确定罪名明显不当的;(4)应定数罪只定一罪,或应定一罪而定数罪的;(5)适用法律条款不当或应当从轻、减轻、免除或从重、加重处罚而没有依法判处的;(6)宣告缓刑明显不当的;(7)虽在法定刑幅度内判处,但量刑明显不当的;(8)违反诉讼程序,影响案件及时正确处理的。该《意见》还对抗诉的程序和方法作出了规定:凡发现判决、裁定确有错误,应当提出抗诉的,由承办人提出意见,经部门负责人复核后,报检察长或检察委员会讨论决定。对一审未发生法律效力的判决、裁定,向上级人民法院提出抗诉的,应把抗诉书正本及补充查证的材料一并移送同级人民法院。抗诉书副本及检察卷移送上级人民检察院审查决定支持抗诉或撤回抗诉。发现同级或上级人民法院已经发生法律效力的判决、裁定(包括驳回抗诉的裁定)确有错误需要抗诉时,应把提请抗诉意见书连同检察卷等材料移送上级人民检察院审查决定是否抗诉或再提请抗诉。

1987年,上海市人民检察院进一步加强对刑事抗诉业务的指导工作,先后对上海市检察院分院和各区县检察院此前一年的抗诉案件进行复查,总结经验教训。选编了13个典型案例,作了评析,汇编成册,下发各单位。要求切实重视抗诉工作提高抗诉质量。各区县人民检察院普遍加强对法院判决的审查工作。基本上完善了起诉书、判决书、裁定书在认定事实、证据和定罪量刑的对照制度,有错误的,都及时提出意见或依法起抗诉。既抗判决畸轻,也抗判决畸重。[1]

1993年,上海市人民检察院专门召开全市抗诉工作研讨会,各级

---

[1] 《上海检察志》编纂委员会:《上海检察志》,上海社会科学院出版社1999年版,第94页。

刑检部门的抗诉意识明显增强，转变了以单纯强调抗准率及以法院改判率束缚的观念，强化依法独立行使审判监督职权的观念。同时，不断拓宽抗诉领域，从过去只抗定罪量刑、适用法律扩展到抗事实认定、抗自首认定、抗定性、抗程序、抗财产刑和缓刑的适用等，抗诉的质量明显提高。全年对法院判决、裁定不当依法提出抗诉的 21 件，经上级检察机关支持抗诉的 13 件，法院采纳改判的 8 件，发回重审的 4 件。①1994年，又专门针对刑事二审的审判监督制发了《上海市人民检察院关于加强刑事二审审判监督的意见（试行）》，其中最具特色的规定是建立了事先监督和事后监督机制。②

（二）订立审判监督工作规范

1997 年 1 月，结合修改后的《刑事诉讼法》的实施，上海市人民检察院检委会制定了《关于实施刑事审判监督的试行规定》，对刑事审判监督的对象、内容、程序等作出了进一步的规定。规定刑事审判监督分为刑事审判活动监督和裁判结果监督两种。其中，刑事审判活动的监督对象包括七项内容：违反案件受理和管辖规定；违反法定时限；法庭组成违法的；违反法定程序审理案件；违法侵犯当事人、其他诉讼参与人的诉权；法庭的程序决定违法；其他程序违法行为。在对刑事审判活动监督的内容方面，该规定并没有扩展监督的范围，与之前庭审监督的内容基本相同。在对刑事审判活动监督的方式上，规定检察人员出席法庭过程中，发现审判活动可能影响公正审判的，可以当庭提示审判人员；一般应在庭后向检察长报告，经批准同意后，以检察机关的名义，向

---

① 《上海检察志》编纂委员会：《上海检察志》，上海社会科学院出版社 1999 年版，第 94 页。

② 事先监督指检察院在收到法院移送的当事人的上诉状后，应对判决和上诉理由进行审查，并在三日内连同该案的起诉意见书、起诉书、判决书或裁定书和对判决裁定的审查表等报上级检察院备案。上级检察院办案部门经专人审查后，如发现一审判决可能有误时，应向二审法院提出介入二审诉讼程序，根据阅卷及调查情况，提出书面评判意见，或者建议法院开庭审理。凡法院开庭审理的二审案件，检察院必须派员出庭。事后监督是指检察院未参与审理而由二审法院改判的判决、裁定，应要求二审法院及时将有关法律文书送达同级检察院，以便及时审查，如发现确有错误的，应依照审判监督程序提请上级检察院抗诉。

人民法院提出书面纠正意见,确立了刑事监督以庭后监督为主、以庭中当面监督为辅的制度。①在对裁判结果监督的内容(即抗诉的理由)方面,与此前规定的不同之处主要表现在:(1)既规定要对有罪判无罪进行监督,也规定无罪判有罪进行监督,而之前的规定仅要求对"有罪作无罪判决的"情形实施监督;(2)规定审理案件的审判人员有贪污受贿、徇私舞弊、枉法裁判行为的,应当提起抗诉;(3)此前的规定是"认定罪名明显不当"的可以提起抗诉,而新规定为只要认定罪名有误就可提起抗诉。

虽然检察机关对刑事审判监督工作始终比较重视,但从实践情况来看,刑事审判监督的质量和效果并不能让人满意。首先,检察机关对于刑事审判中的抗诉权没有充分行使。一段时间里,公诉部门所提出抗诉的案件数量呈现出逐年递减的趋势。一些公诉人只注重审查法院裁判当中法庭对罪与非罪的认定是否正确,量刑上是否畸轻畸重等,而对于法庭审理程序的监督往往不甚重视,一些公诉人在思想上存在法院的裁判多数都是正确的想法,造成平时对抗诉权的行使不力,严重影响了检察机关审判监督职能的发挥。其次,对庭审程序进行监督的力度不足。从公诉职能双重性来说,公诉人在出席法庭的时候,一方面肩负着指控犯罪的职能,另一方面也承担着法律监督的职责,但在司法实践中,一些公诉人对于庭审活动的监督不够到位,甚至对超期羁押、超期判决等严重违反程序的做法也是睁一只眼闭一只眼。再次,审判监督的刚性不足。尽管抗诉是法律赋予检察机关的一项法定职权,但由于缺乏更加明确的带有刚性的强制力保障,对于那些驳回抗诉的错误裁定,检察机关实际上也没有特别好的办法,更不要提口头纠正违法、

---

① 然而,根据此后一年的 1998 年 1 月 19 日"六部委"颁布的《关于刑事诉讼法实施中若干问题的规定》第四十三条规定:"人民检察院对违反法定程序的庭审活动提出纠正意见,应当由人民检察院在庭审后提出。"这就意味着即使发现法院违反法定程序进行审判,公诉人也只能眼睁睁地看着审判活动沿着错误的程序走下去,这不仅违背了"程序公正"的原则,而且庭审后提出纠正意见很难保证其落实,更失去监督的意义。

制发《纠正违法通知书》和《检察建议》等一些更加"柔性"的权力,这一定程度上也影响了各级检察机关提起抗诉和履行庭审监督职能的主动性与积极性。最后,刑事审判监督存在"盲区"。对刑事自诉案件、简易程序审判的案件及死刑(包括死缓)复核案件监督存在盲区。[①]

（三）不断提升审判监督工作的专业化和精细化程度

随着检察机关审判监督实践活动的逐步深入,审判监督工作的专业化和精细化程度也不断得到强化。2002年、2004年上海市检察院又先后出台了两个与审判监督有关的指导性文件,与此前的规定相比,这两个文件结合最高人民检察院对刑事审判监督的相关要求,在清理现有规章制度、总结以往工作经验的基础上,对刑事审判监督进行了全面、系统、精细的规定,对加速刑事审判监督的规范化进程发挥了积极的作用。具体体现在以下几个方面:

（1）对刑事审判监督的总体要求和基本原则进行了归纳,强调要在充分履行公诉职能的同时兼顾履行刑事审判监督职能;在打击犯罪的同时注意保护犯罪嫌疑人、被告人、被害人等诉讼参与人的合法权益;在审查刑事判决、裁定是否正确的同时注重监督审判活动是否合法;既要注重监督的质量,也要关注监督的效果;监督方式的选择要有针对性,做到加大监督力度和注重监督成效的统一。这一系列原则虽然不是第一次出现,但其全面反映了公诉部门实施刑事监督所遵循的基本思路,体现了对新的法治理念、司法政策和规律的遵循,在方向指导上具有积极意义。

（2）明确规定了刑事审判监督的六种方式。[②]只要是有利于严肃

---

① 杨玉俊、胡春建:《刑事审判监督制度之完善》,《华东政法学院学报》2005年第5期。

② 包括:1.提出抗诉;2.纠正违法;3.检察公函;4.工作通报;5.案件协商;6.其他规范审判活动,实现司法公正的形式。其中,抗诉和纠正违法是传统的审判监督方式。实际上,该规程中还涉及另外一种审判监督的通常形式,即检察长列席审委会制度,规定"各级公诉部门应当为检察长列席法院审判委员会会议提供相关材料和意见"。只不过鉴于该监督主体是检察长,而非《规程》规定的公诉部门,因此没有将此列入公诉部门审判监督的方式。

国家法制，维护司法公正，符合国家立法精神的，都可以成为检察机关开展刑事审判监督的手段和措施。从这一认识高度出发，上海市人民检察院在肯定传统监督方式的同时，结合各级公诉部门刑事审判监督工作的实践和时代发展的需要，在宪法和法律允许的框架范围内，开创性地提出了检察公函、工作通报和案件协商等审判监督方式，以体现刚柔相济的监督原则和源头监督、科学监督的监督理念。文件中还对检察公函等监督方式在何种情况下适用作了具体的规定。①规定刑事审判监督，既可以采用书面正式的方式，也可以采用口头或通报等非正式的方式，以达到提出意见建议、促进公正司法、保障案件质量的目的。从监督方式的发展变化上，也体现了检察机关在法律监督问题上的态度更趋于理性和谦抑，既要坚持纠正刑事审判中的错误，保证公正司法，又要充分肯定正确的判决、裁定，维护裁决的既判力和审判权威。

（3）分别规定了第二审程序抗诉标准和审判监督程序抗诉标准。第二审程序抗诉和审判监督程序抗诉在适用主体、适用条件、审理程序及法律效力等方面都有着显著的区别。审判监督程序抗诉是对已经生效的刑事判决、裁定提出的抗诉，其适用标准相较第二审程序的抗诉标准而言，应当更为严格。此次将两者的适用标准分开规定，有利于办案人员正确理解这两种抗诉方式，应用于工作实践中。同时，为正确处理第二审程序抗诉与审判监督程序抗诉的关系，还专门设置了这两种程序抗诉的衔接规定。

（4）进一步强化了对刑事审判活动的监督。规定了对法院审判

----

① 其中《纠正违法通知书》主要适用于：1.采信的证据未经庭审质证，但尚未影响定罪量刑的；2.违反法定庭审程序，尚不符合抗诉标准的；3.限制当事人法定诉讼权利，影响司法公正的；4.送达法律文书超过法定期限，妨碍刑事诉讼正常进行，造成一定影响的；5.其他明显违法，应当依法纠正的。《检察公函》适用于：1.已经生效的刑事判决、裁定确有错误，但是不宜按照审判监督程序抗诉，而应建议法院再审的；2.刑事判决、裁定书中存在多处文字、技术性差错，但不足以影响定罪量刑的；3.其他应当发出检察公函的。关于"案件协商"，文件第十七条规定："各级公诉部门对于可能产生分歧的案件，可以与人民法院相关部门进行专门协商，充分阐明指控的观点和理由，确保办案的质量和效果。"

活动应当提出抗诉的九种情形，①当法院的审判活动具有这九种情形之一，严重违反法定诉讼程序，且法院据此作出刑事判决、裁定的，检察机关就可以提出抗诉。出席法庭的公诉人如果发现法院在庭审过程存在上述问题，应当庭提出纠正意见，法庭没有采纳纠正意见的，出席法庭的检察人员应当立即提出休庭，经内部汇报审批程序后，以书面意见的方式要求法院纠正，仍未被法院接受的，检方应提出抗诉。

（5）明确了公诉人可以当庭提出监督意见纠正法庭不当程序的态度。1996 年《刑事诉讼法》第二次重大修订以后，有观点认为，出席法庭的检察人员不能当庭提出纠正意见，依据是最高人民检察院《刑事诉讼规则》第三百九十四条关于检察人员发现审判违反程序时应在休庭后及时向本院检察长报告、意见应在庭审后提出的规定。对此观点，2004 年出台的这个审判监督规程予以了明确的反驳，认为出席法庭的检察人员代表国家履行法律监督职责是《检察官法》赋予的权利。出席法庭的检察人员如对必须当庭予以纠正的违法情形一律留到庭后处置，不仅会造成不良后果，而且不符合诉讼经济的原则。出席法庭的检察人员当庭提出纠正意见，既有利于法院及时纠正错误，又能够保证庭审活动公正、合法地进行；既能够体现监督效果，又能够确保诉讼效率。

（6）创设了"刑事审判监督特别程序"。②在"特别程序"中，对简易程序案件的刑事审判监督提出了监督的途径——旁听简易程序案件庭审或者查阅庭审记录，对一段时间以来简易程序案件监督缺位问题予以了积极回应；规定了抗诉案件需实行三级审批制度，即抗诉案件必须

---

① 文件规定："对于人民法院在审判活动中有下列情形之一，严重违反法定诉讼程序并据此作出刑事判决、裁定的，应当提出抗诉：1.审判人员应当回避而不回避的；2.审判组织的组成不符合法律规定的；3.违反公开审理或者不公开审理的法律规定的；4.非法剥夺当事人法定诉讼权利的；5.合议庭未经评议直接宣判的；6.错误决定适用简易程序审理案件的；7.具有法定中止审理的情形而未中止审理的；8.裁定终止审理不符合法律规定的；9.直接以裁定形式补正原刑事判决书中认定的事实或适用法律的。"

② 刑事审判监督特别程序是指在执行法律、最高人民检察院和市检察院刑事审判监督工作规定的基础上，为进一步加大监督力度、规范监督行为而专门设定的程序。

经过主诉检察官承办、部门负责人审核、分管检察长或者检察委员会讨论决定的三级流程。同时，还强化了公诉部门的上下联动机制，要求各级公诉部门应当加强上下联动，及时沟通信息，不断增强监督合力，确保监督的质量和效率。

　　检察机关对于审判监督工作始终高度重视，不断通过机制创新和制度完善，努力推动法律监督工作取得预期的效果。从 2001 年到 2011 年，最高人民检察院至少先后出台了《关于加强刑事抗诉工作的通知》(2001)、《关于进一步加强刑事抗诉工作强化审判监督的若干意见》(2005)、《关于做好死刑第二审案件和出庭工作的意见》(2006)、《关于在公诉工作中全面加强诉讼监督的意见》(2009)、《关于加强对职务犯罪案件第一审判决法律监督的若干规定(试行)》(2011)五个涉及刑事审判监督的指导性文件。而同一时间，上海市人民检察院也先后制定了《关于进一步加强刑事抗诉工作的意见》(2002)、《上海市检察机关公诉部门刑事审判监督工作规程》(2004)、《上海检察机关公诉部门重大疑难抗诉案件三级会商工作暂行规定》(2011)、《〈关于加强对职务犯罪案件第一审判决法律监督的若干规定(试行)〉的实施意见》(2011)。这些规定的逐步实施，使检察机关的刑事审判监督体系日益完善，一定程度上提升了检察机关在刑事审判监督方面的水平和成效。比如，抗诉定位更高，质量明显提升。上海检察机关 2008 年至 2010 年三年里抗诉率分别达到 1.59‰、2.28‰和 2.29‰，2011 年上半年为 3.98‰，呈逐年攀升态势；其中抗事实认定不当的有 63 件，占全部抗诉案件的 42.6%，抗量刑情节错误的 47 件，占 31.8%，质量较高。在注重个案监督的同时，还加强了对执行刑事法律政策和一类问题的监督，将工作定位在对整个刑事诉讼活动的监督上是一个飞跃。又如，审判监督机制不断完善。上海检察机关同法院之间建立了多层次的工作交流机制，市检察院党组同市高院党组建立了定期工作通报机制，各级法院、检察院之间每年也确定了若干审判监督工作重点，并且建立了抗前三级会商、类案监督、量刑建议等制度机制,夯实了法律监督的制度基础。再如,监督方式在创新中发展。除了抗诉等常规监督手段外,还充分运用检察长列席审委会、纠正违法通知书、检察公函、问题通报等多种监督方式,其中纠正违法通知书、检察公函、问题通报的回复率在84%以上,体现了监督实效。为加强审判监督工作,2008 年,市检察院公诉处甚至专门成立了抗诉主诉办公室,确定一名办案能力强、经验丰富的主诉检察官,专业指导、协调和办理抗诉案件。通过审查文书和报告、及时答复基层院和分院对抗诉案件的请示、参与基层院及分院间的抗诉案件会商等指导形式,统一抗诉评判标准,梳理法律关系,发掘抗点,拓展抗源,找准支抗重点,提高抗诉成功率,努力实现抗诉数量和质量的双提高,推动抗诉案件的整体发展。①

　　虽然上海检察机关刑事审判监督工作总体上呈现稳步发展的良好态势,但也存在一些不足之处。表现在:(1)在简易程序案件中,检察机关的监督存在明显的缺位问题。由于根据 1996 年《刑事诉讼法》的规定,检察机关对于简易程序案件可以不派员出庭支持公诉,同时基层检察机关饱受“案多人少”问题的困扰,因此多数基层单位在司法实践中往往把“不出庭”作为常态,出庭率很低,个别基层检察院简易程序案件的出庭数甚至为零。刑事审判监督工作对简易程序审案件不能有效覆盖。这也说明了尽管检察机关注意到简易程序刑事案件审判监督的问题,并建立了相关的规范制度,但由于立法层面的固有问题导致简易程序刑事案件的监督实际上流于形式。②(2)检察机关的刑事审判监督能

---

①　数据引自 2008 年《上海检察年鉴》。
②　实际上,上海检察机关公诉部门在实践中也曾积极探索简易程序的审判监督制度。如嘉定区院与监所部门联合加强简易程序审判的事前、事中和事后监督,制作廉政承诺书和简易程序案件调查表;黄浦区院规定,主诉必须每月选择旁听简易程序案件,查阅庭审笔录,与监所一起听取犯人的意见,特邀检察员旁听简易程序案件;浦东区院与监所、控申部门沟通,加强对简易程序的审判监督,填写不出庭简易程序监督表,通过司法局发给辩护律师填写简易程序审判情况意见表;杨浦区院公诉科与未检、监所部门联合制定《关于对适用简易程序审理的公诉案件完善法律监督的工作协议》,制作简易程序判决情况法律监督表。

力和水平上还有需要大力提升的地方。例如,审判监督不甚全面,抗轻不抗重、重实体轻程序、重二审轻再审等不良现象较普遍存在。(3)检察机关的刑事审判监督在制度和机制方面还有不少需要完善的地方。比如,一些公诉人因内部考核的需要,片面追求诉判一致,诉前便与承办法官沟通,诉中往往迁就迎合承办法官的意见,导致该坚持的意见没有坚持,该监督的方面没有监督,有悖法律监督职责。

第 七 章
其他相关问题

■ 第一节　公诉制度发展的基本趋势

1979年以来,我国的公诉制度作为检察制度和刑事诉讼制度的重要组成部分,随着国家经济社会的快速发展,随着社会主义法治建设快速推进,已经发生而且正在发生着重大而又深刻的变革。虽然在若干公诉具体制度上,经历了曲折反复的过程,然而,从公诉制度整体的发展规律来看,我国公诉制度四十年的发展历程,既体现了对传统制度价值的秉承,也反映了对世界司法文明潮流的契合;既有对域外制度的学习借鉴,更有立足国情、脚踏实地的探索创新。总之,公诉制度的变迁既是时代发展的必然,也是我国检察工作者特别是广大基层公诉人集体努力的结果,其在发展过程中呈现出以下的趋势:

一、从追求实体正义到实体正义与程序正义并重

我国自古便有重实体而轻程序的司法传统,为实现实体正义往往不顾一切,程序正义甚至在传统的司法体系之中根本就没有一点独立存在的价值。毫无疑问,这样一种程序工具主义、虚无主义的传统观念,很大程度上对我国法治现代化进程产生了阻碍。另外,在中国法制近代的过程中,主要吸收和移植了更加注重实体正义的大陆法系的法律制度与经验,也被认为是造成现代中国司法实践中大量存在重实体、

轻程序现象的另外一个重要原因。追求实体公正，在很长的时间里都被认为是刑事诉讼的首要任务，导致当事人和其他诉讼参与人的诉讼权利常常得不到切实有效的保障。但是，随着法治的进步，人们的程序意识、人权意识逐渐觉醒、提升，以往对于"实体正义"的单一追求正在逐步朝着追求实体正义、程序正义以及诉讼效益并重的方向转变。

追求程序正义有助于保障当事人的诉权，也有利于增强人们对于公诉程序的认同感。近年来，以确立非法证据排除规则、优化刑事庭审结构、强化律师辩护权为主要标志的程序正义得到了司法机关的日益重视，在公诉活动进行的过程中更加重视保障诉权、听取意见、强化证据合法性审查等。此外，刑事公诉活动的效率、效益问题也得到了前所未有的关注。"面对着现代社会中权利救济大众化的要求的趋势，缺少成本意识的司法制度更容易产生功能不全的问题。"①在公正的前提下提高公诉效率，优化公诉活动中的资源配置，是当前公诉改革的关注点之一。

二、由起诉法定主义向起诉法定主义兼采起诉裁量主义转变

起诉法定主义与裁量主义是相对应的两个概念，代表了两种不同的公诉观念。所谓起诉法定主义，指的是"凡是具有犯罪的客观嫌疑，只要具备起诉条件，就必须提起公诉"，②也就是说只要经过审查，认定犯罪嫌疑人的行为符合法定的犯罪构成要件的，检察机关就应当严格依照法律规定将其移送法院提起公诉，在此过程中检察官没有任何擅断的权力。起诉法定主义，所追求的是国家法制的高度统一与绝对权威，信仰"有罪必究、有恶必惩"，对检察官的自由裁量权持绝对排斥的态度。起诉法定主义固然有维护法律面前人人平等的积极意义，但某种意义上它代表着旧式的、机械而僵化的法制观念。在我国公诉制度

---

① ［日］棚濑孝雄：《纠纷的解决与审判制度》，王亚新译，中国政法大学出版社 2004 年版，第 267 页。
② 程味秋：《外国刑事诉讼法概论》，中国政法大学出版社 1994 年版，第 188 页。

发展的过程中,虽然没有存在过绝对的起诉法定主义,然而在一些特定历史阶段的公诉实践中,却反映出起诉法定主义的精神内核。比如,在1983年"严打"期间,为加大对犯罪的严厉打击,有时对犯罪嫌疑人的处理比较草率,只要发现犯罪证据便坚决公诉,以此体现打击犯罪的决心和力度;又比如,1979年《刑事诉讼法》所规定的免诉制度在1996年修改《刑事诉讼法》的过程中被取消了,扩大了不起诉的范围,虽然从刑事诉讼制度发展以及有利于保障人权的角度来看,无疑是具有积极意义的,然而在检察机关公诉实践过程中,各级检察机关都以非常审慎的态度对待相对不起诉,通过设定严格的审批程序限制不起诉的适用。虽然这样可以避免不起诉被滥用的现象,然而,过于严苛的限制不可避免地导致一个结果,即大量刑事案件不论其严重程度如何都最终一律被导入刑事公诉和审判的渠道中,很多根本无需重判的轻罪案件,甚至可以不用刑事手段处理的案件也进入到普通审判程序中,造成了诉讼拖延、司法资源浪费的局面,对于轻微犯罪的当事人来说,严厉刑罚非但无助于帮助其回归社会反而可能适得其反。

随着刑事司法理念的发展,在刑法和刑事诉讼改革的过程中,"轻刑化""非刑罚化"等当今世界各国刑事领域普遍性的一些思想逐步引入,并在国内理论界和实务界形成共识。同时,随着城市化进程带来的大量犯罪问题引发的社会矛盾、社区管理问题开始引起社会各界的关注,司法体系面临巨大压力,在此情况下,起诉法定主义过于机械和僵化的弊端逐渐凸显,起诉裁量主义在这样的背景下开始被重视和发展起来。所谓起诉裁量主义,在日本也被称为"起诉便宜主义",指的是尽管具备犯罪嫌疑和起诉条件,但在不必要起诉时,由检察官裁量作出不起诉决定。①起诉裁量主义要求赋予检察官在个案处理上必要的裁量权,即检察官对于案件是否起诉以及如何起诉拥有一定的处置权,可以

---

① 参见[日]田口守一:《刑事诉讼法》,张凌、于秀峰译,中国政法大学出版社2010年版,第123页。

依法作出不起诉或者暂缓起诉等决定，以及可以在起诉过程中建议法院从轻或者从重量刑。这既有利于实现个别预防的功能，也可以为宽严相济刑事政策的实现提供更大空间。随着刑事司法理念的不断发展进步，我国公诉制度也经历了并正在经历从起诉法定主义向兼采起诉裁量主义发展的过程。前几年探索实施的刑事和解、轻案快办、速裁程序等，都或多或少地反映了这一趋势。当前，在检察机关内部正在探索开展认罪认罚从宽制度改革，这既是一种程序分流机制，但也包含了对检察官依法、积极、正确行使裁量权的要求。

三、由只注重追诉犯罪向全面履行客观公正义务转变

检察官是国家代理人，是社会公共利益的代表，这就决定了检察官无论是参与刑事案件还是民事案件，都不是一般的原告，在刑事公诉活动中，检察官不能把自己仅仅当作是一个积极的追诉者，追诉犯罪并不是公诉活动的终极价值，相反，检察官更应当深刻理解检察官身份所包含的社会责任，主动承担起维护国家司法公正的职责。因此，检察官必须抛弃偏见，客观公正，既要有力打击严重刑事犯罪，同时又要尊重事实、严格司法，全面履行法律监督职能，确保无罪的人不被追究，推动构建和谐有序的社会环境。然而，我国检察机关恢复重建后的前二十余年，由于国家正处于法治重新发展的初期，所以无论是法律层面还是司法层面，都充斥着一种强烈的严厉打击犯罪的观念，严打犯罪似乎是检察机关和公诉工作的所有价值所在，人权保障、程序正义等刑事诉讼中一些重要价值往往被忽略掉，检察官扮演了打击犯罪"急先锋"的角色，存在少量忽视客观义务和人权保障的要求，淡化证据要求、程序规范，导致了一些冤假错案在公诉阶段得不到及时有效地纠正。聂树斌等冤假错案的出现虽然与侦查机关奉行有罪推定、违法侦查具有直接的重要的关系，但不可否认也与公诉人不能切实全面地履行客观公正义务、没有严格审查证据和严格适用法律，有密不可分的关系。随着经济社

会发展和法治文明的进步,法治、人权、程序等理念逐步深入人心,特别是"尊重和保障人权"入宪,"疑罪从无""不得强迫自证其罪""非法证据排除"规则相应形成,刑事诉讼正朝着法治化方向不断完善。

社会的进步、法治的发展、理念的提升,促使检察机关和公诉人重新思考检察职能与公诉活动的价值定位,公诉人应当保持理性谦抑,公诉活动应当客观公正,要从过往片面地追求追诉犯罪的效果向保持客观公正、保障当事人权利方面转变,比如,在公诉活动中要进一步保障律师阅卷权等各项权利;比如,要进一步加大非法证据排除的工作力度确保无罪的人不被追究刑责、确保当事人得到公平的对待;比如,要构建庭审理性对抗模式,强化审判监督促进依法公正裁判等。实际上,检察官客观义务本身是对检察官的一种单方面的限制和约束,在功能上迫使检察官抛弃单方面的控方(当事人)角色和意识,恪守客观中立的司法官立场履责行权,以充分保障被追诉方的利益。[1]

四、由定罪请求权向定罪请求权与量刑建议权并行转变

正如本书第四章所述,检察机关对量刑建议制度的探索实践不过十余年时间。长期以来,检察机关在公诉活动中,关注的重心是对刑事犯罪进行有力指控,使审查认定的被告人被以准确的罪名定罪处刑,检察机关和公诉人普遍的观念认为,只要把案子起诉到法院,法院根据起诉的罪名判了,公诉任务便算是已经完成了,实践中大家很少关心定罪之外的一个重要的问题,即如何量刑,很多人惯性地认为量刑属于法院和法官的裁量权范畴,检察机关无权干涉也难以干预,因此即使在公诉时指出从重或从轻的量刑情节,但通常也较少关注法院最终如何量刑,更是很少在法庭上对量刑问题展开专门的辩论。

由定罪请求权向定罪请求权与量刑建议权并行转变,是近年来我

---

① 参见万毅:《检察官客观义务的解释与适用》,《国家检察官学院学报》2015年第6期。

国公诉制度发生的新变化。①这一变化具有重要的意义,一方面,这是对公诉权的重新理解和对公诉价值发现。公诉权的内涵既包括向法院提出指控犯罪,要求法院依法对被告人正确定罪,同时也应该包括要求法院对被告人的依法、合理量刑,只有这样才是真正全面地指控犯罪。所以,正如学者所言,"将公诉权明确区分为定罪请求权和量刑建议权两个独立的部分,从根本上改变了公诉权的结构"。②另一方面,公诉权延伸到量刑建议方面,也推动完善了量刑程序的启动,既使得被告人和辩护律师有机会针对如何量刑的问题充分发表意见,也有助于对法官的量刑裁量权进行规范。检察机关在审查案件后向法庭提出量刑建议,把量刑问题摆到庭审的台面上,为诉讼的参与方提供了可供辩论的基础,在针对量刑问题举证质证和辩论的过程中,有助于更加全面地查清案件事实。同时,"规范自由裁量权,将量刑纳入法庭审理程序"是深化司法体制改革的内容之一,③检察机关行使量刑建议权对法官的裁量必然形成制约,避免法官滥用量刑裁量权问题发生,有助于检察机关全面履行审判监督职能。

五、从强调惩治犯罪到惩治犯罪与保障人权并重

诚然,刑事公诉的基本目的在于惩治犯罪,在任何一个现代国家,提起公诉都是实现国家追诉权的基本方式。在我国刑诉法等相关法律中,开宗明义地表达了刑事诉讼的首要功能在于惩罚犯罪,并通过惩罚实现特殊预防和一般预防的目标。毋庸置疑,刑事公诉的首要目标就是通过公诉权的行使有效惩治犯罪,维护法制尊严和社会秩序。然而,由于长期以来一直受严打刑事政策和传统刑罚理念的影响,公诉制度

---

① 孙谦:《全面依法治国背景下的刑事公诉》,《法学研究》2017 年第 3 期。

② 陈瑞华:《刑事诉讼的前沿问题》,中国人民大学出版社 2011 年版,第 337 页。

③ 参见《最高人民法院关于印发〈人民法院第三个五年改革纲要(2009—2013)〉的通知》(法发〔2009〕14 号),载司法业务文选编辑部:《司法业务文选》2009 年第 27 期,法律出版社 2009 年版,第 25 页。

在打击犯罪方面的功能被过分放大，惩治犯罪似乎成了公诉制度的唯一功能，这很容易导致刑事诉讼中相关当事人的权利得不到有效的维护。

四十年来，随着法治理念的进步，尤其是随着宽严相济刑事政策的实施和推进，公诉制度在打击犯罪的同时，保障人权、修复社会裂痕、增进和谐等方面的作用被逐渐发掘出来。人们逐步认识到，惩治犯罪与保障人权是一对辩证关系，两者完全可以相容，而且必须同时实现才是正确行使公诉权的方式。对犯罪的惩治必须通过法定的程序，而绝对不能以侵犯人权为代价，否则这种惩治犯罪的方式，本质上就变成了"以恶制恶"，甚至会使人们丧失对法治的信仰和信心，不但无法真正实现惩治犯罪的目标，反而会导致对法治的破坏。保障人权首先是要保障犯罪嫌疑人和被告人的人权，依法保障其享有法定的诉讼权利，保障其合法的人身权利和财产权利不被非法侵害。对人权的保障，还包括对被害人、证人等诉讼参与人的人权予以保障，特别是尊重被害人的参与权和受救济的权利，近年来在公诉活动中积极推进的刑事和解制度，实际上就是尊重和保障被害人人权的一个具体体现。随着人权意识、程序意识的不断觉醒和深入人心，公诉权行使的目标逐渐从传统的注重打击犯罪转向惩治犯罪与保障人权并重。

六、由单一价值向多元价值变化

近年来，在公诉制度发展的过程中，人们对于公诉的价值理念悄然发生变化。从早期的公诉实践来看，正确运用法律工具，有力打击、制裁和威慑犯罪几乎是公诉活动的唯一目的，特别是在几次严打的过程中，"从重从快""打击犯罪分子的嚣张气焰"等明显带有政治性、政策性的语言屡屡出现在内部文件、工作报告、领导讲话中，成为公诉实践活动的实际指引。随着近年来法治的发展、人权意识的提升，人们对公诉制度的价值理解也在逐步发生变化，开始追求多元化的价值。一是认

253

识到公诉工作不再仅仅是打击犯罪,还要保障人权,不仅要让有罪的人得到法律的惩罚,而且还要以正义的方式、法定的程序来实现这一目标,越来越注重对犯罪嫌疑人、被告人的人权保障,并为此建立和完善了相关的制度,比如,完善卷宗移送制度、保障律师的阅卷权,等等。二是认识到公诉制度的社会价值,公诉工作不仅要追求客观公正的法律效果,也要追求和谐安定的社会价值。比如,探索建立刑事和解制度,在依法办案的同时,实施人性化司法,努力化解社会矛盾,既促使犯罪反思其罪行,避免其成为影响社会安全的不稳定因素,也使得被害人得到必要的救济和补偿,恢复被犯罪行为破坏的社会秩序。三是对司法效率的追求,成为公诉制度的一个重要价值。近年来,从简化公诉程序的探索实践来看,公诉制度对效率的追求日益强烈,这一方面是为消化和解决案件大量上升带来的现实的案多人少矛盾,避免大量轻微案件带来的诉累,另一方面也符合轻刑化的司法理念,减轻诉讼给轻微案件的当事人带来的负担,总体上有利于提高诉讼效率、节约诉讼资源。

七、由粗放型向精细化方向发展

四十年来,公诉制度经过了一个从粗放到逐步精细的过程,这也符合事物发展的规律。1979年,检察机关重建,百废待兴,公诉制度的发展无论是制度体系还是实践规范抑或是人员配备,都存在诸多的不足,仅从人员的情况来看,不但人员数量少,而且法律功底浅,不少公诉人都来自工厂、农场,多数都没有法律工作的经验。任何一项制度的实施归根结底需要依靠人,人的因素对制度实施起着至关重要的作用。近些年来,随着我国法学教育的大力发展,高等院校培养和贡献了大量的法学人才,检察机关的人员队伍得到了有力的补充。目前,进入公诉队伍的人员普遍都已经具备硕士以上学历,多数都经过专业的法律训练,这为公诉制度从粗放向精细化发展提供了最基础的条件。近年来,公诉制度从粗放型向精细化转变主要有几个方面的体现：一是公诉制度的制度体系不断完善，从最初单一的审查起诉、出庭公诉和审判监督，逐渐发展出附条件不起诉、引导侦查、刑事和解、量刑建议、简化程序、速裁程序、"轻案快办"等一系列相关的制度，公诉制度体系基本成型。二是在公诉制度的具体内容日益丰富成熟，比如，在公诉裁量权制度的问题上，对原先的不起诉制度进行了细化，形成了法定不起诉、酌定不起诉、证据不足不起诉、附条件不起诉等制度。三是在公诉制度的具体实施中，对公诉人的要求更加规范和细致，以出庭支持公诉为例，从最早的原则性的规范要求逐渐发展到深入细致的要求，不仅对公诉人出庭时如何举证、质证、辩论等业务规范有要求，而且对出庭的形象、着装、语言等细节问题也作了具体的规定。四是公诉活动的业务管理制度方面也有了很多细致的规定，比如，公诉分案制度，近年来检察机关从体现司法公正的要求角度形成了具体的分案规则，通过电脑随机分案等机制的实施避免人工分案可能带来的公正性影响；又比如，专业化的公诉办案机制日渐成熟，在不少基层院针对金融、知识产权等都形成了专人专办的工作机制，无疑有利于专业领域公诉工作的深化。

八、由科层式向扁平化方向转变

近年来，检察机关在公诉改革中的重点之一是建立一套适合公诉工作需要的、更加科学合理的办案组织方式，从主诉检察官制度的探索到主任检察官制度，再到本书没有论及的独任检察官、员额制检察官制度改革等，都是在尝试减少公诉活动中的行政化色彩，改变以往"三级审批"的制度，改变以往审者不断、断者不审的不合理现象，克服上级对案件办理的不当干扰，最大限度赋予办案检察官对案件的决定权，使办案检察官真正承担起办案的主体责任，激发其严格依法办案的工作热情。由此，公诉办案组织方式逐渐从科层式向扁平化方向发展，这一方面将有助于进一步提高办案的效率，另一方面也会带来检察官个人权

255

力过大的担忧,需要进一步完善相应的公诉监督制约机制。

■ 第二节 我国公诉制度发展的基本路径

一、《刑事诉讼法》修订对公诉制度产生直接影响

毋庸置疑,全国人民代表大会及其常务委员会作为最高的立法机关,一直以来都是参与、影响甚至是决定我国刑事诉讼实践与发展的至关重要的一个主体。立法机关对公诉制度的影响,主要是通过制定、修改法律以及解释法律的方式完成的,立法毫无疑问是引导我国刑事公诉制度发展方向的关键性力量。一方面,立法机关通过制订面向未来的法律对既有的法律制度加以改造,引领刑事诉讼法律制度的变革,提供权威的程序结构与运作方式。[①]最为典型的当属我国的《刑事诉讼法》,从 1979 年以来先后经过三次重大修订,每一次修订都带来刑事诉讼制度的重大变革,对于公诉制度的影响也十分显著。比如,1996 年《刑事诉讼法》的修改带来最突出的变化就是强化了庭审对抗,由此带来案卷移送、阅卷制度、公诉出庭方式等方面的显著变化。另一方面,立法机关还通过解释法律的方式,明晰相关法律概念,影响公诉制度的发展方向。比如,1996 年的《刑事诉讼法》颁布后,全国人大法工委牵头相关部门创设了普通程序简易审的诉讼类型,虽然有所争议,但不可否认对这段时间里的公诉实践产生了客观上的影响,如提高了公诉工作效率等。

二、最高人民检察院的组织推动

我国实行检察一体的机制,上级检察机关与下级检察机关是领导与被领导的关系,根据《检察院组织法》的规定,最高人民检察院领导地

① 左卫民:《刑事诉讼制度变迁的实践阐释》,《中国法学》2011 年第 2 期。

方各级人民检察院和专门人民检察院的工作。四十年来,最高人民检察院在公诉制度改革的过程中始终发挥着统筹、组织、协调、引领的作用,具体包括:(1)制定公诉改革的整体规划。最高人民检察院定期召开全国公诉工作会议,对重大的公诉改革作出部署。结合司法改革的推进,制定公诉改革的相关方案并在全国检察系统内部全面推行。比如,最高人民检察院1999年将主诉检察官制度作为六项重点改革任务之一,并于2000年在全国检察机关审查起诉部门全面推行。(2)牵头组织公诉改革事项的试点与实施。由于很多改革事项效果未知、前景不明,面对具体的国情、省情以及司法现状,一项具体的公诉改革措施能否真正落地、能否最终产生效果,一些基于舶来的刑事理念而构建起的公诉制度是否会水土不服、产生不良排异,这些都是需要思考和预防的问题。因此,很多公诉改革措施不宜直接进行自上而下的推广,相反,应当自下而上,经验成熟一条、实践检验成功一条,便总结、推广一条,最高人民检察院在这方面发挥了积极的作用。(3)支持地方检察机关的公诉改革措施并适时予以提炼推广。四十年的公诉制度改革,是一段不平凡的历程,由于中华人民共和国成立后前三十年的法治建设曲折发展,中间还经历了“文化大革命”的中断期,大量的法律、制度建设是在改革开放后重起炉灶、重新开启的。而且,随着我国对外交流的日益广泛密切,世界其他国家先进的法治理念与制度措施也开始为国人所了解,一些具有世界共识的刑事司法制度亟须建构,这是发展法治、保障人权、提高司法效率的客观需要。在这些制度的积极引入、探索试验、总结试错、提炼经验的过程中,包括检察机关在内的地方司法机构发挥了积极的作用。在下文中,笔者将以上海为例,具体说明地方检察机关在此过程中所发挥的积极作用。

三、地方检察机关的主动实践推动公诉制度发展

随着国家改革开放的力度不断加大,在国家政治、经济、社会等领

257

域发生了显著的变化。在政治结构层面,司法系统中中央与地方关系也在发生改变,也就是说尽管中央司法机关的权威依然存在,但与以往不一样的是,这一权力不再绝对,相反,地方司法机关的自主性有所增强。[①]特别是随着现代司法原理的引进和传播,人们开始认识到,应当科学理解和设定上下级司法机关之间的关系,下级司法机关的独立性与自主性理应获得一定承认和尊重,上下级之间纯粹的命令与服从关系结构,在一定程度上得益修正,上一层级的司法机关将部分权力下放给下一层级。[②]

改革开放后,特别是自 1997 年以来,司法改革的进程明显加快。试点改革作为一种规则创制活动,既需要中央立法、司法机关的支持,更需要的是地方司法机关自觉提升自主性与独立性,积极推进改革。1997 年之前,根本的原因恐怕是没有解决好中央与地方事权的问题,只有在地方司法机关一定程度上得到独立性与自主性后,才有可能真正激发活力、动力,才能激发积极性与创造力。与以往被动地执行刑事诉讼法和上级的司法政策不同,近些年来,地方司法机关开始注重通过自主的探索与经验总结,积极主动地影响刑事诉讼制度的发展方向。公诉制度变迁的事实也充分说明了地方检察机关的创造性,很多公诉制度最早就是产生于地方检察机关之中,然后在"模仿、示范效应"的影响下,逐步推广并最终成为一种全国范围内的公诉制度,有的甚至上升为法律。可以毫不夸张地说,地方司法机构已经成了中国刑事诉讼制度变迁中不可忽视的推手。[③]上海检察机关的公诉工作长期以来一直在全国范围内保持相对领先的优势,具有一定的影响力,这种优势和影响力的产生主要不是凭借办案的数量,而是长期以来上海检察机关以

---

① 参见左卫民:《刑事诉讼制度变迁的实践阐释》,《中国法学》2011 年第 2 期。
② 郭松:《刑事诉讼的地方性试点改革》,《中国政法大学学报》2016 年第 1 期。
③ 郭松:《中国刑事诉讼制度变迁的多重逻辑——一个分析框架》,《西北政法大学学报》2011 年第 6 期。

创新的精神推动公诉制度的发展,不少公诉改革工作都始于上海,比如,未成年人公诉制度、刑事和解制度、量刑建议制度、主诉检察官制度等改革都起于上海。另外,由于上海公诉队伍条件相对较好,较早建立起了一支专业化、高素质的公诉人队伍,有更好的条件承担公诉改革的任务,最高人民检察院往往更倾向于将公诉改革的任务交由上海检察机关。因此,近年来,上海检察机关在公诉制度改革的过程中,屡屡发挥了排头兵、先行者的作用,探索和创新出不少的制度和经验,被全国推广,某些制度甚至上升为国家法律。

■ 第三节　我国刑事司法政策的变化与公诉制度的发展

一、新中国成立以来我国刑事司法政策的四次调整

刑事司法政策是由于犯罪引发的国家与社会的整体反应体系,目的在于预防和控制犯罪,以维护社会秩序、促进社会发展。[①]中华人民共和国成立七十年来,在政治、经济、社会状况发展、变化的过程中,刑事司法政策也随之不断地发生变化。总体上看,七十年来的刑事司法政策先后经历了"镇压与宽大相结合""惩办与宽大相结合""宽严相济"的演进过程,在这期间,"严打"成了一段时间刑事司法政策的主旋律。

新中国成立之初,在刑事司法政策上继续沿用解放区实行的"镇压与宽大相结合"政策。这与中华人民共和国成立初期的国内形势是密不可分的,在镇压反革命、肃清敌特的前提之下,为了最大限度地瓦解反动势力,尽量争取一切可以争取的群众,实施宽大的刑事政策是必不可少的。新中国成立初期的镇反运动等,明显带有强烈的政治性、阶级

---

① 参见［日］大谷实:《刑事政策学》,黎宏译,法律出版社 2000 年版,第 3 页。

性和军事性,尽管不可避免地发生了一些错捕、错杀,造成冤假错案,但客观上通过镇反基本上消灭了潜伏在大陆的国民党残留势力,快速稳定了国内局势,巩固了政权,为抗美援朝和恢复国民经济工作提供了重要的基础条件。

在中共八大上"惩办与宽大相结合"的刑事司法政策正式确立,八大报告提出"我们对反革命分子和其他犯罪分子一贯地实行惩办和宽大相结合的政策,凡是坦白的、悔过的、立功的,一律给以宽大的处置"。①这一政策是对"镇压与宽大"政策的继承与发展,提出对于首恶分子必须严惩,而被胁从者只要认罪态度好就可以不予追究;对于主动坦白的犯罪分子可以从宽处理,相反,对于抗拒审查的则要从严惩处;对于立功分子,可以将功赎罪。通过这样的刑事司法政策,可以起到"打击少数,改造、教育多数,分化、瓦解罪犯"的作用。遗憾的是,这一符合实际、体现人文的刑事司法政策,在实施一年左右时间就随着反右派斗争及其扩大化等政治形势而逐渐被弃之不用了。

1978年,十一届三中全会开启了改革开放的进程,带来了经济的快速发展和社会的快速转型,也推动了刑事司法政策的调整。自1982年始,我国开始进入一段"严打"的时期,这年7月,时任中央政法委书记的彭真提出,"对罪行严重的大案要案,在查清事实的基础上,抓紧依法从重从快处理。只有这样,才能较快地煞住这股歪风,保证对外开放、对内搞活经济的正常发展,保障四化建设的顺利进行。打击严重经济犯罪,这是政法战线一项尖锐、复杂、长期、艰巨的任务。对这类犯罪的仁慈、手软,就是对社会主义事业、对人民群众的残忍"。②在中央的推动下,此后一直到2002年,全国范围内先后组织了三次大规模的"严打"行动。

直到2005年前后,我国的刑事司法政策才开始发生又一次重大变

---

① 《刘少奇选集(下卷)》,人民出版社1985年版,第254页。
② 《彭真文选》,人民出版社1991年版,第426—427页。

化,2005年12月时任中央政法委书记罗干提出"要正确运用宽严相济的刑事政策",宽严相济刑事司法政策正式被提出。此后,最高人民法院和最高人民检察院先后出台了相关意见,对如何坚持宽严相济、确保社会稳定提出相应措施。可以说,宽严相济的刑事政策的提出具有相当积极的意义,它扬弃刑法工具论的固有的错误的思想认识和理念,将刑事司法政策与和谐社会的构建紧紧联系在一起,为社会稳定与良性运行提供了保障。宽严相济刑事司法政策,体现了社会形势变迁的要求和我们党对刑事政策认识的深化,体现了新时期党和国家解决社会问题的新思路,[1]不仅是对"严打"政策理性反思的成果,更是推进和谐社会建设的客观需要。

二、刑事司法政策对公诉制度发展的影响

刑事司法政策的演进,意味国家调整刑罚权的配置,对罪与罚的问题再作选择,其结果将必然影响到刑事立法与刑事司法。[2]刑事司法政策对公诉制度的变迁必然产生直接而且重要的影响。在长期严打刑事政策的指导下,公诉制度在价值取向上往往把惩治犯罪置于首位,且往往有意无意忽略保障人权、程序公正、公诉效益等其他本应当关注的价值。2006年十六届六中全会明确提出"实施宽严相济的刑事司法政策",努力缓解社会冲突、促进社会和谐,确保惩罚犯罪与保障人权、促进和谐的有机统一。同年12月,最高人民检察院通过贯彻落实宽严相济刑事司法政策的意见,提出四点原则性要求:全面把握、区别对待、严格依法和注重效果。[3]不可否认,宽严相济刑事政策的提出对公诉制度的发展产生了积极的影响,除了在理念上的影响之外,对于促进若干公诉制度的形成和发展,也起到了积极的推动作用。

---

① 参见马克昌:《论宽严相济刑事政策的定位》,《中国法学》2007年第4期。
② 参见卢建平、刘春花:《我国刑事政策的演进及其立法影响》,《人民检察》2011年第9期。
③ 卞建林、李晶:《宽严相济刑事政策下公诉制度改革若干问题》,《人民检察》2009年第11期。

1. 进一步催生了刑事和解的制度化和规范化。刑事和解是宽严相济刑事司法政策在公诉环节贯彻落实的一个具体体现。在刑事公诉活动中,被告人通过真诚悔过、认罪以及对被害人道歉、赔偿,获得谅解,因其社会危险性的显著降低和受损社会关系的恢复,公诉机关可以对其不起诉或建议法院从轻判决。刑事和解制度的重要价值在于它并不只是追求对犯罪的惩罚与防范,而是着眼于对社会矛盾的化解,修复被犯罪所破坏的社会关系,从而达到社会和谐的目标。由于刑事和解制度与我国构建和谐社会的目标高度契合,符合宽严相济刑事政策的精神,因而引起了我国法学界的热烈讨论和司法界的积极探索。检察机关积极探索公诉环节刑事和解制度的建立,并为 2012 年《刑事诉讼法》的修订提供了可借鉴的经验。

2. 进一步推进了公诉案件繁简分流机制。近年来,检察机关积极扩大简易程序案件的适用范围,这与宽严相济刑事政策的客观影响密不可分。简易程序处理的案件一般都是犯罪情节较轻的案件,具备了从宽处理的基础条件,对轻微犯罪实施快速、轻缓的处理有助于从整体上提升公诉工作的效率,而诉讼效率的整体提高反过来又有利于检察机关对严重刑事犯罪实施从重从严惩处。因此,简易程序的扩大适用无疑是贯彻落实宽严相济刑事司法政策的体现。

3. 进一步推进了公诉裁量权改革。相对不起诉制度,更为广泛的运用是宽严相济刑事司法政策在公诉环节贯彻落实的一个重要表现。相对不起诉也成了公诉部门实施宽严相济刑事司法政策的一个重要的调节手段。1996 年《刑事诉讼法》修订后,在很长时间里,检察机关严格控制不起诉的适用,不起诉率长期维持在较低水平。实施宽严相济刑事司法政策之后,检察机关在适用不起诉方面的理念发生了一定的转变,微罪不起诉本身便是宽严相济刑事司法政策在立法上的重要体现。在公诉工作中逐步形成正确的政策导向,对符合相对不起诉条件的案件,以不起诉为一般原则,以起诉为特别例外。

4. 对深化量刑建议改革产生了积极影响。近些年来,包括上海在内的一些地方检察机关积极探索开展量刑建议制度改革,这一改革举措突破了以往的公诉实践活动采取概括式量刑建议的局限性。这有利于促进审判机关从司法政策的角度思考量刑问题,评估量刑决定的合法性、合理性,这对实施宽严相济刑事政策具有十分积极的意义。在公诉实践中,一般要求检察机关提出的量刑建议应该是相对明确的,这一方面使得检察机关必须对其公诉的案件适用从宽抑或是从严处理明确其态度,另一方面也有助于避免建议过于具体、不尽合理,而难以被采纳。法院需要认真考虑检察机关所提出的量刑建议,对于不予采纳的,应当在判决书中明确说明不采纳的具体理由,这不仅有利于提高审判公信力,也有助于检察机关对审判活动实施监督。

第四节　我国公诉制度发展中的不足与发展的方向

一、公诉制度发展中的不足之处

1. 公诉裁量权的行使应当进一步开放

我国公诉制度中,总体上以起诉法定主义为原则,以起诉便宜主义为例外,检察机关在起诉权问题上尽管有一定裁量权,但所受限制很大。在司法实践中,检察机关往往容易忽视对提起公诉的必要性进行审查,只要够罪便诉,使轻微犯罪被诉诸法庭的可能性增大。同时,我国刑诉法之下,相对不起诉的适用范围相对比较狭窄,仅局限在"不需要判处刑罚和免除刑罚的"。在各地的实践中,人为控制相对不起诉的情况比较常见,一些地方还采取下指标、限制不起诉率、严格审批等举措,使相对不起诉实际上很难适用。由于起诉条件过松,而不起诉条件过严,检察官对于起诉与否的自由裁量权实际很小,一些轻微犯罪也被诉诸法庭,既不利于对犯罪人的改造,又造成了司法资源不必要的浪费。

2. 公诉案件简化机制仍有待完善

2012 年《刑事诉讼法》修订之前，在简易程序案件中，尽管检察机关可以派员出庭，但在公诉实践中，受制于案多人少、办案压力大的实际情况，往往很少有公诉人出席法庭支持公诉，实际上造成了一些问题，比如，造成检察机关对适用简易程序案件审理的庭审监督缺位；又比如，被告人的权利保障相对削弱，庭审的教育功能被弱化等等。2012 年《刑事诉讼法》修订后，规定简易程序案件中，检察机关应当派员出席法庭，这虽然具有积极的意义，但客观上也给基层检察机关带来一定挑战。在基层公诉部门所办理的案件中，简易程序常常占半数以上，这些案件如果要求公诉人全部出庭的话，必然会给公诉部门增加巨大的工作量，因而如何符合《刑事诉讼法》的要求同时又不影响公诉职能的充分发挥，是检察机关需要研究解决的问题。为此，一方面，应当主动适用刑事司法理念的更新，从提升公诉效率等价值出发，加大简易程序的适用力度，另一方面，应当全面建立与简易程序案件相适应的相关办案机制。比如，可以探索"简案专办"及"专人出庭公诉"等新模式，探索建立"集中提起、出庭公诉"工作机制，创新简易程序案件开庭程序。

3. 公诉制度中对被害人的权利保障需要进一步加强

虽然在刑事诉讼法上，被害人作为案件当事人的地位很明确，然而，客观而言，长期以来被害人的诉讼主体地位在司法实践中一直没有得到特别理想的改善。被害人的权利保障不够到位，应有的诉讼权利设置不完备，就是已有的诉讼权利具体行使起来也差强人意。比如，对被害人的诉讼知情权的保障不给力，有些公诉案件中被害人得不到及时的告知，有的告知流于形式；比如，对被害人及其代理人的意见进行听取的制度不健全，听取被害人意见既缺乏制度安排，也没有实际的救济措施；比如，对辩护律师辩护权利的保障不够到位，诉讼代理人介入时间比较晚以及缺乏对被害人的法律援助措施；比如，刑事附带民事诉讼制度存在赔偿范围窄等一些缺陷等。总体上看，对被害人权利保护不到位、保障机制不足是我国公诉制度中存在的短板问题。

4. 以办案责任制为核心的公诉人的职业化建设还需继续深化

虽然近年来检察机关不断推进公诉办案组织制度改革,加强公诉人的职业化建设,从主诉检察官到主任检察官再到目前的员额检察官制度改革,虽然有所进步但问题也不少,而且目前的责任制改革毕竟才进行不久,其是否能够达到制度设计的初衷还有待考察。

5. 公诉监督机制和效果应进一步强化

公诉工作既承担指控犯罪的职责,也负有刑事诉讼监督的职责,然而实事求是地讲,长期以来,公诉环节的法律监督整体上重视不够,存在不敢、不善监督,强调配合多、关注监督少,以及对审判监督多而对侦查监督少等问题,近些年不断被媒体曝光的冤错案件从一个侧面也反映出公诉环节对侦查机关和审判机关的监督不够到位的问题。

二、公诉制度的新发展与未来之方向

近年来,随着司法改革任务的推进落实和不断深化,公诉制度也在实践探索的过程中得到了进一步发展,对于上述问题的解决也提出了一些新的思路与办法,特别是捕诉合一、认罪认罚从宽等新举措的全面实施,对于公诉制度的未来发展具有相当重要的影响。

捕诉合一办案模式的全面推广。2018 年 7 月,在深圳举办的大检察官研讨班,明确了刑事检察改革的主要方向是以案件类别划分,推行捕诉合一,形成完整的、适应司法责任制需求的、有助于提高办案质量效率和提升检察官素质能力的内设机构体系。虽然这一新理念甫一提出,便在学术界产生了一定的争议,但并未影响检察机关推进这项刑事检察制度改革的决心。2018 年 8 月,上海市人民检察院在全国检察系统率先出台了《上海市检察机关捕诉合一办案规程(试行)》,确立了一套新的案件办理模式:检察机关对本院管辖的同一刑事案件的审查逮捕、审查起诉、诉讼监督等办案工作,原则上由同一办案部门的同一承办人办理,这一模式被概括为"四同"模式,即同一检察院的同一案件的办理工作,由同一刑检部门的同一承办人负责。捕诉合一的模式,改变了以往主要以审查逮捕与公诉为基础的业务分工,而是根据刑事案件的不同性质进行类别划分,不同刑事检察部门分别负责办理某类或几类刑事案件。这种新的分工模式,一定程度上有助于增强办案检察官的专业性,比如,上海市人民检察院针对普通刑事犯罪、职务犯罪、商业犯罪等专门设立了几个检察部,检察官长期接触某几类特定类型的案件,能够积累更加全面深厚的办案经验,将办案与研究结合,形成更加扎实的专业功底。捕诉合一的机制还被认为有助于解决原先在捕诉分离的情况下,由于负责审查批捕与提起公诉的检察官不是同一人而造成的"捕的时候熟悉了的案件,诉的时候是一个全新案件,重新熟悉影响效率"①的问题,避免检察官重新、重复阅卷带来的效率损耗。另外,捕诉合一制度改革贯彻了"在办案中监督,在监督中办案"的理念,被认为有助于将公诉活动与检察机关固有的法律监督职能无缝衔接,在《上海市检察机关捕诉合一办案规程(试行)》中,明确规定将适时介入、引导侦查、(不)捕后监督、追捕追诉、立案监督、侦查活动监督、审判监督等诉讼监督职能与审查逮捕、审查起诉等办案工作原则上由同一检察官承担。尽管捕诉合一的模式被认为是一项具有积极意义的改革举措,但毕竟实施的时间较短,检察机关内部原本分属于批捕和公诉部门的检察人员相互融合、重新学习和适应彼此的业务需要一个过程,而捕诉合一制度设计的理想功效能否完全实现也需要进一步观察和检验,比如,是否确实能够提高办案的效率以及提高的程度如何都需要更加有力的数据支撑;比如,是否会出现一些学者担心的将对侦查活动的监督由两次变为一次从而事实上弱化侦查监督的情况,也需要引起足够重视;②

---

① 《最高检:实行捕诉一体可提高质量、效率》,载中国网 http://zjnews.china.com.cn/yuanchuan/2019-01-03/161105.html,最后访问时间:2019 年 1 月 20 日。

② 参见陈瑞华:《异哉,所谓"捕诉合一"者》,载于微信公众号"中国法律评论"2018 年 5 月 29 日。

再比如是否会造成事实上消减犯罪嫌疑人的辩护权以及是否会导致办案检察官权力过大等问题,都需要在后续的司法实践过程中予以高度的关注和研究。

认罪认罚从宽制度的全面实施。认罪认罚从宽制度最早规定于十八届四中全会的报告中,2016 年 11 月,"两高三部"共同发布了《关于在部分地区开展刑事案件认罪认罚从宽试点工作的办法》,上海作为试点地区之一,积极推进刑事案件认罪认罚从宽制度试点工作的开展。试点伊始,上海市人民检察院即发布了《上海检察机关认罪认罚案件法律文书格式样本(试行)》,同时与市高级法院共同研究、制发了《刑事案件认罪认罚从宽制度试点工作实施细则(试行)》,成为规范试点工作运行的重要依据,[①]并积极推进了精准量刑、法律文书简化、值班律师等配套制度的实施。截至 2018 年年底,上海全市各级检察机关全面实行认罪认罚从宽制度,完善繁简分流办案机制,适用率达 50%,量刑建议采纳率达 97%。[②]2018 年 10 月 26 日,全国人大常委会审议通过的《刑事诉讼法修正案》中,将认罪认罚从宽作为刑诉法的一条基本原则,并相应地作了一些制度规定。认罪认罚从宽制度的实施,取得了一定的积极效果。由于绝大多数认罪案件适用简易程序和速裁程序,因此文书制作流程、庭审时间等诉讼要素的周期大大缩短,对引导案件向简易化分流产生了积极的作用,尽管在公诉环节,认罪认罚从宽并没有明显带来办案时间上的缩短,但从整个刑事诉讼流程来看,认罪认罚从宽制度通过繁简分流实现提升办案效率的功效还是客观存在的。实践中,认罪认罚从宽制度的实施对于化解一部分案件中的社会矛盾也起到了积极作用,通过检察人员的释法说理,犯罪嫌疑人的认罪服法以及当事人之间的和解,可以使案件当事人之间的纠纷得到及时解决,而简易快速的处理程序也使当事人各方免受诉累之苦,使得犯罪行为所破坏的

---

① 林中明:《上海:认罪认罚从宽制度全面铺开成效初显》,《检察日报》2017 年 4 月 25 日第 1 版。
② 引自 2019 年《上海市人民检察院工作报告》。

社会秩序在短时间内得以恢复,有助于落实构建和谐社会的理念。在认罪认罚从宽制度实施的背景下,公诉活动中的量刑建议也发生了一定的变化,量刑建议不再单独提出而是成为起诉书的一个重要组成部分,量刑建议不再是检察机关单方的裁断而是在与当事人及辩护律师协商的基础上提出的。总体而言,在整个诉讼过程中,量刑建议的地位和作用更加突出,由原来的单纯的程序性建议权,被塑造为对审判量刑具有相当预决效力的实体性权力。同时,由于认罪认罚从宽案件的处理过程需要律师的参与,公诉权与辩护权在诉前阶段有机会进行更加广泛而深入的接触和互动,这对于保障当事人的诉讼权利客观上也会起到积极作用。当然,这项制度在实施过程中也发现了一些问题,比如客观上增加了公诉阶段的工作量,就公诉环节而言,不少案件非但没有节省办案时间,反而延长了办案周期,影响了一些检察人员适用认罪认罚从宽程序的积极性,比如量刑从宽的幅度模糊,可能影响当事人选择适用认罪认罚从宽程序的积极性,比如认罪认罚从宽制度的实施过程带来检察官自由裁量权扩大需建立相应的内外监督制约机制等,这些问题需要后续在制度机制方面的进一步完善。

放眼未来,公诉制度仍将随着法治建设的发展和司法改革的推进而进一步得到发展进步,在一些具体制度上必将继续推陈出新,而近期改革的重点应当围绕以下四个方面展开:

1. 针对侦诉关系,强化引导、协助机制

对于检察机关来说,有必要在侦诉关系问题上发挥更加积极的主导作用,发挥好公诉及时引导侦查的作用。积极探索构建"大控诉"的格局。侦查与公诉系前后衔接的关系,侦查的质量在很大程度上决定了公诉的质量。所以,有必要通过构建"大控诉"格局,视情况及时介入和引导侦查,提高证据质量和公诉水平。同时,应当将监督重点向侦查监督转移,不仅在审查批捕环节重视对侦查活动的监督,而且要在公诉环节强化监督,进一步加强非法证据排除工作,构建以审判为中心的公诉指控与监督体系。

2. 针对诉审关系，强化庭审实质化的要求

以审判为中心，其核心在于以庭审为中心。以庭审为中心，则要求参与刑事案件庭审活动的公安、检察院和法院以及辩护律师共同努力，推动实现庭审实质化的目标。庭审实质化要求在庭审活动中，控、辩、审三方都要牢牢把握证据审查、事实认定、法律适用以及定罪量刑等关键环节，围绕这些关键环节展开庭审活动，要切实保证控辩双方可以充分有效地进行举证、展开辩论，真正使各方"有证举在法庭、有理辩在法庭、证据认定在法庭"。[①]要充分发挥公诉在启动庭审方面的作用，在庭审中更加重视程序规范与公开公正，切实保障刑事案件当事人的人权、诉权，要强化证据意识，贯彻直接言词证据原则，根据《刑事诉讼法》的要求建立健全证人、鉴定人、侦查人员等主体出庭作证的制度，落实非法证据排除规则，确保刑事审判活动依法公正。

3. 围绕办案责任制，优化办案组织方式

科学合理的办案组织方式是提升公诉工作质效的前提和基础。在这一轮司法改革刚刚开始的时候，上海等一些地方检察机关探索开展了以主任检察官为重点的办案责任制改革，这项改革活动的本质和关键是落实"谁办案、谁决定、谁负责"的司法改革要求。然而，随着司法改革的逐步深入，主任检察官的探索逐渐淡化和退出，主任检察官被定位于"以人民检察院为办案组织过渡到以检察官为办案组织的一种组织形式和特定称谓"[②]，也就是说，主任检察官只是过渡，员额制检察官才是当前和未来检察机关办案活动的基本单位，是承担办案责任的主要主体。在今后的公诉制度改革发展中，应当根据公诉工作单兵作战的特点，逐步形成以员额检察官为主体的办案组织方式，科学合理地设定检察官的权力清单，厘清检察官与检察官助理的职责划分，确保公诉

---

① 参见肖波、肖之云：《论以审判为中心的制度下的公诉工作》，《中国检察官》2015 年第 3 期。
② 龙宗智：《检察官办案责任制相关问题研究》，《中国法学》2015 年第 1 期。

检察官权力独立充分、职责明晰明了、保障有效有力，全面激发公诉检察官办案的积极性、主动性。

4. 围绕公诉权行使，提升诉讼效率

近年来，刑事案件呈现快速增长的势头，与此同时，大量刑事案件背后的轻刑化趋势也十分明显，对于司法机关来说，当下如何提升诉讼效率以尽快消化好日益增长的案件数量是广受关注的问题。近年来的很多公诉改革的相关措施其实都与如何提高办案效率相关，今后，检察机关在公诉工作中还要进一步加大对简化公诉程序制度的研究，通过简化程序更加合理配置公诉资源、提升公诉质效。

当前，公诉实践中虽有简易程序但也还存在着"简者不简"的问题，今后还应当更加有针对性地对简化公诉程序进行设计，在简易程序审批上"放权"，在法律文书制作和出庭程序上"简化"。此外，应当对选择适用简易程序的当事人给予适当的从宽处理，加快推进认罪认罚等制度的试点试行，提高简易程序的适用比例，提升公诉的整体效率。

参考文献

一、著作及译著类

1. 陈瑞华:《刑事诉讼的前沿问题》,中国人民大学出版社 2011 年版。

2. 杨诚、单民:《中外刑事公诉制度》,法律出版社 2000 年版。

3. 刘家琛:《新刑事诉讼法条文释义》,人民法院出版社 1996 年版。

4. 李交发:《中国诉讼法史》,中国检察出版社 2002 年版。

5. 陈光中、沈国峰:《中国古代司法制度》,群众出版社 1984 年版。

6. 陈卫东:《程序正义之路》,法律出版社 2005 年版。

7. 甄贞:《检察制度比较研究》,法律出版社 2010 年版。

8. 陈光中:《中德不起诉制度比较研究》,中国检察出版社 2002 年版。

9. 陈卫东:《刑事审前程序研究》,中国人民大学出版社 2004 年版。

10. 尤志安:《清末刑事司法改革研究》,中国人民公安大学出版社 2004 年版。

11. 陈瑞华:《刑事审判原理论》,北京大学出版社 1997 年版。

12. 左卫民:《简易刑事程序研究》,法律出版社 2005 年版。

13. 高一飞:《刑事简易程序研究》,中国方正出版社 2002 年版。

14. 马贵翔:《刑事简易程序概念的展开》,中国检察出版社 2006 年版。

15. [法]卡斯东·斯特法尼:《法国刑事诉讼法精义》,罗结珍译,中国政法大学出版社 1999 年版。

16. [日]棚濑孝雄著:《纠纷的解决与审判制度》,王亚新译,中国政法大学出版社 2004 年版。

17. 程味秋:《外国刑事诉讼法概论》,中国政法大学出版社 1994 年版。

18. [日]田口守一:《刑事诉讼法》,张凌、于秀峰译,中国政法大学出版社 2010 年版。

19. [日]大谷实著:《刑事政策学》,黎宏译,法律出版社 2000 年版。

二、编著类

1.《上海检察志》编委会:《上海检察志》,上海社会科学院出版社 1999 年版。

2. 谢振民:《中华民国立法史》,中国政法大学出版社 2000 年版。

3. 黄荣昌编:《最近新编司法判解法令分类汇要(第四册)》,中华图书馆 1923 年版。

4. 慕平主编:《检察改革的新探索》,法律出版社 2007 年版。

5. 胡卫列、韩大元主编:《主任检察官办案责任制——第十届国家高级检察官论坛论文集》,中国检察出版社 2014 年版。

6. 戴国建主编:《特殊未成年保护实践与探索——上海市长宁区人民检察院未成年人检察工作纪实》,上海人民出版社 2004 年版。

7. 武延平、刘根菊等编:《刑事讼诉法学参考资料汇编》,北京大学出版社 2005 年版。

8. 宋英辉、袁金彪主编:《我国刑事和解的理论与实践》,北京大学出版社 2009 年版。

9. 陈光中主编:《刑事诉讼法学(新编)》,中国政法大学出版社 1996 年版。

10.《刘少奇选集(下卷)》,人民出版社 1985 年版。

11.《彭真文选》,人民出版社 1991 年版。

三、期刊、报纸类

1. 龙宗智:《论我国的公诉制度》,《人民检察》2010 年第 19 期。

2. 傅宽芝:《公诉制度研究》,《检察理论研究》1992 年第 2 期。

3. 姚莉:《论我国公诉制度的若干问题》,《法学评论》1998 年第 3 期。

4. 郑丁足、陈双喜:《公诉制度的利益衡平论》,《湘潭大学社会科学学报》2003 年第 2 期。

5. 莫洪宪、高锋志:《论我国的公诉制度》,《人民检察》2009 年第 9 期。

6. 桂万先:《公诉制度的起源及其对近代司法发展的意义》,《学理论》2009 年第 1 期。

7. 侯欣一:《改革开放以来中国法治进程与回顾》,《天津法学》2011 年第 4 期。

8. 何勤华:《改革开放 30 年与中国的法治建设》,《法学》2008 年第 11 期。

9. 赵晓耕、刘涛:《法律监督的渊源——以中国法制近代化为视角》,《法学家》2007 年第 4 期。

10. 胡康:《清末上海筹办审判厅考析》,《消费导刊》2009 年第 24 期。

11. 马晓莉:《宋教仁被刺案》,《中国审判新闻月刊》2008 年第 2 期。

12. 郝银钟:《检察权质疑》,《中国人民大学学报》1999 年第 3 期。

13. 蒋庆红:《论公诉职能应当是我国检察机关的基本职能——以检察权的产生发展为视角》,《广西政法干部学院学报》2007 年第 3 期。

14. 李实育、高鑫田、王俊常:《人民检察院对起诉材料的审查工作》,《政法研究》1955 年第 2 期。

15. 姚莉、张柳:《两岸主任检察官制度比较与借鉴》,《中南大学学报(社会科学版)》2015 年第 5 期。

16. 王琰:《重笔浓墨写"责任"——检察机关建立主诉检察官制度的探索》,《人民检察》1999 年第 6 期。

17. 施坚轩:《为了提高办案效率——上海试行主诉检察官办案负责制》,《上海人大月刊》2000 年第 4 期。

18. 万毅:《主任检察官制度改革质评》,《甘肃社会科学》2014 年第 4 期。

19. 上海市人民检察院公诉处:《主诉检察官办案责任制在改革中推进发展——上海市实施主诉检察官办案责任制三年情况调查》,《人民检察》2003 年第 8 期。

20. 曾建明:《美国独立检察官制度简介》,《法学评论》2000 年第 1 期。

21. 陈卫东、李训虎:《检察一体与检察官独立》,《法学研究》2006 年第 1 期。

22. 林中明:《上海检察改革引起人大关注》,《检察日报》2000 年 6 月 17 日第 1 版。

23. 杜文俊、卢国阳、刘海容:《推进司法改革,确保司法公正——99 诉讼法学年会主要观点综述》,《政治与法律》2000 年第 1 期。

24. 龙宗智:《主诉检察官办案责任制的依据和实施条件——二论主诉检察官办案责任制》,《人民检察》2000 年第 2 期。

25. 文韬:《闵行——打造专业化办案模式》,《检察风云》2015 年第 2 期。

26. 陈光中:《我国公诉制度若干问题探讨》,《法学研究》2011 年第 4 期。

27. 张文勇:《刑讯逼供的历史回顾与现实反思》,《湖北警官学院学报》2006 年第 4 期。

28. 左为民:《"热"与"冷":非法证据排除实证研究》,《法商研究》2015 年第 3 期。

29. 林中茂、王树高:《从司法实践看免诉制度的优越性》,《中国刑事法杂志》1991 年第 1 期。

30. 郭学智:《关于贪污受贿罪案免诉率过高的原因探究》,《河北法学》1992 年第 1 期。

31. 曹晓云、丁永龄:《爱心呼唤迷途的孩子——上海市长宁区检察院探索少年司法保护体系纪事》,《青少年犯罪问题》2002 年第 1 期。

32. 刘金泽、尤丽娜:《附条件不起诉实施情况与对策——以上海市人民检察院第一分院辖区办理案件为样本》,《上海政法学院学报》2015 年第 6 期。

33. 陈瑞华:《案卷移送制度的演变与反思》,《政法论坛》2012 年 9 月。

34. 李和仁:《量刑建议:摸索中的理论与实践——量刑建议制度研讨会综述》,《人民检察》2001 年第 11 期。

35. 晓林:《量刑综合平衡理论讨论会综述》,《政治与法律》1989 年第 1 期。

36. 曹振海、宋敏:《量刑建议制度应当缓行》,《国家检察官学院学报》2002 年第 8 期。

37. 王顺安、徐明明:《检察机关量刑建议权及其操作》,《法学杂志》2003 年第 2 期。

38. 龚培华、张少林:《论检察机关的量刑请求权》,《中国刑事法杂志》2001 年第 4 期。

39. 赵萍:《量刑建议权初探》,《法治论丛》2005 年第 5 期。

40. 李玉萍:《中国法院的量刑程序改革》,《法学家》2010 年第 2 期。

41. 叶青:《量刑建议工作的规范化改革》,《华东政法大学学报》

2011 年第 2 期。

42. 王军、侯亚辉、吕卫华：《〈检察院开展量刑建议工作的指导意见（试行）〉解读》，《人民检察》2010 年第 8 期。

43. 雷秀华、余春华：《四川省检察机关量刑建议探索》，《国家检察官学院学报》2009 年第 5 期。

44. 陈瑞华：《论量刑程序的独立性》，《中国法学》2009 年第 1 期。

45. 李玉萍：《中国法院的量刑程序改革》，《法学家》2010 年第 2 期。

46. 左卫民：《中国量刑程序改革：误区与正道》，《法学研究》2010 年第 4 期。

47. 周光权：《量刑程序改革的实体法支撑》，《法学家》2010 年第 2 期。

48. 贾志强、闵春雷：《我国刑事简易程序的实践困境及出路》，《理论学刊》2015 年第 8 期。

49. 李海玲：《中国刑事简易程序的回顾和展望》，《湖南警察学院学报》2015 年 2 月。

50. 徐美君：《刑事诉讼普通程序简化审实证研究》，《现代法学》2007 年第 2 期。

51. 付奇义：《刑事简易程序的发展规律与改革方向》，《三峡大学学报（人文社会科学版）》2005 年第 1 期。

52. 贺恒扬：《关于出庭公诉工作的几个问题》，《人民检察》2010 年第 14 期。

53. 曹晓航：《新庭审程序的尝试——李小克、刘延委抢劫案庭审记》，《检察风云》1997 年第 1 期。

54. 樊荣庆：《上海未成年人刑事制度发展的价值取向》，《青少年犯罪问题》2002 年第 4 期。

55. 周小萍、曾宁：《略论未成年刑事诉讼中的分案起诉制度》，《青少年犯罪问题》2000 年第 5 期。

56. 曾宁:《未成年人刑事诉讼中分案制度的试行》,《上海政法干部管理学院学报》2001 年 7 月第 16 卷第 4 期。

57. 胡巧绒:《完善分案起诉制度》,《中国检察官》2008 年第 9 期。

58. 陈光中、葛玲:《刑事和解初探》,《中国法学》2006 年第 5 期。

59. 龙宗智:《检察官办案责任制相关问题研究》,《中国法学》第 1 期。

60. 刘凌梅:《西方国家刑事和解理论与实践介评》,《现代法学》2001 年第 1 期。

61. 陈光中:《〈刑事诉讼法修改专家建议稿〉重点问题概述》,《人民检察》2006 年第 11 期。

62. 宋英辉等:《公诉案件刑事和解实证研究》,《法学研究》2009 年第 3 期。

63. 沈新康:《公诉引导侦查的探索与实践》,《华东政法大学学报》2010 年第 5 期。

64. 陈卫东:《侦检一体化与刑事审前程序的重构》,《国家检察官学院学报》2002 年第 1 期。

65. 丁浩勇:《"捕诉衔接"机制研究》,《中国检察官》2016 年第 11 期。

66. 杨玉俊、胡春健:《刑事审判监督制度之完善》,《华东政法学院学报》2005 年第 5 期。

67. 陈卫东、刘计划:《公诉的价值冲突与衡平论略》,《国家检察官学院学报》2001 年第 3 期。

68. 左卫民:《刑事诉讼制度变迁的实践阐释》,《中国法学》2011 年第 2 期。

69. 郭松:《刑事诉讼的地方性试点改革》,《中国政法大学学报》2016 年第 1 期。

70. 马克昌:《论宽严相济刑事政策的定位》,《中国法学》2007 年第 4 期。

71. 卢建平、刘春花:《我国刑事政策的演进及其立法影响》,《人民检察》2011 年第 9 期。

72. 卞建林、李晶:《宽严相济刑事政策下公诉制度改革若干问题》,《人民检察》2009 年第 11 期。

四、报纸类

1. 谢杰、闫艳:《检察机关保障律师执业权利的问题及对策》,《检察日报》2009 年 6 月 19 日第 3 版。

2. 王松苗、林中明:《公诉改革应成为检察改革的先导》,《检察日报》2000 年 8 月 25 日第 1 版。

3. 阮吟之:《检察机关出台"执法为民 21 条"》,《解放日报》2013 年 10 月 9 日第 1 版。

4. 赵阳:《中国量刑建议制度八年探索历程披露》,《法制日报》2007 年 11 月 30 日第 1 版。

5. 蔡敏:《受虐妇女量刑偏重》,《中国妇女报》2006 年 3 月 28 日第 7 版。

6. 侯荣康:《强化控辩双方量刑答辩——徐汇法院新举措》,《解放日报》2002 年 8 月 10 日第 3 版。

7. 余啸波:《构筑案件质量保障平台的思考》,《检察日报》2002 年 9 月 30 日第 4 版。

8. 郭菲力、胡卓英:《量刑建议:尝试与思考》,《检察日报》2002 年 10 月 21 日第 4 版。

9. 徐亢美、宋瑞秋:《量刑答辩在庭审中进行》,《文汇报》2002 年 8 月 9 日第 5 版。

10. 王琳:《检察机关推进"量刑建议"的良好契机》,《检察日报》

2009 年 6 月 5 日。

11. 蒋安杰:《2009 年中国十大司法改革措施》,《法制日报》2010 年 2 月 3 日第 12 版。

12. 李丽:《上海市检察院:统一规范常见罪名的量刑建议权》,《中国青年报》2010 年 2 月 1 日第 3 版。

13. 林中明:《上海适用首例涉罪未成年人禁止令》,《检察日报》2011 年 5 月 4 日第 1 版。

14. 徐亢美:《刑事审判引入量刑听证程序——市一中院试点分别赋予控方量刑建议权和辩方量刑辩护权》,《文汇报》2010 年 9 月 17 日第 3 版。

15. 林中明:《量刑建议法院全部采纳》,《检察日报》2011 年 3 月 7 日第 14 版。

16. 蔡顺国:《上海浦东检察院创新社区矫正监督方式对接新规》,《检察日报》2012 年 9 月 6 日第 5 版。

17. 张洪超、梁昭、张龙:《山东冠县:82 份量刑建议全部被采纳》,《检察日报》2012 年 8 月 8 日第 1 版。

18. 李郁军、马君:《甘肃白银平川:量刑建议采纳率 98％》,《检察日报》2009 年 6 月 4 日第 3 版。

19. 林中明:《上海探索轻案快办机制》,《检察日报》2014 年 5 月 31 日第 1 版。

20. 卫建萍:《上海合适成年人可参与未成年人刑事案件》,《人民法院报》2010 年 4 月 20 日第 1 版。

21. 施坚轩:《上海将全面推进未成年人考察教育制度》,《文汇报》2007 年 4 月 18 日第 2 版。

22. 林中明、谢东旭:《让失足未成年"无痕迹"回归社会》,《上海人大》2009 年第 3 期。

23. 胡峥:《刑事和解有待破题立法》,《民主与法治时报》2008 年 8

月 11 日第 A10 版。

24. 南杰、施坚轩：《上海检察机关 3 年和解刑事案件成功率超八成》，《上海商报》2010 年 8 月 13 日第 1 版。

25. 董启元：《上海推行未成年人刑案和解制度》，《民主与法制时报》2006 年 11 月 27 日第 A11 版。

26. 曹玲娟：《上海：探索公诉阶段刑事和解制度》，《人民日报》2006 年 8 月 17 日第 4 版。

27. 李梦娟：《刑事和解在争议中前行》，《民主与法制时报》2009 年 8 月 17 日第 A06 版。

28. 刘承韪等：《刑事和解的正当性追问》，《人民日报》2009 年 7 月 13 日第 3 版。

29. 邬凤英：《应该为"赔钱减刑"设定一条底线》，《中国保险报》2007 年 2 月 5 日第 2 版。

30. 周铭川：《刑事和解要避免"花钱减刑"》，《东方早报》2009 年 8 月 17 日第 A06 版。

31. 徐慧：《七年刑期表示后果严重，刑事和解会否"花钱买刑"》，《上海法治报》2012 年 7 月 25 日第 A02 版。

32. 宋英辉、郭云忠、李哲、何挺：《2364 份问卷八方面透视刑事和解》，《检察日报》2009 年 1 月 21 日第 7 版。

33. 林中明、张佳楠：《90 件检调对接和解案无一反悔》，《检察日报》2013 年 5 月 11 日第 1 版。

34. 刘仁文：《恢复性司法面对面化解矛盾》，《检察日报》2003 年 7 月 23 日第 4 版。

五、学位论文类

1. 虞浔：《1997 年以来中国司法体制和工作机制改革进程中上海的实践与探索》，华东政法大学 2013 年博士学位论文。

2. 李春雷:《清末民初刑事诉讼制度变革研究》,中国政法大学2003年博士学位论文。

3. 姚远:《上海公共租界特区法院研究》,华东政法大学2010年博士论文。

4. 唐治祥:《刑事卷证移送制度研究》,西南政法大学2011年博士论文。

5. 许浩:《刑事简易程序中公诉人出庭模式研究》,吉林大学2015年硕士论文。

6. 徐军:《检察监督与公诉职能关系论》,中国政法大学2008年博士论文。

六、年鉴类

1. 张福康主编:《杨浦年鉴2005》,汉语大词典出版社2005年版。
2. 1998—2015年《上海检察年鉴》。

图书在版编目(CIP)数据

新中国公诉制度史:以上海检察机关的实践为中心/
林仪明著.—上海:上海人民出版社,2019
(新中国法制建设与法治推动丛书.第1辑)
ISBN 978-7-208-16124-5

Ⅰ.①新…　Ⅱ.①林…　Ⅲ.①公诉-司法制度-法制
史-研究-中国　Ⅳ.①D925.218.1

中国版本图书馆 CIP 数据核字(2019)第 213311 号

责任编辑　冯　静
封面设计　孙　康

上海文化发展基金会资助项目

新中国法制建设与法治推动丛书(第一辑)

新中国公诉制度史
——以上海检察机关的实践为中心
林仪明　著

出　　版　上海人民出版社
　　　　　(200001　上海福建中路 193 号)
发　　行　上海人民出版社发行中心
印　　刷　常熟市新骅印刷有限公司
开　　本　720×1000　1/16
印　　张　18
插　　页　2
字　　数　227,000
版　　次　2020 年 5 月第 1 版
印　　次　2020 年 5 月第 1 次印刷
ISBN 978-7-208-16124-5/D·3502
定　　价　78.00 元